# 新 消費者理解のための心理学 第2版

永野光朗・秋山 学 [編著]

杉本徹雄
竹村和久
有賀敦紀
元木康介
松田 憲
杉谷陽子
前田洋光
牧野圭子

福村出版

[JCOPY] 〈出版者著作権管理機構 委託出版物〉

本書の無断複写は著作権法上での例外を除き禁じられています。複写される場合は，そのつど事前に，出版者著作権管理機構（電話 03-5244-5088，FAX 03-5244-5089，e-mail: info@jcopy.or.jp）の許諾を得てください。

# まえがき

　本書は1997年に刊行した『消費者理解のための心理学』の第3版にあたる。初版刊行から15年後に改訂版となる『新・消費者理解のための心理学』を刊行したが，さらに13年の歳月が経過し，改訂のご要望をいただくことが多くなった。この間における消費者行動研究の進化はめざましく消費者を取り巻く社会や経済の環境は大きく変化した。そこで内容を刷新したうえで『新・消費者理解のための心理学〔第2版〕』とし，新たな書籍として上梓することとした。

　本書の出版を強く後押ししていただいたのは慶應義塾大学名誉教授・和田充夫先生が2022年に日本消費者行動研究学会（JACS）の学会誌である「消費者行動研究」に書かれた前書についての書評である。初版と改訂版との比較を丁寧にしていただき，具体的なご提案を数多くいただいた。最後に書かれた「新・新・消費者理解のための心理学を著していただきたいと思う」というお言葉に込められたご期待が本書の企画の強い原動力となった。

　ご指摘に従って全体の構成を検討し，新たに3名の若手気鋭研究者に執筆をお願いした。最新の研究の動向を反映しながら，幅広くわかりやすく説明するように心がけた次第である。本書が和田先生のご期待に少しでも沿う内容になっていれば幸甚に尽きる思いである。

　改めて近年の状況について述べると，SNSを含むWeb等の利便性は向上し，消費者相互の情報の受発信が可能となり，かつては見られなかった消費行動が出現した。一方でデフレ経済が続くなか，年金等の社会保障制度に対する不信が相まって，将来の少子高齢化社会に対する不安が大きくなるばかりである。このような変化は消費者行動にさまざまな影響を与え，これまでの理論では理解できない側面も出現してきた。高度のSNS技術を利用した不適切なマーケティング手法が消費者への不利益を引き起こしていることも重要な問題である。

　以上のような認識に立ち，本書は初版から継続する部分と，改訂版への変更に加えてさらに内容を大きく変更した部分がある。消費者行動研究は日々発展

しているが，消費者意思決定を中心とした理論や行動モデルの基本的な枠組み
は大きく変わっていない。他方，デジタルメディアをはじめとする情報環境の
変化は，マスメディアやリアルな口コミによる従来型の考え方からだけでは捉
えきれなくなっている。各章に最新の研究成果を取り入れるようにした。

　消費者行動を心理学的に理解することを中心に，体系的に理論や実証研究を
提示するように心がけた。本書は4部13章の構成とし，Ⅰ部は消費者行動の概
略，Ⅱ部は消費者行動の意思決定と情報処理，Ⅲ部は消費者行動にかかわる心
理的メカニズム，Ⅳ部は消費者行動に影響する個人と外部環境要因である。ま
た最新の研究や歴史的に重要な研究を紹介するトピックを各所に挿入した。

　消費者行動を学び，研究したいというニーズは高まるばかりである。大学に
おける消費者行動に関連する講座もさらに増えてきた。本書は心理学系の領域
で消費者行動論等を学ぶ学生はもちろん，経営学系の領域で消費者行動論を学
ぶ学生をおもな読者として想定している。さらに顧客志向のマーケティングを
実践するとき，消費者の心理や行動について科学的，総合的な理解をせずして
的確なマーケティング戦略や活動を実践することはできない。企業でマーケ
ティングに携わる実務家，消費者問題に関心をもつ社会人の方にも十分に活用
頂けるものと期待している。

　なお初版は小嶋外弘先生（当時，同志社大学名誉教授）の薫陶を受けた研究者
が先生の古希記念としての意味も含めて出版した。小嶋先生は日本における消
費者心理学研究の創始者として極めて優れた見識をお持ちであった。2004年
に逝去されたが，今回の刊行は先生の存在が基礎にあることを改めて確認し，
そのご指導に深く感謝の意を表したい。


　2025年2月

編者一同

# 目　次

まえがき　**3**

## I部　消費者行動の概略

### 1章　消費者行動とマーケティング　　**10**

1　消費者行動とは　**10**

2　市場の変化とマーケティング　**14**

3　マーケティング戦略と消費者行動　**20**

4　マーケティング・ミックス（4Ps）と消費者行動　**22**

### 2章　消費者行動の分析と方法　**27**

5　消費者行動研究の目的　**27**

6　消費者行動分析へのアプローチ　**29**

7　消費者行動研究の歴史　**34**

8　購買意思決定を主体とした消費者行動の全体像　**38**

9　消費者行動研究の方法　**41**

## II部　消費者の意思決定過程と情報処理

### 3章　消費者の意思決定過程　**46**

10　消費者の意思決定と問題解決　**46**

11　消費者意思決定モデル　**48**

12　消費者の意思決定過程　**54**

13　購買意思決定の基本的方略　**58**

### 4章　消費者の意思決定に及ぼす影響　**66**

14　消費者の決定フレーミング　**66**

15　心理的財布と決定フレーム　**71**

16　消費者のヒューリスティクスの状況依存性　**77**

## 5章　消費者の感覚と知覚 ································ **87**

- 17　感覚・知覚・注意 ································· **87**
- 18　接触と選好 ··································· **90**
- 19　感覚マーケティング（視覚，聴覚） ··············· **92**
- 20　感覚マーケティング（嗅覚，触覚，多感覚） ········· **95**

## 6章　消費者の記憶と知識 ······························ **100**

- 21　記憶の区分と測定法 ···························· **100**
- 22　短期記憶と長期記憶 ···························· **106**
- 23　記憶の情報処理と知識 ··························· **118**
- 24　マーケティング戦略と記憶 ······················ **130**

## III部　消費者行動にかかわる心理学的メカニズム

## 7章　消費者の態度形成と変容 ························· **136**

- 25　態度とは何か ································· **136**
- 26　多属性態度モデル ······························ **139**
- 27　態度と行動の関係 ······························ **145**
- 28　態度変容と説得 ······························· **150**

## 8章　消費者の関与 ································· **162**

- 29　関与概念の重要性と背景 ························· **162**
- 30　関与概念の整理 ······························· **164**
- 31　関与と購買意思決定 ···························· **168**
- 32　関与と広告情報処理 ···························· **171**
- 33　関与の測定 ··································· **174**

## 9章　消費者行動における感情と動機づけ ··············· **179**

- 34　なぜ消費者行動において感情や動機づけが重要なのか ········· **180**
- 35　動機づけ ···································· **182**
- 36　消費者の動機を探る —— モチベーション・リサーチ ········· **186**
- 37　感情 ······································ **188**

目次

# IV部　消費者行動に影響する個人と外部環境要因

## 10章　消費者の個人特性 202

38 個人特性に基づく消費者理解 202

39 パーソナリティ特性と消費者行動 205

40 ライフスタイルと消費者行動 208

## 11章　状況要因と消費者行動 215

41 店舗内購買行動における状況要因の重要性 215

42 陳列やレイアウトがもたらす効果 218

43 店舗の雰囲気 220

44 価格意識を左右する状況要因 222

45 多数の選択肢の中でのブランド選択 227

## 12章　対人・集団の要因と消費者行動 233

46 口コミと消費者行動 233

47 情報の広がりと消費者行動 239

48 集団の影響と消費者行動 247

## 13章　文化の要因と消費者行動 254

49 消費者行動の文化的意味 254

50 サブカルチャーにおける消費者行動 259

51 グローバル・マーケティングと消費者行動 263

52 ダイバーシティと消費者行動 266

引用・参考文献　272

索　引　296

執筆者一覧　302

7

## トピックス

① ナッジと消費者行動 —— 選択アーキテクチャの活用 ……………………**25**

② これからの消費者心理学の研究実践 …………………………………**43**

③ ニューロマーケティングと消費者の意思決定研究 …………………**64**

④ 消費者の購買意思決定過程における属性の変化 ……………………**84**

⑤ 消費者行動に対する認知心理学的アプローチ ………………………**98**

⑥ レトロマーケティング …………………………………………………**131**

⑦ 消費者の潜在的態度を探る ……………………………………………**160**

⑧ 関与と非計画購買 ………………………………………………………**176**

⑨ ネスカフェの教訓 ………………………………………………………**197**

⑩ ID-POSを用いた購買行動の分析 ……………………………………**213**

⑪ 店舗内における販売促進のための陳列技術 …………………………**231**

⑫「持続可能」な消費者行動 ……………………………………………**252**

⑬ 消費者行動研究における文化研究の課題——受け継がれる要素の解明 …………**270**

# I 部

## 消費者行動の概略

# 1章

# 消費者行動とマーケティング

　製品やサービスを購買したり，それらを消費することなくして，日常生活は成り立たない。店舗やオンライン上ではさまざまな製品が提供され，サービスを享受することができる。いつでも，どこにいても，国内外の商品を容易に入手することができる。一方，企業は，市場での企業の生き残りをかけた競争はこれまで以上に激化し，豊かになった消費者に対してさまざまな工夫を行わなければならなくなっている。

　消費者行動を理解するためには，買い手である消費者行動そのものだけではなく，売り手である企業の市場に対する姿勢やマーケティング戦略について理解することが必要である。本章では，このような消費者行動とマーケティングの関係を市場や社会の変化を説明し，消費者の購買行動を心理学的に理解する意義と方向性について検討したい。

## 1　消費者行動とは

### 1　消費者とは

　消費者は何らかの生活における目的や目標を達成するために，生産された商品や提供されるサービスを代金を支払うことによって入手する。消費者心理学あるいは消費者行動論で取り上げられる分析の対象は個人の消費者であるが，家族や世帯を単位としてとらえることもある。

個人の消費者は，個人または家族が何らかの目的のために製品やサービスを最終的に消費することを目的とした消費者を指すことがほとんどであり，最終消費者と呼ぶ。一方，購入した製品を加工し，再販売を目的として原料や素材を購入する消費者を産業財消費者という。米を日常の食事用に購入する消費者は最終消費者であり，米を発酵させて清酒を醸造するために米を購入する酒蔵は産業財消費者ということになる。前者は，消費財を市場とするBtoC（Business-to-Consumer），後者は，産業財を市場とするBtoB（Business-to-Business）と呼ばれている。産業財消費者は，小さな組織の場合もあるが，多くは会社組織の企業であることが多く，このような企業の消費者行動は組織購買行動と呼ばれる。

## 2 選択行動としての消費者行動

消費行動，購買行動，買物行動などを総称して，消費者行動とよばれる。図1-1に示されるように，消費者行動は，消費行動と購買行動に大別される。

### ①消費行動

消費行動では，家計における所得の貯蓄と消費への配分，食料費，衣料費，住居費，教養娯楽費などの消費の費目別配分の決定がなされる。商品を購入するために支出を行うかどうかの判断は消費者にとって重要な決定である。食事

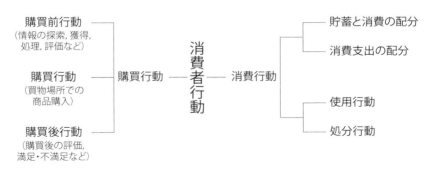

**図1-1　消費者行動の分類**

を充実させるのか，健康に気を配るのか，教育を充実させるのかといったように生活のどの領域を重視するのかにかかわる選択である。

また，購入した商品をどのように使用し，最終的には保管をしたり，リサイクルに廻したり，廃棄したりするかという側面を指す場合がある。成熟化した社会における消費者行動の研究は，購買行動の側面だけの研究では生活行動の中での消費者の理解が十分とはいえず，消費の意味や廃棄，リサイクルの問題を含めて総合的に検討する必要性が指摘されている。

### ②購買行動

購買行動は，購買前行動，購買行動，購買後行動という，購買行動とその前後の行動を含んでいる。

購買前行動は，商品やサービスを購買する前に行われる情報の探索，獲得，評価といった情報処理や評価のための行動である。購買行動は，購買前行動によって評価された選択肢（商品やブランド）を店舗で購入したり，インターネット上で発注したりする行動である。購買後行動は，購買した商品を使用することにより，代金に見合った満足を得たり，不満足であったりする感情を持つ。これを購買後評価とよぶが，次回の購買機会に影響を与えることになる。

購買行動は，商品やサービスの入手に直接かかわる選択行動を含んでいる。パソコンを購入するのか，スマートフォンを購入するのか，あるいは海外旅行に行くのか（製品クラスの選択），商品を購入するときにどの店舗で購入するのか（店舗選択），あるいはインターネットで購入するのか，パソコンを購入するならばどのメーカーのどのようなタイプのモデルを購入するのか（ブランド選択，モデル選択），さらに，購入する商品の数量や頻度の決定が含まれる。マーケティングの視点から消費者行動をみる場合，最も直接的で，重要な選択行動の対象である。

### ③主体の違いによる購買（選択）と消費

購買行動と消費行動では，その主体は同一であることが多いが，必ずしも同

一ではないこともある。例えば，子どものおもちゃが購入される場合，購買行動の主体は両親などの大人であるが，おもちゃを用いて遊ぶ消費行動の主体は子どもである。ギフトの場合も，ギフトの購買者とギフトの消費者は異なる。

## 3　買物行動としての消費者行動

　商品やサービスの選択行動を前提とした消費者行動の分類とともに，それらの商品やサービスがどこでどのようにして入手されるかについても重要な消費者行動の分析対象となる。

　買物行動と一般によばれている行動は，どこの買物施設を選択するか，また，その買物施設の中でどのようにして商品が選択されるかである。オンライン上の買物行動はパソコンや携帯電話を利用したインターネットによる買物行動である。

### ①店舗間買物行動

　店舗間買物行動は，どこの商業集積（例えば，銀座，新宿，渋谷，池袋など）へ買物に行くか，あるいはどの特定の店舗が商品購入の場所として選択されるか，である。商店街などでの買い廻り行動やウィンドウ・ショッピングなども含まれる。

### ②店舗内買物行動

　店舗内買物行動は，特定の店舗内における消費者の行動である。例えば，スーパーマーケットの中で来店者が入口からどのような経路を経てレジに至るか（動線分析），商品の棚位置や陳列方法，POP（Point Of Purchasing：購買時点）広告による買物行動の変化などが分析される。

### ③インターネット・ショッピング

　近年，インターネットによる買物行動が飛躍的に増加している。無店舗販売が増加し，店舗へ出向いて買い物をするか，あるいは自宅で居ながらにして商

I部　消費者行動の概略

品を発注するかの選択も大きな問題となっている。インターネットで，購買前の情報収集行動と商品選択が可能であり，売り手の情報だけではなく，買い手による口コミ情報などが同時に利用できる。

### 4　選択対象としての製品，商品，ブランド

　製品，商品，ブランドという用語は，必ずしも厳密に区別されて用いられているわけではない。製品は，原料を加工することによって，販売を目的としてつくられた生産物である。テレビ，シャンプー，携帯電話など，特定の目的をもって生産された製品の集合のことを製品クラスと呼ぶ。これに対して，商品は売買の対象となっているものである。製品であっても，市場で売買の対象とならなければ商品ではない。

　一方，ブランドは銘柄，商標と訳されることもあるが，特定の企業が提供する商品やサービスであることを示し，他の企業のものとは区別するために用いられる名称（ロゴ等を含む）である。ブランドは，有名ブランドを指して用いられることもあるが，基本的には個々の商品を識別するために用いられる。

　（1）生産者→（牛肉）→消費者　の場合，生産者が提供する牛肉という商品を消費者が購入するにすぎないが，（2）生産者→（松阪牛）→消費者　の場合は，消費者は松阪牛という特定のブランドを購入したことになる。単に商品が売買されることとブランドが売買されるのとは，生産者にとっても消費者にとっても意味や価値のあり方が異なっている。

## ② 　市場の変化とマーケティング

### 1　わが国における消費市場の発展

　第二次世界大戦後，わが国はめざましい経済発展を遂げてきた。戦後，経済的に目覚しく復興し，工業技術は飛躍的に進展してきた。その結果，製品の大量生産が可能となり，市場に安定的に大量に製品が供給されるようになった1950年代後半から，家電製品が急速に家庭に普及し始めた。

1章　消費者行動とマーケティング

　白黒テレビ，電気洗濯機，電気冷蔵庫は「三種の神器」とよばれ，電気掃除機，電気炊飯器とともに，主婦をそれまでの重労働から解放するとともに，家庭のライフスタイルを一変させた。1970年代以降は，頭文字をとって3Cと呼ばれるカラーテレビ，乗用車，エアコン（クーラー），あるいは電子レンジが家庭に着実に普及していった。「新・三種の神器」とも呼ばれ，高度経済成長のシンボルともなった。

　1980年代には情報化の時代を迎え，パソコンやビデオなどの電子機器が普及し始めた。バブル経済は崩壊するが，1990年代には携帯電話が普及し始め，インターネットの利便性が高まるとともに，本格的な情報社会が到来することとなった。薄型テレビ，DVDレコーダー，デジタルカメラは「デジタル三種の神器」とよばれることもある。2000年代後半からはスマートフォンが登場し，近年では90％以上の普及率となっている。

　図1-2に示されるように，衣食住といった生活の基盤を支える主要耐久消費

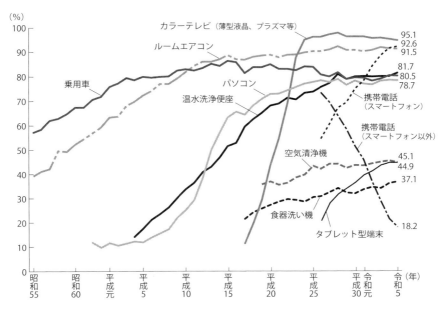

**図1-2　主要耐久消費財の普及率**（長野経済研究所，2024をもとに作成）

Ⅰ部　消費者行動の概略

財の多くが家庭に行き渡り，世帯普及率は極めて高くなった。それに伴って，生活をいっそう便利に快適にするよう工夫された消費財が市場に投入されてきた様子が読み取れる。戦後から20世紀後半は，家計消費支出に占める食料費の割合を示すエンゲル係数が低下の一途をたどった。終戦直後に60％以上を占めていたエンゲル係数は，1980年に29.0％，1990年に25.4％，2000年に23.2％まで低下した。物価上昇のために2022年は29％まで上昇しているが，いずれにしても低い水準であることには間違いがない。

　食料に支出を向けざるを得なかった経済的に豊かでない時代から，教養娯楽費やその他支出などの選択的消費に向けられる割合が増加していった。戦後の混乱期から高度経済成長，バブル経済，低経済成長やデフレ経済に移行するなかで，消費社会は進化し，成熟を続けながらも消費者の価値観や関心事に大きな違いを生み出してきた。このような市場，経済，社会，技術等の変化は，企業が市場や消費者に対してどのようにかかわるかと密接に関連している。

## 2　市場の変化とマーケティング

　市場に対する企業の姿勢についてコトラーとケラー（Kotler & Keller, 2006）は，生産コンセプト，製品コンセプト，販売コンセプト，マーケティング・コンセプト，ホリスティック・マーケティング・コンセプトの5つをあげている。ホリスティック・マーケティング・コンセプトには，統合型マーケティング，リレーションシップ・マーケティング，社会的責任マーケティング，インターナル・マーケティングを含んでいる。企業が市場に対してどのようにかかわっていくかという考え方の違いである。この考え方を中心に，消費者行動とマーケティングのあり方を検討する。

### ①生産志向と製品志向のマーケティング

　市場が成長期にあり，供給より需要が多い売り手の市場においては，生産能力を高め，製品を大量に生産し，手頃な価格で商品を提供すればよいという姿勢を生産志向という。また，品質や性能が最高であったり，革新的な製品が消

費者に好まれるという姿勢を製品志向という。安くて良い製品であったり，製品そのものが優れていれば消費者に自然に受け入れられるはずだという考え方である。いずれも，売り手の論理に立つもので，「作ったものを売る」という考え方である。

### ②販売志向のマーケティング

企業が市場に対して何もしないと消費者は製品を買ってくれないものであり，販売を促進する努力をしなければならないというのが販売志向である。製品が優れていても，他社との競合が激しかったり，消費者が普段は購買の意欲をもちにくい商品は，販売の努力が必要となる。「作ったものは売る」という考え方である。販売志向も，生産志向や製品志向と同じように，売り手中心の考え方であることに変わりはない。

### ③顧客（消費者）志向のマーケティング

企業間の競争が激化し，社会が成熟すると，製品を市場に出して売るという売り手の論理では顧客を獲得できなくなる。自社の製品にふさわしい顧客を見つけるのではなく，自社の顧客にふさわしい製品を見つける必要がある。すなわち，消費者の欲求を的確にとらえ，消費者の望む製品を作るようになる。「売れるものを作る」という買い手の立場に立った考え方である。

ドラッカー（Drucker, 1973, 1974）は，マーケティングは「何を売りたいか」ではなく「顧客は何を買いたいか」を問うことであると指摘している。マーケティングが目指すものは，顧客を理解し，製品とサービスを顧客に合わせ，おのずから売れるようにすることであるとしている。また，マーケティングの理想は，販売の努力を不要にすることであるとも指摘している。マーケティング・コンセプトは消費者や顧客志向が基本であり，それゆえ，消費者の行動や心理を理解することは現代のマーケティングで最重要な課題になっている。

Ⅰ部　消費者行動の概略

### ④リレーションシップ・マーケティング

　市場が拡大しない状況では，顧客志向であっても企業から消費者への一方向的なかかわり方では限界がある。企業は売り手，消費者は買い手というような単純な関係から，両者の双方向的な信頼関係を長期的に構築し，マーケティングの目的を達成するという考え方がリレーションシップ・マーケティングである。単に顧客を獲得すればよいという考え方から，初めて購入した顧客にはリピート顧客に，さらに，得意客やサポーターとなってもらえるような関係性を構築する。個々の消費者との一対一の関係性づくり（one-to-oneマーケティング）が重視される。顧客の購買履歴や個人データに基づくデータベース・マーケティングやCRM（Customer Relationship Management）なども同じ発想によるマーケティング対応である。

### ⑤ブランド構築によるマーケティング

　ブランドは個別企業と消費者をつなぐ重要なコンセプトである。表1-1に示されるように，青木（2011）はブランド戦略の変遷と重要性を示している。ブランド・イメージやロイヤルティの問題（マーケティングの手段）から1990年代には資産価値としてのブランド・エクイティ（マーケティングの結果）に関心が移行し，ブランド構築は1990年以降，マーケティング最大の関心事となった。マーケティングの起点として強いブランドを構築するために，消費者行動研究の知見が盛んに活用されるようになった。2000年代に入ってから，脱コモディティ化の手段としてブランド構築の重要性が再認識され，ブランドが提供する経験価値や顧客との関係性からの関心が強まっていることを指摘し

**表1-1　ブランド概念の変遷**（青木，2011をもとに作成）

| 時代区分 | 〜1985年 | 1985年〜 | 1996年〜 | 2000年代 |
|---|---|---|---|---|
| 主たるブランドの概念 | ブランド・ロイヤルティ<br>ブランド・イメージ | ブランド・エクイティ | ブランド・アイデンティティ | ブランド・エクスペリエンス<br>ブランド・リレーションシップ |
| ブランド認識 | マーケティングの手段 | マーケティングの結果 | マーケティングの起点 | 価値の共創 |

ている。

### ⑥社会的責任マーケティング

マーケティングは，消費者が満足を得て，企業が利益を上げることだけで完結するものではない。マーケティング活動や人々の消費行動は，環境，倫理，制度など多くの社会的責任と関係している。コトラー＆ケラー（2006）は，ソサエタル・マーケティング・コンセプトと命名し，企業の役割は標的市場のニーズ，欲求，利益を正しく判断し，消費者と社会の幸福を維持・向上させるやり方で，要望に沿う満足を競合他社よりも効率的に提供することとしている。資源が枯渇する中，日本の経済は成長の方向性が見出せない状況で，国内外の消費者をどのように認識し，マーケティングを実施していくのか，難題が山積している。

### ⑦近年の動向

近年におけるマーケティングの手法については「感覚マーケティング」があげられる。これはクリシュナ（Krishna, 2012）が理論化したもので，人間の五感（視覚，聴覚，触覚，嗅覚，味覚）を利用して消費者の情報処理に影響を与え，購買行動を促進するものである。

またカーネマンとトゥベルスキー（Kahneman & Tversky, 1979）が提唱したプロスペクト理論により始まる行動経済学は近年の消費者行動の理解のために活用され大きな影響を与えている。さらに人間の情報処理過程を脳神経科学的に研究するニューロマーケティング（neuromarketing）もが出現している。本書では以上のような最新のテーマと研究成果についても取り上げている。

Ⅰ部　消費者行動の概略

# ③　マーケティング戦略と消費者行動

## 1　マーケティングと消費者行動

　マーケティングは，通常，売上や利益，市場占有率（マーケット・シェア）の目標を達成するために行われる企業の活動である。売上は消費者が商品を購買した結果の積み上げである。消費者からの支持なくして，自社製品の継続的な販売実績を獲得することはできない。

　そのためには，消費者や顧客のニーズや心理を出発点とした顧客志向のマーケティングが必要である。マーケティングにかかわる活動はさまざまな手段やアイデアからなっている。どのような消費者に対していかなるアイデアやベネフィットをもつ製品やサービスを提供するのか，そのときの競合する企業はどこか，競合企業とはどのような位置関係にあるか，さらにどのような販売促進が効果的であるのかといったことがマーケティング戦略の中核をなす。

　池尾（2010）によると，マーケティングにおいて重要なのは，特定のニーズをもった標的市場に対して，差別的な価値を生む差別的な便益をいかに提供していくかである。そのための枠組みが，STP に要約される，マーケティング戦略である。S は Segmentation（市場細分化），T は Targeting（標的設定），P は Positioning（ポジショニング）である。ここでは，マーケティング戦略構築を消費者行動との関連から検討する。

## 2　市場細分化（標的市場の設定）と製品コンセプト

　成熟した社会において，特定の製品を市場全体を対象として販売ができるものは少ない。消費者のニーズや特性を分類し，対象を決定することを市場細分化（マーケット・セグメンテーション）という。多様化した消費者のニーズに応えるためには，同じようなニーズをもった消費者のグループをターゲットとして製品やサービスを開発し，販売した方が効率的である。ターゲットを的確に設定することにより，対象となる消費者の特性が明確にでき，製品コンセプト，

**20**

価格，流通，広告などによる販売促進等の活動を効率的に展開することが可能となる。

市場を細分化するためには，ターゲットとなるセグメントを区分するための基準（軸）が必要となる。最も基本的な基準は，図1-3に示されるように，性別と年齢，家族構成・住居形態などを含む人口統計学的（デモグラフィック）特性，職業・年収・学歴などの社会経済的特性が基本的な特性となる。しかしながら，女性・30歳代・高収入というターゲットが定まったとしても，このセグメントに分類される消費者は同じニーズをもっているとは限らない。

年齢や性別が同じであっても，生活様式，趣味・嗜好，感性などによってさらにセグメントを細かく分類したほうがよい場合がある。消費者の関心領域・価値観・行動パターンなどのライフスタイル特性などの基準によって分類されることも多い。このほか，特定の製品やブランドの購入の数量や頻度などによる行動的変数など，多様な変数によって市場が細分化される（3章参照）。

ターゲットとして設定された消費者セグメントに適合する製品やブランドが開発される。製品は，便益の束（bundle of benefits）ともいわれ，さまざまなベネフィットから構成される。チョコレートは，味や香りの良さ，糖分補給，気

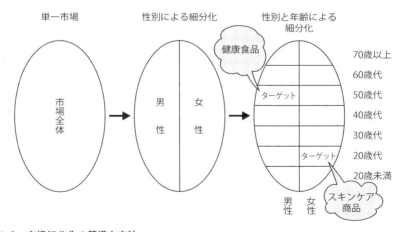

図1-3　市場細分化の基準と方法

Ⅰ部　消費者行動の概略

分転換，ポリフェノールの効用など，さまざまなベネフィットを含んでいる。同じチョコレートであっても，どのようなベネフィットを消費者に提供するかによって，異なる製品コンセプトが形成される。どのようなニーズを持つ消費者のターゲットにいかなるコンセプトの製品を開発するのかが問題となる。

## 3　ポジショニングと製品差別化

　同じカテゴリーの製品は，他社も類似した製品を市場に投入し，多くのブランドが競合する。適切なマーケティング活動を実行するためには，自社製品が他社製品とどのような競合関係になっているのか，消費者がその違いをどのように受け止めているのかを把握する必要がある。これを，製品あるいはブランドのポジションニングという。

　ポジショニングを確認するための手法にはさまざまな方法がある。競合する製品やブランドのベネフィットやイメージを消費者がどのように認知しているかの調査を行い，因子分析や多次元尺度構成法などの統計的手法によって分析されることが多い。分析結果から2次元あるいは3次元で視覚的に競合製品の位置づけが示される。これを知覚マップという。

　知覚マップ等によって競合関係が確認できれば，投入する自社製品やブランドと他社製品との差別化が必要となる。他社製品と比べて，性能が著しく優れている，他社製品にはない便利な機能が装備されている，品質や価格が同等でもアフターサービスが良い，などである。これらは，さまざまなマーケティングの手段を組み合わせることによって自社製品のコンセプトと魅力を消費者へ伝達することになる。

## 4　マーケティング・ミックス（4Ps）と消費者行動

　ターゲットとなる市場が設定されると，対象となる製品やサービスのマーケティング目標を達成できるように，さまざまなマーケティングの手段の組み合わせが検討される。Perreault & McCarthy（2005）は，図1-4に示されるように，

数多くのマーケティング手段を4Psとして，（1）製品（Product），（2）価格（Price），（3）流通（Place：内容はdistribution），（4）販売促進（Promotion）に分類している。4つのマーケティング手段を適切に組み合わせることによって，できる限り大きなマーケティングの効果を得られるように工夫することになる。マーケティング・ミックスは，マーケティング手段を組み合わせることを指している。

図1-4　マーケティング・ミックスの要素
（Perreault & McCarthy, 2005）

### ①製品

製品の品質，性能，スタイル，パッケージ，アフターサービスなどを含めて，どのようなコンセプトの製品やブランドを構築し，育成していくかということである。ターゲットとなる市場に提供する製品は，消費者のニーズに適合したベネフィットが含まれていなければならない。製品のラインやアイテムを整合的に構成することも必要である。製品やブランドに関連する要素は，消費者が製品やブランドに対して形成するイメージや態度を決定づける本質的な要素となる。

### ②価格

価格は売上や利益や消費者の購買決定に大きな影響を与える。製品のコンセプトやターゲットとなる市場の状況を含めて，適切な価格を設定する必要がある。競合他社がどのような価格で販売しているかも重要である。価格の水準は，商品の品質や性能を推測する手がかりともなり，ブランド・イメージの形成と密接に関連する。ディスカウントは消費者の購買意欲を促進する一方で，ブラ

ンド・イメージを損なうこともある。価格の要素には，製品の価格を決める他に，流通業者へのリベートなどの価格政策も含まれる。

### ③流通

流通は，小売や卸売，インターネットなどを含め，どのような流通経路を経て，消費者に商品を供給するかということである。一般の消費者は，小売店やインターネットで商品を購買する。小売店の形態は，百貨店，専門店，スーパーマーケット，コンビニエンスストア，ディスカウントストア，アウトレットなど多岐にわたる。消費者にとっては，どこで，いかにして商品を購入するかということになる。小売店の立地，店の品揃えやイメージ，店舗のレイアウト，店舗内の販売促進の方法などが消費者の購買に影響を与える。

### ④販売促進

品質が良く，適切な価格で商品を提供しても商品が順調に売れるわけではない。製品の販売を促進する手段を工夫しなければならない。販売促進（セールス・プロモーション）には，テレビなどのマス広告，交通広告，折込チラシ，ダイレクトメールのような各種の広告，広報やパブリシティ，人的販売，クーポンの配付，ポイントカード，イベントの実施などさまざまな活動が含まれる。これらの手段を適切に選択し，より大きな効果が得られるように組み合わせることが必要である。販売促進活動が消費者にどのような心理的な変化をもたらし，購買にどのように影響したかを検証することは，マーケティングの活動を評価するうえで重要である。

図1-5は，このようなマーケティング・ミックスを主体とする売り手の活動と消費者行動との関係を図示したものである。新行動主義心理学の枠組みに当てはめると，企業のマーケティング活動は刺激（Stimulus）であり，消費者の意思決定過程を含む購買行動は反応（Response）となる。刺激は企業の活動だけではなく，口コミを含む社会経済等の情報や環境が消費者へ入力される変数と

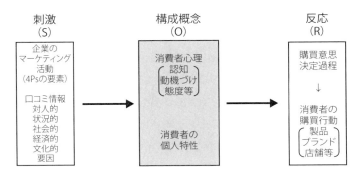

**図1-5　S-O-R型消費者行動モデルの概念図**

なる。同じ製品やブランドが市場に投入されても，異なった購買行動がとられることは他の刺激の要素とともに，認知・動機づけ・態度等の心理学的構成概念（Organism）から説明するのが心理学的な消費者行動研究の課題である。

　人間はどん欲なまでに欲望をもち，企業は利潤を追求しようとする。マーケティングが利益を生み出す手段であるとしても，反社会的であったり，公正を欠いているならば許容できるものではない。消費者が欲望の赴くままに浪費することも，環境保護の視点から大きな問題がある。

　人間が真に豊かで幸せな生活を送るために，限りない欲望をうまく充足させ，なおかつ自然や社会の環境を維持していくためにはどうすればよいのかを考えることは，消費者の行動や心理を研究しようとする人たちに課せられた最重要な課題である。

### トピックス①　ナッジと消費者行動 ── 選択アーキテクチャの活用

　オンラインで商品やサービスを探し，購入する際に，デフォルト（default）が設定された状態，すなわち，あらかじめ商品の容量や色といった商品属性あるいは商品の中の1つが既に選ばれている状態から商品を選択・購入するのが通例となった。商品やブランドが豊富に展開し，入手する手段も国内外に拡がった

消費者にとって，デフォルトは「お勧め」や「簡便な授かりもの（instant endowment）」にも見える。商品やサービス選択における情報処理負荷を軽くし，容易な選択へ消費者を誘う設定がデフォルトである。

デフォルトは，消費者の選択の自由を奪うことなく，消費者自身や社会全体にとって望ましい行動を促すことを目的とした，選択肢や情報提示の設計の仕方を指すナッジ（nudge）の一例である（Thaler & Sunstein, 2021）。たとえば，消費者自らの健康増進に役立つ商品選択や環境に配慮した消費を促すよう選択の構造や環境を設計する上での仕様（選択アーキテクチャ：choice architecture）としてナッジが用いられる。ナッジを活用する枠組みには，英国政府内に結成された行動インサイトチームが提案する「EAST」などがある（Hallsworth & Kirkman, 2020）。簡単（Easy），魅力的（Attractive），社会的（Social），タイミングが適切（Timely）の頭文字をとったのがEASTである。デフォルトは簡単でタイムリーであり，魅力的にも見え，ナッジとして優れている。SNSも活用し，社会の多数派の行動を消費者に示すことで社会規範に沿うことを促すなど社会的な側面（第12章）もナッジに含まれる。

ナッジは行動経済学の研究成果を用いた消費者の行動変容を促す取り組みとして理解されている。しかし，選択ヒューリスティック（第3章）やその状況依存性（第4章）に関する研究が，選択アーキテクチャの理解を深め，ナッジへと発展した面もある。消費者行動の理解が深まることは消費者の幸福感を高め，社会全体にとって望ましい方向に向かうための制度設計の手がかりを与えることをナッジは教えてくれる。

ナッジの利用は消費者にとって良いことばかりではない。選択アーキテクチャを悪用し，消費者のミスを誘い，騙そうとするスラッジ（sludge）も国内外で社会問題となっている。WebデザインやSNSにおけるスラッジなどをまとめた「ダークパターン（Brignull, 2023）」はEASTを悪用した手口のカタログでもある。ダークパターンやスラッジによる消費者被害を減らすためにも，消費者行動のさらなる理解が求められている。　　　　　　　　　　　　　　　（秋山学）

# 2章

# 消費者行動の分析と方法

消費者の行動は，日常的に繰り返される誰にでも見られる人間行動であり，個人の特性だけではなく，集団や社会の影響を受けて変化するとても複雑で多様な行動である。消費者行動を分析し，理解するためにはさまざまなアプローチがある。消費者行動は人間そのものの行動や心理を分析するために主なアプローチは心理学の諸分野である。他方で，消費者行動は社会や経済，文化などと密接に関連している。心理学的アプローチだけではなく，経済学が想定する消費者，社会学や文化人類学からのアプローチなど分野横断的な視点をもって分析に臨む必要がある。消費者行動研究の歴史を知ることにより，消費者理解の方法が深まるであろう。

## 5 消費者行動研究の目的

### 1 科学としての消費者行動研究

消費者行動は，日常の生活で体験する現象である。阿部（1978）によると，自分自身の行動や周囲の人々の行動を観察することから大なり小なりの知識を有しているが，問題が大規模化した場合は常識的な知識だけでは十分対応できなくなる。消費者行動に関する体系的知識を得ることを目指した科学的な消費者行動分析が必要となることを指摘している。消費者行動は科学の3つの目的

から分析することになる。3つの目的は，次のような段階を経ることになる。

- （1）**記述**　消費者の行動がどのようなものであるのかを記述する段階で，どうしてそのような構図になるかを説明することを説明的記述という。
- （2）**予測**　消費者が将来あるいはある条件のもとでどのような行動をとるかを予測する。
- （3）**制御**　消費者行動の記述・予測にもとづき，問題解決という視点からそれを望まれる方向へ向かうように一部の要因の制御の仕方を明らかにすることを目的とする。

「記述」の段階は，あるブランドを購入した消費者がどのような特性（例えば，性別，年齢，職業，ライフスタイル等）を持っているのかを示す。それらの要因うち結果としてのブランド選択がどの要因によって引き起こされたものであるのかといった関係性に言及されていれば「説明的記述」になる。説明的記述は，購買行動が起こった因果関係として，原因（消費者特性や状況要因等）と結果（選択された商品やブランド）の因果関係に言及することになる。説明的記述が可能となれば，どのような特性を持っている消費者が特定のブランドや商品を購買するのかを「予測」することが可能となる。「予測」が可能になると，売り手はどのような消費者に対してマーケティングを行えば，売り手の意図する行動へと導くことができるかを知ることができるようになることで，消費者の行動を「制御」することが可能になる。

このような体系的知識を得るには，それぞれの目的に応じて，消費者行動を的確に捉え，測定することができる調査や実験などが必要となる。消費者行動が予測できるようになると，売り手が適切なマーケティングや広告を行うことにより，消費者の行動を変化させたり，制御したりすることが可能となる。

## 2　消費者行動研究とマーケティング・リサーチ

消費者行動研究とマーケティング・リサーチはどちらも消費者行動の分析を行い，類似した課題や問題を分析することが多い。しかしながら，両者の目的とするところは根本的に大きく異なっている。消費者行動研究は，消費者の心

理や行動に関する基本的な原理や普遍的な法則を探求する学問領域である。それに対して，マーケティング・リサーチは，企業等が抱える個別のマーケティングにかかる問題解決に向けて実施される消費者分析である。一見似たような調査研究が行われていても，その目的や方向性は異なることが多い。

自然科学分野で説明すると，消費者行動研究は「理学」に相当し，マーケティング・リサーチは「工学」に相当する。自然科学において，理学は自然現象の原理を解明する基礎研究が主目的であるのに対して，工学は理学の成果を応用し，実際に有用な技術開発や製品化を目的としている。消費者行動研究で用いられる理論やモデルは消費者にかかる基本的な行動や心理の基本的な原理である。消費者行動の研究が直ちにマーケティングの実際場面とはつながらず，役には立たないという見方もあるが，消費者行動研究で用いられる理論やモデルをしっかり理解することにより，いっそう深い消費者の分析が可能となり，消費者行動の本質が理解できる。消費者行動研究で開発された理論や測定手段が実際にマーケティング・リサーチで活用されるケースは多い。

## 6 消費者行動分析へのアプローチ

### 1 消費者行動と心理学の研究

消費者行動の分析は，人間の心理と行動の分析にほかならない。心理学の入門書や概論書に示されているように，心理学にはさまざまな領域がある。消費者行動は心理学の多様な領域のすべてと関係しているといっても過言ではない。

消費者行動は人間の多様な側面の行動から成り立っている。消費者行動を理解するためには，消費者個人の心理的メカニズムや特性および対人や社会からの影響を含めた心理学のさまざまな視点からアプローチすることが必要となる。消費者が商品を購買するまでには，商品を買いたいという気持ちを抱く，商品に関連する情報を入手する，商品のパッケージや広告を認知する，価格が適切かどうかを判断する，多くの商品の中からもっとも好ましいと評価する商品を意思決定する，商品選択で他者の影響を受ける，などいろいろな行動の側面が

Ⅰ部　消費者行動の概略

**表2-1　心理学との研究領域との関係**

| 生理 | 商品や広告に対する心理生理学的測定，ニューロ・マーケティング |
|---|---|
| 感覚 | 感覚マーケティング |
| 知覚 | 商品，広告，価格，店舗等の知覚や判断 |
| 認知 | ブランドや広告に対する知識や記憶，意思決定のルール |
| 学習 | リピート購買，広告の反復的接触効果 |
| 動機づけ・感情 | 消費者ニーズ，購買動機，感情の役割 |
| 人格 | 消費者の個人特性，ライフスタイル |
| 社会 | 消費者の態度形成と変容，製品関与，集団や社会の影響 |

ある。表2-1に示されるように，消費者行動は心理学の中で多様な研究領域と密接に関係している。これらの行動の側面は，いずれも重要な研究課題であり心理学の多くの研究領域と密接に関連している。

　例えば，ユニクロというカジュアル・ファッション・ブランドの購買を考えてみてほしい。このブランドを選択するに至る心理的メカニズムはどのようなものがあるのだろうか。ユニクロというブランドについては多くの人がどのようなブランドであり，商品を扱っているかについては程度の差はあっても，一定の知識やイメージを持っている（認知）。ユニクロに対してよいイメージを持っている人は多い（態度）。ユニクロのブランドを購入するに至る消費者の動機づけにはさまざまなものがある。消費者が意識できているかどうかは別にして，そもそもなぜ衣服を身につけるのかということに始まり，ユニクロの衣服を身につけることによって他者からどのように見られるかなど，さまざまな動機が存在する。さらには，他のファッション・ブランドと比較検討し，どちらを選ぶかといった意思決定や情報処理がなされる。ユニクロを繰り返し購入するというブランド・ロイヤルティが発生する心理的メカニズムも学習，認知や情報処理と深く関係している。

　心理学の研究は，例えば，認知心理学や社会心理学と呼ばれるように個別の研究領域で研究されることが多いが，一つの理論だけで分析するのは限界があることが多い。消費者行動を的確に分析するには，特定の領域にとどまらず，心理学の諸分野に跨がって研究を進める必要がある。このように，心理学の研

究の中ではまったく異なる領域で行われている知見を総合して消費者行動を理解することが必要な場合が多く，さまざまな領域の知識が必要とされる。心理学の各論的な問題設定をして消費者行動を研究することも重要であるが，さまざまな領域の問題から多面的にアプローチし，トータルな人間行動としての消費者行動を説明し，理解していくことが消費者心理学を研究する醍醐味ともいえる。

## 2　消費者行動への多様なアプローチ

### ① 分野横断的な学際的研究

　消費者行動の研究は，個人の消費者行動に注目することが多い。消費者行動は人間行動そのものであるがゆえに，心理学的なアプローチがその多くを占める。現在，消費者行動研究におけるアプローチの多くは，心理学的色彩の強いアプローチによって占められている。しかしながら，消費者行動の多様な側面は，心理学だけによって解明できるものではない。消費者行動は社会における人々の日常的な行動であり，社会や文化の枠組みからとらえた方が有効な知見が得られることも多い。

　消費者行動の研究は，古くから経済学の中での主要な研究課題とされ，社会学の中でも集団や社会階級の問題として研究が進められてきた。消費者行動を理解するには，心理学以外の研究分野との学際的な視点や関心が必要である。これまでにも消費者行動の研究者は特定の研究領域だけにとどまることなく，さまざまな領域から消費者行動の説明に有効であると思われる理論，概念，分析手法などを貪欲に取り入れてきた。また，消費者行動は人間生活の中の文化を色濃く反映する現象でもあり，文化人類学や消費の意味解釈として記号論的な手法を用いてのポストモダン・アプローチも行われるようになった。Solomon（2020）は，図2-1に個人に焦点を当てるミクロ消費者行動と社会に焦点を当てるマクロ消費者行動に関連する学問の諸領域を示している。

　企業のマーケティングや広告活動は顧客を獲得する活動であり，売り手の活動に対する知識なしに買い手の行動を十分に理解することはできない。また，

図2-1 消費者行動研究のピラミッド
(Solomon, 2020)

社会，経済，文化など個々の人間を超えた知識や情報から消費者行動を理解することによって，より深い洞察が得られる。

消費者行動研究の成果はマーケティング戦略や広告戦略の立案などに適用されていくだけではなく，消費者行政や環境保護など企業活動にはとどまらず，多様な分野に知見を提供することができる。消費者行動を研究する人は，心理学だけではなく近接する分野に対する関心が必要とされ，実際の市場や社会に対しても常に強い問題意識と好奇心をもってアプローチすることが必要とされる。

② 消費者心理学と経済学

消費者行動の問題は古くから経済学で扱われてきた。ここでは，消費者行動を心理学の側面と経済学の側面から対比することによって明らかにしてみたい。

19世紀後半に始まり，今日の経済学に強い影響をもつ新古典派経済学で，需要と供給の関係から消費者の商品やサービスに対する欲求や価値といった側面が「効用」という概念によって取り扱われるようになった。クルーグマンとウェルス（Krugman & Wells, 2007）によると，消費者は消費する財（商品）やサービス，すなわち消費の組み合わせから得る総効用の水準を決定する効用関数を持ち，効用という満足の尺度を最大化する。経済学のモデル上では，消費者は効用の極大化する「合理的経済人」の選択行動が前提される。「合理的経済人」はあくまで理論上で成立する仮想の人間行動で，現実の消費者行動ではあり得ない。

スティグリッツとウォルシュ（Stiglits, J. E. & Walsh, C. E., 2005）は，経済学の完全競争モデルでは，消費者はどのような価格で何を入手することが可能であるか，すべての財（商品）のあらゆる性質に至るまで十分な情報をもっている

としている。これは「完全情報」と呼ばれている。

「完全情報」も経済学におけるモデル化のための前提条件である。現実の消費者は，完全情報下の市場で効用極大化を求めて完全な合理的意思決定をするわけではない。選択可能な多数の商品についてそれぞれの価格，品質，性能，デザインなどを選択前に十分に情報を収集し，効用（満足度）を極大化するような行動を取ることは現実には起こりえないことである。心理学における短期記憶の研究で示されてきたように，今日の消費者行動研究では，消費者の情報処理能力には限界があることを前提として考えられている。消費者の判断や情報処理能力には限界がある中でベストな選択をしようとするのが日常的な消費者行動である。

実際の消費者行動は，経済学のモデルが仮定するような厳格な合理性はないが，消費者はまったく非合理的な行動をするわけでもない。完全な合理性を持たなくても支出を抑制し，満足をできるだけ大きくしたいと思って行動することは多い。一方で，好みや感覚だけで判断したり，購入予定のない商品を衝動的に購入したり，消費者を取り巻くその他の状況によって合理的とは言えない行動を取ることもある。感情や感性による意思決定が非合理的な行動であるとは限らない。

小嶋（1964）は，商品の購入に支払う金額に比例して消費者が感じる効用や満足度が必ずしも正比例的な関係性にあるのではないことを心理学的な視点から指摘している。購入される商品が購入する消費者により，また時と場合によって異なり，消費目的を何におくかによって合理的であったり，そうでなかったりすることを指摘している。現実の消費者行動は，合理性を求める一方で，必ずしも合理的でないとも言える行動のせめぎ合いによって規定される。消費者行動は人間の合理性と非合理性，あるいは感情や感性がぶつかり合う場として人間行動をとても興味深く分析できる研究領域なのである。

他方，経済学の領域では，新古典派経済学のように合理的な消費者行動だけではなく，消費者の非合理的な側面にも関心が持たれるようになった。いわゆる「行動経済学」である。カーネマンとトベルスキー（Kahneman & Tversky,

I 部　消費者行動の概略

1979）によるプロスペクト理論が先駆的研究である（4章を参照のこと）。消費者が従来型の経済学が想定してきたような合理的経済人モデルに疑問を投げかけ，消費者は必ずしも合理的な意思決定は行っていないことを示された点でその意義は大きい。

# ７　消費者行動研究の歴史

## 1　1950年以前

　消費者行動の萌芽的な研究は，1900年代初期のスコット（Scott, 1903）による広告心理学の研究に見ることができる。広告実務への実際的な必要性から，記憶，連想，注意などの認知的概念，本能といった動機づけや感情の概念などから広告効果の心理学的メカニズムに言及している。この時代にあって購買動機調査や広告の大きさによる広告効果実験などの実証研究を提示している。

　消費者行動に関する研究は，初期にはミュンスターベルグ（Münsterberg, 1913）によって産業心理学の一分野として取り組まれてきた。ミュンスターベルグは科学的心理学の創始者ウィルヘルム・ヴントに心理学を学び，'*Psychologie und Wirtschaftsleben*'（1912）「心理学と経済生活」と題する書籍を出版している（cf. ミュンスターベルグ，1915）。産業心理学として体系化された最初の書籍であり，その中で，消費者の購買行動や広告効果が論じられている。その当時，広告や販売方法の違いが売上にどのような効果をもたらすかといった実務的な関心や必要性から研究が発展していった。商品はなぜ選択されたのか，消費者はいかにして選択したのか，広告の効果はどのくらい見られたのかなど，これらは売り手にとってとても素朴であるが，重要な疑問であった。

　この時代に行動主義心理学の創始者であるワトソン（Watson）は，大学から広告会社であるJ. W. トンプソン社に転身し，広告や販売に心理学を実務的に応用して，大きな成果をあげている。この時代の研究も現代の最先端の研究に対する関心と何ら変わらぬものがあり，率直な疑問を真正面から解明しようとする意気込みが感じられる。

**34**

## 2 1950年代

　質問紙調査によって得られる消費者の回答は，真の購買理由を表していないのではないかという疑問から，この時代には「モチベーション・リサーチ」と呼ばれる購買動機調査が非常に脚光を浴びた。なぜ商品を買うのか，なぜ，特定のブランドを選択するのかといった購買動機を探ろうとした。投影法や連想法などの臨床心理学的な方法で無意識下の深層の動機を探ろうとした。戦後の経済発展が著しく進展し始めた時期で，消費者の購買動機を理解することにより，消費者の購買意欲を高めようとする動きとあいまって，一世を風靡した。モチベーション・リサーチにはさまざまな手法が含まれるが，科学的な裏付けに乏しいも手法が多かった。現在でも，デプスインタビューやグループインタビューなどとしてマーケティング・リサーチの手段として活用されている手法もある。

## 3 1960年代

　初期の販売や広告に関する研究は素朴な実務的動機から出発した研究が多かったが，1960年代に入るとより実証性の高い体系的な科学的研究が輩出し始めた。1960年代後半には，後述するようなHoward & Sheth（1969）モデルなど消費者行動の統合的な概念モデルが提案されるようになり，現在の消費者行動研究の原型を形成していった。この時期の理論的研究は，新行動主義のS - O - R型学習理論の影響が見られるが，行動的研究よりもむしろ実際には，イメージ，知覚されたリスクや態度など認知に関連する研究が多く見られるようになった。パーソナリティや心理生理学的手法による消費者行動の解明にも関心が持たれるようになった。

　消費者行動が社会経済の発展に伴って消費者の多様化が見られるようになり，従来の画一的な市場から市場を細分化する必要が生まれ，消費者のライフスタイル研究が盛んに行われるようになった。生活意識や価値観を軸としたライフスタイルの類型化により，マーケット・セグメンテーションに用いられるようになった。

Ⅰ部　消費者行動の概略

## 4　1970年代

1970年代前半は，「期待－価値」系の態度理論に基づいて開発された「多属性態度モデルの研究」が精力的に行われ，態度を主要な媒介概念として消費者のブランドの選択を予測しようとした。消費者が選択するブランドは形成されている態度が媒介変数として働き，好意的な態度が形成されているブランドが選択されるという図式である。そのため，消費者のブランドに対する態度の形成や変容，形成された態度と購買行動との関係性が研究の中心的な課題であった。態度研究は一定の成果を上げるようになったが，マーケティング刺激に対する消費者の購買行動としての反応を態度という静態的な媒介概念だけでとらえることに限界が指摘され，購買の意思決定過程そのものの分析に関心が持たれるようになった。ベットマン（Bettman, 1979）による「消費者選択に関する情報処理理論」がその後の研究に大きな影響を与えた。

## 5　1980年代

ベットマン以降，心理学における認知研究や認知科学への関心の高まりから，購買意思決定過程における情報処理，記憶，知識に関する研究が非常に多く行われるようになり，消費者情報処理パラダイムが形成されていった。消費者情報処理パラダイムの中心的な課題は消費者がブランド選択に至るまでの意思決定過程とその情報処理であった。情報処理の過程そのものを分析する独自の手法なども開発されるようになった。購買行動に影響する個人差や状況を説明する変数として製品関与の概念に大きな関心が集まった。製品関与の概念化が検討されるとともに，製品関与の程度の違いによってブランド選択のされ方や情報処理の仕方，広告効果の表れ方にどのような差異が見られるかなど多くの研究が生まれた。

1980年代後半以降になると，研究領域は細分化されると同時に「消費者情報処理パラダイム」に属する研究が消費者の合理的，分析的な側面に関心が過度に持たれすぎるという批判から，感情などの非合理的側面や消費の意味の解釈などに対する関心が高まり，ポストモダン・パラダイムと呼ばれる消費者行

動研究が出現した。

## 6　1990年代以降

1990年代に入り，消費者情報処理や行動的意思決定に関する研究は膨大な量の研究が行われ，それに関連して分野も多岐にわたるようになった。同時に，消費者行動研究の多数を占める科学的な実証研究と消費の意味解釈を主体とするポストモダンの消費者行動研究との間の論争が盛んに行われた。

Loken（2006）は，1994年から2004年に報告された理論志向の実証研究を4つの流れに分類している。第一に，この時期にマーケティングでもっとも注目を集めたブランド論との関係から，ブランドのカテゴリー化や判断に関わる動機的基盤などの消費者のカテゴライゼーション，第二に，ブランド評価等に関わる認知的・経験的推論，第三に，感情が情報処理，態度形成や行動意図等への影響，第四に，説得に関連する精緻化の役割や二重過程理論，態度形成や広告反応の問題が概観されている。

2000年以降は実に多岐にわたる問題が取り組まれるようになった。同時に，研究は細分化の一途をたどり，ともすれば重箱の隅をつつくような研究も散見されるようになった。人間である消費者は心理学の研究領域のように，細分化された独立した心理的メカニズムによって人間が行動し，生きているわけではない。そうした意味で，1960年代に提案された消費者行動の概念的な統合モデルのように，消費者行動を人間全体としてみるような鳥瞰図的な理解により，生活している人間として消費者を地道にしっかり分析し，理解する必要がある。

## 7　わが国における消費者行動研究

杉本（2022）のレビューに示す通り，わが国での消費者行動研究は1960年前後から本格的な書籍として公刊されている。これからは，応用心理学，経営心理学，社会心理学の一分野としての研究として位置づけられている。広告・宣伝や販売などに関して，当時の経営学者，心理学者，実務家などの交流から実践的な消費者行動に関連する研究に取り組まれていた。消費者心理学の先駆

I部　消費者行動の概略

的研究は産学協同研究から始まっている。

　マーケティングの考え方が日本に入ってきたのは第二次世界大戦後の1940年代後半であるが，1950年代に入った頃から大量販売のための広告活動の必要性が企業によって認識され始めた。このような実務的な必要性と科学性がマッチして広告活動は急激に活発になり，マーケティング・リサーチの技術的研究が広告会社の調査部門で積極的に取り組まれるようになった。モチベーション・リサーチはこのような時代背景もあり，強い関心がもたれた。

　心理学者による代表的な消費者行動研究には，小嶋（1972，1986）による消費者の動機づけに関するHM（必要条件－魅力条件）理論，行動経済学に先立って同様の現象を提示した心理的財布などの価格の心理学がある。佐々木（1988）が長年の研究の蓄積から構成した購買態度の基本次元として開発されたREC（Rationality and Emotionality of Consumer）スケールが代表的である。広告心理学では，仁科・田中・丸岡（2007）による広告コミュニケーション効果の研究などが挙げられる。戦後の日本における消費者心理学の研究は，欧米のパラダイムの影響を受けながらも独自にユニークな研究がなされてきた。

　80年代以降，マーケティング研究者による行動科学的な消費者行動研究の成果が数多く報告されるようになった。阿部（1978）による消費者情報処理パラダイムのわが国における先駆的研究，中西（1984）による消費者行動分析に含まれる消費者情報処理パラダイムの研究が示された。和田（1984）はブランド・ロイヤルティに関連して自我関与や消費者関与の概念を取り上げ，ブランド・マネジメント戦略を構築するうえでその有用性を先駆的に提示している。それ以降，マーケティング研究者による消費者行動研究が飛躍的に増加し，現在では消費者行動研究の大半を占めるまでになった。

## 8　購買意思決定を主体とした消費者行動の全体像

　マーケティングとの関係から消費者行動を理解するとき，消費者の購買意思決定過程の解明が中心となる。Blackwell, Miniard & Engel（2006）は図2-2に示

されるような消費者意思決定モデルを提示している。消費者行動の概念モデル
は1960年代後半からいくつも統合モデルが提案されてきたが，本書では消費者意思決定過程にかかる概念をわかりやすく理解するために，前版から引き続いてこのモデルの本書の基本的な枠組みとして提示する。

　この消費者意思決定モデルでは，欲求認識から購入した商品の処分へと至る，購買に関わる意思決定の過程がモデルの中核である。意思決定過程は，欲求認識→情報探索→購買前選択肢評価→購買→消費→消費後評価→処分という7つの段階が想定されている（3章, 4章）。消費者の意思決定は情報処理の過程でもあり，情報処理は記憶のメカニズムを基盤としている（6章）。このようなモデルの中心に据えられた意思決定過程に影響を与える要因として個人差要因と環境要因が挙げられている。

　個人差要因は，消費者自身の資源（時間，金銭，情報処理能力），動機づけ（9章）と関与（8章），製品やサービスなどに関する知識（6章），態度（7章），パーソナリティ，価値観，ライフスタイル（10章）である。個人差要因は消費者個人に内在する特性や心理的メカニズムを説明する要因が含まれている。

　環境要因はその消費者が置かれている状況，対人関係（12章），社会階層，文化（13章）などの要因である。これらの要因は消費者を取り巻くさまざま状況や環境が消費者個人の意思決定に影響を与える。

　消費者行動の全体像を把握するためには，記憶メカニズムを基盤とした情報処理過程を個人差要因と環境要因を含めて総合的に分析する必要がある。このような意思決定モデルは，概念や要因の複雑な関係をなるべく簡潔に表現したものである。ファッションモデルやプラモデルのように，モデルは何かあるものを表現するのに他のものを用いて表現されている。

　消費者の商品選択を中心とする購買意思決定過程の全体像を大まかに理解するうえで，このようなモデルを用いることには有用である。消費者の意思決定は必ずしもこの意思決定モデルに沿った形で行われるものではない。このモデルでは比較的関心が高く，重要性の高い商品の購買を想定すると理解しやすい。インターネット上の購買や自販機での購買など，このような意思決定過程とは

I部　消費者行動の概略

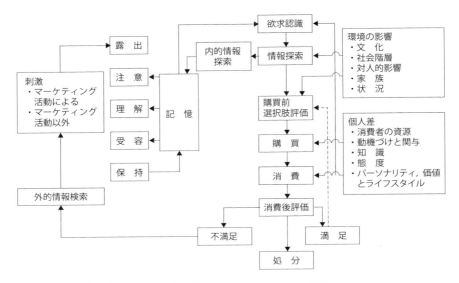

**図2-2　消費者意思決定の概念モデル**（Blackwell, Miniard & Engel, 2006）

異なるように理解されることもあるが，消費者の情報処理は数ミリ秒以下の瞬時でなされる部分も多い。この概念モデルが意味するところを十分に理解することができていれば，こうした瞬時の情報処理過程もモデルに包含されていることがわかるはずである。

　消費者意思決定の仕方は消費者により，状況によって異なる。同じ消費者であっても状況によって異なり，厳密にいえば同じプロセスを経て意思決定に至ることは二度とないといっても過言ではない。初学者は意思決定モデルが最初にあるかのような錯覚を持つことが多いが，このようなモデルは多様な消費者意思決定のプロセスを最大公約数的に帰納的に全体像をわかりやすく示したものにすぎないことに注意する必要がある。

　よって，問題に対して共通の基盤から理解することができる。消費者行動モデルはいずれも完成されたモデルではなく，仮説的なモデルであり，必ずしもすべての消費者行動が説明できるわけではない。消費者行動を全体的に理解し，研究仮説の発見や創造に概念モデルを適切に利用することが望ましい。

## 2章　消費者行動の分析と方法

## 9　消費者行動研究の方法

　そのためには，消費者行動を理解するための科学的な方法が必要とされる。科学的な方法によって，消費者行動を記述や説明することが可能となり，将来の消費者行動を予測できる可能性が生まれる。消費者行動は，さまざまな科学的な測定方法や分析手法を用いて研究される。ここでは代表的なデータ収集法を紹介する。

　**（1）質問紙調査法（インターネット調査を含む）**　消費者の態度，関与，ライフスタイル，価値観，商品イメージ，個人特性の分析等，消費者行動研究ではでは最もよく用いられる方法である。実験計画法による実証研究においても測定手段としては質問紙調査法が用いられることが多い。近年はインターネット上で実施される質問紙調査が主流を占めている。インターネット調査によって得られるデータは厳密な意味で標本調査ではない。サンプリングの方法や母集団の推定など統計的推論の基本的な知識を理解した上で用いられることが望ましい。

　**（2）面接法**　個人への面接（デプスインタビュー）と集団での面接（グループインタビュー）がある。新製品開発などマーケティング・リサーチではグループインタビューが用いられることが多い。消費者行動研究では個人面接法が用いられる場合が多いが，定量的研究の事前調査や消費の意味解釈などの分析に用いられる。データの信頼性や妥当性は担保されないので，研究仮説を生成する探索的な段階で用いるのが適切である。

　**（3）観察法**　店舗内での購買の様子や街頭でのファッションなど，外部からの観察可能な対象に対して動画や写真などによって記録する方法である。エスノグラフィーは文化人類学や民俗学で用いられてきたフィールドワークによる研究手法である。民族の生活に入って一緒に生活し，行動観察や対話を通して，ライフスタイルを観察し，文化や行動様式の詳細を分析するアプローチである。マーケティングの領域では，家庭内で商品がどのように使われているかについ

て動画観察などの方法によりエスノグラフィー的なデータを得て，商品開発につなげることもある。

（4）**プロセス分析法**　消費者の購買意思決定過程を分析する手法である。実験室内で言語化された情報を提示し，被験者に商品選択を行わせ，情報取得の過程をモニタリングする情報モニタリング法（ジャコビー・ボード法），実際のスーパーマーケットの店頭等で消費者に購買決定を行わせ，被験者に情報処理の様子を逐次，言語化させ，そのプロトコールを分析するプロトコール法），アイカメラを用いて情報取得の過程に伴うアイトラッキングと呼ばれる視線追跡法（アイカメラ法）などがある。視線追跡法はウエブデザイン，製品，広告に対する視線の動きにも用いることができる。

（5）**スキャナー・データ**　消費者が商品を購入する際にPOSなどから読み取られた購買記録を分析する手法である。蓄積されたスキャナー・データを店舗内での買物行動をインストア・マーケティングの効果を分析するのに用いる。前もって取得される消費者の個人データとドッキングされている場合は，個人や家族の購買履歴や視聴率データと合わせて消費者の個人特性，特定ブランドのリピート購買，広告接触などとの関連が分析できる。

（6）**心理生理学的測定法**　消費者の生理的な生体反応を測定する方法である。20世紀後半からポリグラフで用いられるような皮膚電位活動（EDA），心電図（ECG），脳波（EEG），瞳孔反射（瞳の大きさ）などが用いられるようになった。心理生理学的方法を用いることによって，消費者の製品や広告によって喚起される関心や感情喚起を測定することが可能になる。心理生理学的測定は測定装置を扱う技術が必要であり，心理生理学的な生体反応と心理的な心の動きを対応させることは容易ではない。

　近年，注目を集めているニューロ・マーケティングは脳科学の研究成果をマーケティングに応用しようとするものである。fMRI（磁気共鳴機能画像法）は脳内の血流を可視化することで脳の機能活動がどの部位で起きたかを知ることができる。被験者に製品や広告を被験者に示すことにより，パッケージやブランド名によって被験者の脳内で起きている変化を測定することができる。こ

のような装置を使用するには費用や技術が必要なだけではなく，結果の読み取りなど専門的な知識が必要となる。

（7）**ビッグデータ**　マーケティングに関連するビッグデータは，消費者の5W1Hを含む購買データだけではなく，画像，音声，動画，SNSへの投稿内容，位置情報など多様なデータが含まれる。これらのデータは膨大な量のデータが蓄積されるだけではなく，リアルタイムで更新されていく。ビッグデータは定量的なデータだけではなく，定性的なデータも多く，構造化されていない。こうしたビッグデータを解析し，実用に供するにはAIによる解析がなされるようになってきた。データ収集法や分析技術は急速に進化している。

現在，蓄積されているビッグデータは消費者の行動をベースとするデータが基本となっている。このようなデータから得られる解析結果から消費者の心理を推測することはできるものの，消費者の心理メカニズムが把握されたものではない。こうした視点からすると，心理学をはじめとする行動科学的な研究成果からビッグデータの結果をどのように読み解いていくかはこれからの大きな課題になるであろう。

## トピックス②　これからの消費者心理学の研究実践

　近年，心理学・行動科学において著名な研究が再現できないという問題が生じている。心理学・行動科学分野において再現性問題が注目された主要な理由の一つは，Open Science Collaborationによる再現プロジェクトである（Open Science Collaboration, 2015）。代表的な心理学ジャーナルに掲載された100本の論文の再現性を検証した結果，100本の論文の全体の40％未満しか研究結果が再現されなかった。

　その後しばらく消費者行動研究において再現性問題は議論されてこなかったが，近年になり，有力誌に掲載された消費者行動研究の研究結果の結果が再現できないことが報告された。Data Replicada（http://datacolada.org/81）という消費者行動研究再現プロジェクトでは，対象研究の多くの結果が再現できなかった。

また，筆者（元木）らによる感覚マーケティング研究の再現プロジェクトについても，対象とした研究のうちの20％の研究結果しか再現できなかった（Motoki & Iseki, in press）。

研究結果が再現できない背景には，疑わしい研究実践（questionable research practices; QRPs）の関わりが指摘されている。例えば，*p-hacking*（さまざまな方法で，研究者が意図的に*p*値を有意水準未満に誘導すること）やHARKing（分析結果を確認した後の仮説の後付け）などである。このような事態から，心理学分野ではこれまでの研究実践が見直される動きが進んでいる。

たとえば，事前登録制度（pre-registration）の導入である。事前登録制度とは，実験や調査データ収集の前に，仮説・方法・解析内容などを第三者機関に登録する試みである。他の信頼できる研究実践としては，実験マテリアルの透明化・オープンデータなどが含まれる。また，大規模な多国間マルチラボ追試などにより，著名な心理学理論や現象の頑健性が改めて検証されつつある。日本の消費者行動研究分野では，このような再現性問題や研究実践のあり方は議論され始めたばかりであるが，今後このような動きはますます活発化されると考えられる。

（元木康介）

# Ⅱ部

## 消費者の意思決定過程と情報処理

# 3 章

# 消費者の意思決定過程

　私たちの消費生活は意思決定や選択の連続である。コンビニエンスストアやインターネット上での商品選択はもとより，将来に向けての大事な買い物もある。市場には膨大な商品やサービスが提供されているが，自分自身や家族などにとって最も適切な商品やサービスを購入しようとする。消費者の意思決定はより良い生活を実現するために，多くの選択肢（商品・ブランド・サービス・店舗など，以下，「選択肢」）からできる限り適切な選択肢を選び出そうとする行動である。売り手にとって消費者の意思決定過程を知ることはマーケティング戦略を立案する上で有用な知見が得られる。

## ⑩　消費者の意思決定と問題解決

### 1　問題解決としての意思決定

　温暖化が進行し，夏はきびしい暑さが長く続くようになった。きびしい暑さをしのぐ方法はいくつもある。暑さをしのぐためには，エアコンを長時間使用したり，冷たい飲み物を飲んだりすることは多い。時には，風鈴で涼を感じたりする人もいるであろう。いずれも，エアコン，飲料水，風鈴を購入し，使用することで暑さをしのいでいる。この場合，酷暑という問題が発生し，冷たい飲料水などを購入，消費（使用）することで酷暑を避け，直面している問題を

解決している。消費者行動研究では，このような商品やブランドの一連の購買行動を問題解決事態ととらえるのが一般的である。

図3-1にみられるように，酷暑は暑さをしのぐための商品を購入し，消費することで，問題が解決されることになる。酷暑を避ける手段は人により，状況によって異

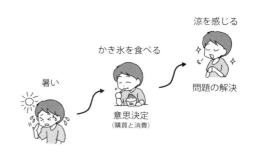

図3-1　問題解決者としての消費者

なる。このような手段（商品を購買して，使用・消費する）は，まさに消費者の意思決定（decision making）である。消費者の問題解決による選択肢の選択は情報処理の立場からとらえることが多い。問題を認識した初期の状態から問題が解決される理想の状態へと至る過程が購買意思決定過程である。消費者はその過程で問題解決のためのプランやヒューリスティクス（発見的方略）を用いることになる。

## 2　目標階層構造

消費者が解決すべき理想の状態を消費目標と呼ぶ。消費者は特定の商品やブランドを購入し，それを消費することによって消費目標に到達することができる。選択されるべき商品やブランドは「優れた性能を持っている商品」「最も価格が安い商品」「コストパフォーマンスが最も優れた商品」などが設定されることが多い。

「きびしい暑さをしのぎたい」という消費目標が設定されたとしよう。この消費目標に到達するには，図3-2に示されるよ

図3-2　目標階層構造（例）

うに，問題が認識されると，その後，複数の段階からなる下位目標でそれぞれ必要な選択がなされることになる。ストレスを解消するためには，「エアコンを使用する」「冷たい飲み物を飲む」「風鈴の音で涼を感じる」などの選択肢の中から選び出す。これは製品クラス（エアコン・飲料水・風鈴など）の選択に相当する。さらに，飲料水という製品クラスであれば，どのような飲料水を購入するかの選択基準を設定し，候補となる選択肢（ブランド）についての情報を比較検討し，ベストと評価した飲料水（ブランド）を購入することになる。このような各段階での選択や意思決定の構造は目標階層構造と呼ばれている。

　目標階層構造は到達すべき消費目標とそこに至るまでに決定すべき下位の消費目標から構成される。目標階層構造は消費者が問題を認識した時点ですべてが記憶に構成され，検索されるわけではない。選択過程が進むとともに漠然とした上位の目標からより具体的で詳細な下位の目標が順次構成され，発展していくものである。目標階層構造は階層構造が複雑で多段階のものもあれば，単純な構造もあり，購買行動を方向づけるだけではなく，選択過程における情報処理量にも関連する。

# 🔢 消費者意思決定モデル

　消費者の意思決定行動を説明するためには，消費者が商品を買おうと思い立ってから購入に至るまで実に多くのプロセスを経ている。自販機での購入も瞬時で済ませることができているが，そこにはかなり複雑な心理的なプロセスや要因がある。そうした一つひとつの購買決定が商品の販売につながっている。

　このような消費者の意思決定過程がどのようなものであるかを概略的に示すために，1960年代後半に概念モデルが登場した。これらのモデルは，心理学等の行動諸科学において研究されてきたさまざまな概念を適用して，消費者の意思決定行動を記述しようとするものである。

　消費者意思決定モデルは，消費者の意思決定過程をフローチャートのように記述されている。多くの概念の関係性をできるだけ単純化することで消費者の

意思決定の全体像をわかりやすく図式化している。しかし，消費者行動は概念的に明確に規定できるほど単純ではないが，意思決定モデルを，まずは鳥瞰図的に知ることにより，消費者行動に関係する概念や研究の位置づけを確認することができる。

マネジリアルな視点からすると，マーケティングの目的は顧客を開拓し，自社の製品を繰り返し購入してもらうことにある。消費者意思決定モデルは，マーケティング目標を達成するために消費者の意思決定行動を予測し，制御することにある。消費者意思決定モデルを理解することにより，消費者に対して意思決定過程のどの段階でいかなるマーケティングやプロモーションの働きかけを消費者に行うことが適切かを知るための指針となる。

ここでは，新行動主義に立脚したS-O-R型モデルとして代表的なハワード＆シェス（Howard & Sheth, 1969）のモデル，情報処理パラダイムを代表するベットマン（Bettman, 1979）の消費者情報処理モデルを紹介する。

## 1　ハワード＆シェス (Howard & Sheth, 1969) のS-O-R型モデル

ハワード＆シェス・モデルは，ハルの学習理論，オズグッドの認知理論，バーラインの探索行動理論等を統合して構築されたS-O-R型の消費者意思決定モデルである。

### a　モデルの構造

ハワード＆シェス・モデルは，S（刺激）–O（構成概念）–R（反応）型の購買意思決定に関する初期の代表的なモデルである。図3-3に示されるように，入力変数（刺激）と出力変数（反応）の関係を知覚および学習に関わる構成概念（媒介変数）によって説明しようとする概念モデルである。

S（刺激）に対応する入力変数は，主として企業のマーケティング活動によるもので，表示的刺激はブランド自体の品質や価格などの情報，象徴的刺激は広告等によってもたらされる言語やビジュアルの情報である。社会的刺激は口コミなどの情報である。

R（反応）に相当する出力変数は，購買意思決定の最終的な到着点であるブランドの購買が最も主要な変数として構成されるが，注意，理解，態度，意図が言語報告などによる顕在的な行動変数として含まれる。

O（構成概念）に相当する構成概念は，知覚と学習にかかわる心理学的な概念から構成されている。知覚構成概念は，入力されたブランド等に関する情報処理に関係し，学習構成概念は，購買決定のための概念形成に関係している。

知覚構成概念は，購買決定に必要な情報の取得と意味づけの機能に関係している。購買決定に必要な外的情報の探索や注意，入力された情報を整合的に意味づけたりする概念から構成されている。

学習構成概念は，購買者の消費目標に関係する動機，ブランドに対する理解，購買者の動機を構造化する選択基準，選択対象となるブランドに対する態度，購買決定にかかる確信の程度などから，購買の意図から構成されている。購買の結果によって形成される満足度が決まり，出力（反応）の結果が新たに学習構成概念の変数にフィードバックされる。

知覚構成概念と学習構成概念に影響を与える変数として，外生変数群が想定

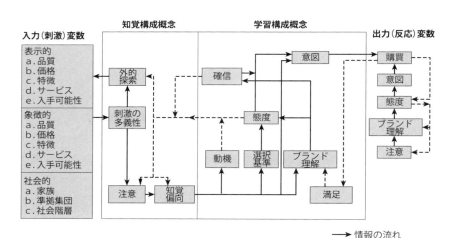

**図3-3　買い手行動理論の簡略図**（Howard & Sheth, 1969）

されている。外生変数は，①購買の重要度，②文化，③社会階層，④パーソナリティ特性，⑤社会的および組織的環境，⑥時間的圧迫，⑦財政状態の7つの変数である。

### b 学習によるリピート購買

ハワード＆シェス・モデルは，購買行動は多かれ少なかれ反復的になされることがモデルの前提にされている。マンションのように滅多に購買しないものもあれば，食料品のように日常的にしばしば購入するものもある。まったくはじめて購入する商品の場合，商品に関する情報はもちろん，どのように選択すればよいのかさえもわからない。しかしながら，同じような商品を繰り返して購入しているうちに，商品に関する情報も蓄積されて，選択基準も明確になってくる。

反復的に購買が行われる過程は条件づけによる学習の成立でもある。購買の反復性について新行動主義の学習理論を基盤としている。ブランド選択が反復的に行われる場合，消費者は購買に関連する情報を貯蔵し，意思決定を習慣化する。蓄積された情報や経験によって，初期には複雑であった購買状況を単純化させるととらえている。

### c 意思決定段階の特徴

商品の購買が繰り返されることにより，消費者に蓄積された情報や経験によって，初期の段階では複雑であった購買意思決定過程，すなわち，問題解決の構造は「単純化の心理」によって簡略化されていく。ハワード＆シェス（Howard & Sheth, 1969）以降の研究の発展を含めると，意思決定の段階は次のような特徴を持っている。

（1）**広範的問題解決**（Extensive Problem Solving） 購入経験の全くない商品の購入に直面したような場合，商品に関連する知識はなく，選択基準は形成されていない。特定のブランドに対する態度（選好）も形成されていない。非構造的で定型化されていない問題解決が必要となる。購買決定に要する情報探索

Ⅱ部　消費者の意思決定過程と情報処理

表3-1　意思決定段階の特徴

| 問題解決の段階 | 広範的問題解決 | 限定的問題解決 | 習慣的反応行動 |
|---|---|---|---|
| ブランドの知識 | あいまい | | 明確 |
| ブランドに対する態度 | 未形成 | | 形成 |
| 選択基準 | 構造化されていない | | 構造化されている |
| 情報探索や処理の量 | 多い | ⟷ | 少ない |
| 決定に要する時間 | 長い | | 短い |
| 製品の価格 | 高額 | | 低額 |
| 購入頻度 | 低い | | 高い |
| 消費者の関与とリスク | 高い | | 低い |

や処理の量は大量であり，意思決定に要する時間も長くなる。購買頻度の低い高額品で，製品に対する関与は高く，リスク知覚が大きい製品の意思決定である場合が多い。

（2）**限定的問題解決**（Limited Problem Solving）　類似した商品の購買がある程度繰り返された段階での決定である。特定の商品に対する強い選好はないが，ある程度の選択基準や態度（選好）は形成されている。意思決定に要する情報探索や処理の量は広範的問題解決よりも少なくてすむ。

（3）**習慣的問題解決**（Routinized Problem Solving）　類似した商品の購買が何度も反復されることにより，「単純化」された購買決定過程である。ほとんど情報処理することもなく，いつもと同じブランドを繰り返し選択する「リピート購買」による問題解決行動が該当する。この段階での購買意思決定は構造化され，定型的な問題解決事態となる。消費者は意思決定に十分な情報を持ち，選択基準も明確に形成されている。特定のブランドに対する態度や選好がかなり形成されていることが多い。意思決定に要する情報探索や処理の量はわずかですみ，意思決定に要する時間も短くてすむ。購買頻度の高い低額品で，製品に対する関与は低く，リスク知覚が低い場合が多い。広範的問題解決から習慣的問題解決に移行するにつれて消費者の認知的一貫性は強くなる。

消費者は購買意思決定を繰り返す中で「単純化の心理」によって，非定型的な広範的問題解決から定型的な習慣的問題解決に移行していく。この間，特定

52

のブランドに対する愛着や信頼が形成され，「態度的（心理的）なブランド・ロイヤルティ」が形成されるとともに，特定のブランドをリピート購買する「行動的なブランド・ロイヤルティ」が形成されていく。

　他方で，消費者の購買行動は「単純化」されていくだけではなく，「複雑化」する場合も多くみられる。新製品を試すトライアル（試用購買），いつもとは違ったブランドを試してみようとするバラエティ・シーキングの行動がなどである。このように複雑化に向かう問題解決行動は，習慣的問題解決から限定的問題解決の方向へ逆に戻ったとみることができる。

## 2　ベットマン (Bettman, 1979) の消費者情報処理モデル

### a　モデルの構造

　ベットマン（Bettman, 1979）は消費者を情報処理者とみなし，消費情報処理モデルを構築した。消費者は，消費者が置かれた選択環境の中でさまざまな情報源から情報を取得し，それらを処理して，ブランドを選択に至るという視点を提示した。消費者がブランドを選択するために情報できる情報の量や処理する能力は，短期記憶作動記憶の知見（6章**22**参照）に示されるように，限られているということを大前提としている。

　選択肢となる多くのブランドを評価し，比較するには，広範的問題解決のような事態では膨大な情報処理が必要とされるが，消費者は必ずしも複雑な判断や分析を行っているわけではない。ベットマンの情報処理モデルでは，消費者は限られた情報処理能力の中でいかに情報を取得し，評価してブランド選択に至るかという情報処理過程そのものにある。

　このモデルの基本構造は，消費者が適切にブランドを選択するために，①動機づけと消費の目標階層，②対象とするブランドへの注意と知覚符号化，③情報取得（消費者の長期記憶に蓄積されている内部情報と外部情報）とその評価，④購買決定の過程，⑤購買したブランドの消費とそれを消費することによる学習，という5段階のプロセスを行き来することで意思決定がなされることが情報処理の観点から構築されている。

消費者がブランド選択を行うのは消費目標を達成するためであり，動機づけが選択過程で重要な概念となっている。消費者が消費目標に向けて動機づけられると，目標を達成するために利用できる情報に注意を向ける。消費者は消費者自身の記憶に貯蔵された内部情報や，内部情報だけで情報が不足するならば外部の情報を取得し，情報の内容や意味を解釈することになる。

## 12 消費者の意思決定過程

エンゲル，コラットとブラックウェル（Engel, Kollat, & Blackwell, 1968）は，消費者の意思決定過程の段階を時間的な流れから明示した。エンゲルらによる消費者の意思決定モデルは，その後，

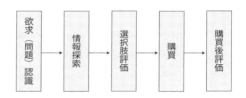

図3-4　消費者の意思決定過程（簡略図）

幾度も修正が加えられてきたが，ブラックウェル，エンゲル＆ミニアード（Blackwell, Miniard, & Engel, 2006）を基本にしながら紹介する。図3-4に示されるように，欲求（問題）認識→情報探索→購買前の選択肢評価→購買→消費→購買後評価（満足・不満足・処分）としてモデル化されている。

①欲求認識（need recognition）・問題認識（problem recognition）

意思決定の最初の段階は欲求認識である。この段階は問題認識（problem recognition）と呼ばれることもある。意思決定過程は自分自身の欲求を認識したときから始まる。消費者が「酷暑をしのぎたい」「おしゃれを楽しみたい」「将来に備えて保険に入っておきたい」などさまざまな欲求を認識すると，消費者はその欲求を充足しようとして行動を始発させる。消費者が欲求を認識すると，その欲求をどのようにして充足するのかという問題解決に向かう。その欲求を商品やサービスの購入によって充足できると考える場合，消費者は購買に動機づけられることになる。

# 3章 消費者の意思決定過程

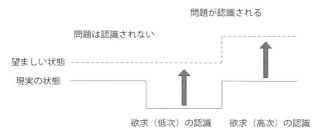

図3-5　欲求認識の構図

　図3-5に示されるように，消費者は現実の状態が望ましい状態と乖離していることを認識すると，その問題を解決しようとして行動を始発させる。欲求認識はその欲求をいかにして充足させるかといった一種の問題解決事態である。「酷暑をしのぎたい」という欲求であってもその欲求を充足する手段は，人により状況によっても違ってくる。空腹を感じた場合のように，現実の状態が一定の水準より下がり，欠乏状態として欲求を認識する場合と，おしゃれを楽しみたい場合のように，現実でも満たされていないわけではないが，さらに上位の欲求を認識したときに欲求を認識する場合に大別される。いずれにしても，現実の状態から理想の状態へと持っていくための問題解決事態と見ることができる。

　問題認識の段階では，欲求を認識するだけではなく，欲求を充足しようとする問題をいかに解決するかという意思決定プランの構築も含まれる。週末にリフレッシュしたいという漠然とした欲求を充足しようとする場合，週末をどこで誰とどのように過ごすのか，予算はどのくらいか，情報はどこから収集するのかといったように解決すべき下位目標は数多くあり，限られた時間的・心理的制約の中で適切に効率的に問題を解決するためのさまざまなプランが構築される。

### ②情報探索

　消費者が欲求を充足するために，問題解決を行うためには，できるだけベス

トな選択肢（理想的な解）を得るために購買意思決定に必要な情報の探索を行う。情報探索は「内的情報探索」と「外的情報探索」に大別される。内的情報探索は消費者自身が過去の購買経験等からすでに蓄積されている情報を利用することである。内的情報は長期記憶に貯蔵されている。内的情報探索だけで意思決定に必要な情報が取得できなければ，消費者は外的情報探索を行う。

　外的探索される情報源は売り手がマーケティング活動のために意図的に発信する情報源（企業が発信するメッセージ）とマーケティング活動に関係しない情報源がある。マス広告，ウェブサイトの広告，SNS広告，販売員の説明，店頭のPOP広告などの情報源は前者にあたり，友人，家族，インターネット上の口コミ情報などの情報源は後者にあたる。

　図2-2に示されるように，外部情報に接触する消費者は，5段階の認知的な情報処理を行う。売り手から「露出」（発信）された情報に「注意」（情報処理容量の配分）を向け，発信されている情報を「理解」（記憶に貯蔵された意味カテゴリー化に対する分析）し，「受容」（意味構造内に受け入れ可能かどうか）の段階を経て，記憶において情報が「保持」される。「注意」「理解」「受容」「保持」はいずれも記憶のメカニズムが機能することによって情報処理が進行する。消費者情報処理メカニズムの核心部分である。消費者のブランド選択行動の本質を理解するためには，このような認知的情報処理のメカニズムをマーケティング活動・マーケティング活動以外による刺激（インプット情報）の特性とともに把握する必要がある（5・6章参照）。

　購買意思決定に際して，選択しようとしている商品への消費者の製品関与（product involvement，8章参照）が高い場合には処理される情報量が多くなることが多い。知覚されたリスク（perceived risk，8章30参照）が大きい場合はリスクを低減するためにより多くの情報が探索される。知覚されたリスクには，商品の品質や性能に対するリスク，支払う価格に対するリスク，健康被害を受けないかといった身体的リスク，自己や他者による心理的・社会的リスクなどのリスクが含まれる。

### ③ 選択肢評価

選択肢評価は購買前に行われる選択肢となるブランド等に対する評価過程である。情報探索によって得られた情報から，問題解決にはどのような選択肢があり，どれを選択するのがベストかといった解を見つけるために，ブランドなどの選択肢に対する評価を行う段階である。選択肢評価は，ハワード＆シェス・モデルのブランドに対する理解（知識）と選択基準によって形成される態度の形成に相当する。最終的には，消費者の想起集合（evoked set）に残された候補案となる選択肢に対して評価がなされる。

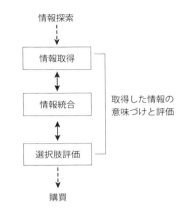

図3-6　情報の取得と統合の過程

モデルの意思決定段階では，情報探索と選択肢評価は異なる処理過程として区別されているが，実際の情報処理過程ではこの2つの段階における情報処理は複雑に入り組んでいる。

図3-6に示されるように，情報探索によって取得された情報は個別情報の意味づけと評価が行われ，選択肢別に情報が統合されたり，長期記憶に貯蔵されている過去の情報と統合されたりする。情報統合の結果，情報が不十分であり，新たな情報を取得する必要がある場合や情報を再度確認する必要がある場合には，改めて情報探索が行われることになる。情報取得と情報統合は状況に応じてさまざまに展開される。この間に展開される情報処理が後に説明する選択ヒューリスティクスである。

### ④ 購買

消費者は選択肢評価の結果にもとづいてどの選択肢を購買するかを決定する。情報探索や選択肢評価を行ったが，満足できる水準に達する選択肢に出合わなかったり，予算を超える場合は購買が中止されたり場合もある。さらに，何ら

Ⅱ部　消費者の意思決定過程と情報処理

かの事情で購買そのものが延期される場合もある。小売店の店頭であればその場で購入するが，インターネット上のeコマースでは購買を決定してクリックすることで購買に至ることになる。

#### ⑤ 購買後評価

　購買された商品はすぐに消費（使用）されることもあれば，後から使用されることもある。商品を使用した結果，購買前の期待を充たすものであれば満足し，そうでなければ不満足となる。使用したことによって消費者は意思決定の結果が適切であったかどうかを評価する。購買前の期待水準を上回った場合は満足であると感じるが，下回った場合は不満足であると感じる。満足・不満足の感情や評価はその後のさまざまな行動に影響を与える。

　満足度が高い場合，同じ選択肢が反復して購入される可能性が高くなり，好意的なブランド・ロイヤルティが形成される。さらには，ネット口コミを含めて，他者にその選択肢を推奨することにもつながる。

　満足度が低い場合，同じ選択肢が反復して購入される可能性が低くなり，企業やブランドなどの売り手に対して否定的な評価につながる。ネット上の口コミを含めて，否定的な情報が伝達されたり，売り手に対して苦情行動につながることもある。

　購買した商品が消費されることで，意思決定過程は終了する。消費されなかった選択肢は，廃棄したり，リサイクルに供されたりされる。

## 13　購買意思決定の基本的方略

　消費者の商品選択は目標階層構造の各段階において意思決定を行う必要がある。複数の選択肢の中から自分に最も適した選択肢を一つ購入する場合を想定する。表3-2に示すような，東京から大阪に向かう移動手段を例として考えてみたい。「選択肢（ブランド）×選択基準（製品属性）」の2次元の情報マトリックスから消費者は必要な情報を取得するものとする。選択肢は4つの交通手段，

**表3-2 東京→大阪間の移動手段（主観的評価を含む例）**

| 交通手段 | 料金 | 所要時間 | 都心へのアクセス | 快適さ |
|---|---|---|---|---|
| 新幹線（自由席） | 13,870 円 | 2 時間 30 分 | 良い | 普通 |
| 飛行機（エコノミー）<br>（JAL・ANA 羽田→伊丹） | 14,570 円 | 1 時間 10 分 | かなり良い | かなり良い |
| LCC（成田→関空） | 8,410 円 | 1 時間 25 分 | かなり悪い | 普通 |
| 高速バス | 3,600 円 | 9 時間 | とても良い | 悪い |

選択基準は価格，所要時間，都心へのアクセス，快適さの4つの基準である。消費者は4つの選択肢×4つの選択基準の合計16からなる情報を取得して評価し，最終的にいずれかの選択肢を選択することになる。

　ベットマン（Bettman, 1979）は，情報処理の方略をブランドベース型選択（Choice by Possessing Brands，以下，CPBと略）と属性ベース型選択（Choice by Possessing Attributes，以下，CPAと略）の2つに大別した。

①**ブランドベース型選択**（CPB）は，交通手段をベースにして選択基準の情報を取得し，情報処理する意思決定方略である。例えば，新幹線について情報を順次取得し，次に飛行機について情報を取得する。

②**属性ベース型選択**（CPA）は，例えば，料金という選択基準に着目し，各交通手段について情報を取得し，次に時間について各交通手段の情報を取得するような意思決定方略である。

　表3-2の例では，ブランドベース型選択は情報マトリックスの行方向（水平方向），属性ベース型選択は列方向（垂直方向）の情報処理がなされることになる。

## 1　選択ヒューリスティクス（choice heuristics）

　ベットマン（Bettman, 1979）は，選択の候補となる複数のブランドから最終的に購入するブランドに絞り込むために消費者が用いる意思決定方略を選択ヒューリスティクス（choice heuristics）と命名した。ヒューリスティクスは発見的方略と呼ばれる問題解決法である。問題解決法のうち，アルゴリズムは，方程式のような特定の解法を使うと，必ず問題解決に至るのに対して，ヒューリ

Ⅱ部　消費者の意思決定過程と情報処理

スティクスは，必ずしも解決に至る保証はないが，試行錯誤をしたり，手間ひまを軽減する方法で問題を解決しようとする決定ルールである（4章**16**参照）。選択肢は，製品クラス，ブランド，店舗などさまざまな目標階層における対象があてはまる。代表的な選択ヒューリスティクスの概略を表3-2の例から説明する。

①**態度参照型**（affect referral）　外部情報を探索することなく，過去の経験からブランドを選択するような場合である。消費者の記憶の中で最も高い評価が与えられているブランドが選択されることが多い。仮想例では，東京ー大阪間の移動手段について，新たに情報を取得することなく，これまでの経験から蓄積された情報にもとづいて移動手段を決定する場合である。長期記憶に保存されている過去経験だけから意思決定する単純なヒューリスティクスである。

②**線形代償型**（linear-compensatory）　多属性態度モデル（7章 消費者の態度形成と変容を参照）から算出されるような方略に相当し，情報処理はCPBが想定されている。多属性態度モデル型の選択ヒューリスティクスは，ブランド毎に選択基準にウェイトづけをしながら，そのブランドの各選択基準（製品属性）について評価する。ブランドの各選択基準について評価された評価の合計を求め，もっとも評価が高かったブランドが選択される。各ブランドについて評価の合計得点を求めることになるので，各ブランドにおける選択基準の評価はプラスマイナスが相殺される。そのために，線形代償型と称されている。仮想例では，交通手段毎に各選択基準の情報を評価し，交通手段毎に選択基準の評価を合計し，もっとも高い評価が得られた交通手段を選択する。選択肢（ブランド）別にすべての選択基準についての情報を取得されることが想定されているので，情報処理量はもっとも多い選択ヒューリスティクスである。

③**連結型**（conjunctive）　選択基準毎に足切りの水準を設定し，選択肢別に一つでもその水準を充たさない選択基準があれば，他の選択基準の評価が

いかに高くてもその選択肢は選択候補から除外される。選択基準の代償関係はないことから，非代償型である。情報処理はCPBが想定されている。連結型で選択肢が足切りされても複数の選択肢が残されることがあるが，その場合はさらに別のルールを使って選択肢を絞り込む必要がある。仮想例では，所要時間が長時間に及ぶのは選択対象外と考えている場合，高速バスによる移動は，他の選択基準の評価とは関係なく選択候補から除外される。

④**分離型**（disjunctive）　選択基準毎に受入可能な水準を設定し，選択基準別に一つでもその水準を充たす選択基準があれば，他の選択基準の評価がたとえ低くても，選択肢として残される。設定される選択基準の水準は連結型よりも高く設定される。分離型は非代償型で情報処理はCPBが想定されている。分離型も複数の選択肢が残されることがあるが，その場合はさらに別のルールを使って選択肢を絞り込む必要がある。仮想例では，移動に快適さを求めている場合，他の属性の評価とは関係なく飛行機（JAL・ANA）が選択される。

⑤**辞書編集型**（lexicographic）　選択基準の重要度を順序づけ，重要度の高い順に選択肢が評価される。重要度のもっとも高い選択基準で一つの選択肢に絞り込めない場合は，次に重要な選択基準で絞り，決定できるまで繰り返される。辞書編集型は非代償型で情報処理はCPAが想定されている。仮想例では，もっとも重要な選択基準が長時間におよぶ移動は避けたいという場合，高速バスによる移動はまず排除される。次に重要となる条件は料金が低く抑えられることであるとすれば，残された3つの選択肢のうち，新幹線（自由席）と飛行機（JAL・ANA）が除外されて，LCCが選択肢として候補に残される。

　以上のヒューリスティクスの他，逐次削除型（sequential elimination）は選択基準ごとに足切り水準を設定する点では連結型と同様であるが，情報処理はCPAが想定される。逐次削除型に属性のウェイトに対応した確率ルールを含めた

Ⅱ部　消費者の意思決定過程と情報処理

EBA 型（elimination by aspects）がある。その他にも選択ヒューリスティクスのルールはいくつもある。

　実際に用いられる選択ヒューリスティクスは意思決定段階の推移において複数のヒューリスティクスが用いられることが多い。これは段階的戦略（phased strategies）と呼ばれている。例えば，意思決定の初期の段階では連結型によって多くのブランドの中から選択基準に合致しない選択肢を排除し，その後の段階で，残された選択肢の中から線形代償型によって慎重に詳細に選択肢を比較評価し，選択決定に至るような場合がある。

　人間が行う情報処理は瞬時に行われ，実際に消費者が用いる選択ヒューリスティクスは意思決定の途中で複雑に取り入れられる。以上の選択ヒューリスティクスはあくまでも単純化したルールの一例である。

## 2　消費者の購買意思決定過程と広告コミュニケーション効果

　マーケティングの視点から消費者の購買意思決定過程を研究する意味は，マーケティング活動への豊かな示唆を得ることにある。消費者が意思決定にいたるプロセスを理解することによって消費者の選択行動を的確に予測することができるようになる。購買意思決定過程を知ることによって，どのようなマーケティング活動によって消費者の商品選択がいかに変化するのかといった消費者の選択メカニズムの原理を理解することにつながる点で重要である。図3-7は，消費者の購買意思決定過程と広告コミュニケーション効果モデルを対比したものである。広告の発信は販売促進手段の一つであるが，広告によって消費者の心理に変化が生じ，広告による効果が生じることによって購買決定へと消費者意思決定のプロセスが進行していく。

　消費者が何らかのきっかけで欲求を認識する場合，喉が渇いたといったような生理的欲求から生じる場合もあれば広告によって欲求が喚起される場合もある。欲求を喚起し，商品の存在を知らせるのは広告の重要な機能である。商品の購入に動機づけられた消費者はインターネットをはじめとするさまざま情報源から選択候補となる選択肢の情報を得ようとする。リアル店舗で実際に商品

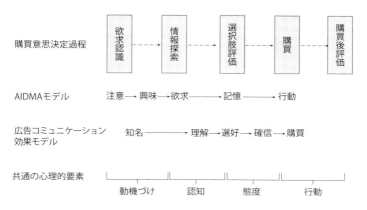

**図3-7 消費者の意思決定過程と広告コミュニケーション効果モデル**

をみたり，口コミを参考にするのも購買意思決定の重要な情報源となる。

　入手した情報を比較・評価することで選択肢の幅は狭まっていく。広告の発信は消費者の認知や理解を深めることにつながる。選択ヒューリスティクスが駆動されることにより，消費者にとってベストな選択候補が固まっていく。この間，広告やセールス・プロモーションのさまざまな手段の組み合わせ（プロモーション・ミックス）を工夫することにより，購買に動機づけられた消費者の消費者意思決定に大きな影響力を与えることができる。

　消費者が商品を購買した時点で一連のマーケティング活動が終わるわけではない。購入した商品に対して満足度が高い場合はリピート購買につながる。さらに，消費者に対して優れたアフターサービスや情報を提供すると，売り手に対する好意度や信頼度が高まり，次回の購買機会にリピート購買される可能性が高まることにつながる。顧客満足を高めることはリレーションシップ・マーケティングの基本であり，売り手と買い手の良好な関係性を維持し，ブランド価値を高めることにつながる。

## トピックス③　ニューロマーケティングと消費者の意思決定研究

　ニューロマーケティングが研究者の強い興味を引くようになったのは，2004年にNeuronという神経科学系の雑誌に，ベイラー医科大学の神経科学者Montagueの研究グループによるコカ・コーラとペプシコーラの選好に関する実験結果を報告したことにはじまると言える。彼らは，コカ・コーラが好きな被験者に対して，ブランド名を伏せた場合と伏せなかった場合について飲用中の脳の血流をfMRIで計測した（McClure,et al.,2004;Takemura, 2019）。その結果，前者の場合に，コカ・コーラを選んだ回数と前頭葉の腹内側前頭葉前野（ventromedial prefrontal cortex）の脳活動とが有意に相関していた。このことは，腹内側前頭前野はブランド名にかかわらず，純粋に個人の嗜好性を表現していると解釈できる。他方，ひとつのカップにブランドのラベルを示して，他のカップを無記入（コカ・コーラかペプシかどちらかが入っている）にした条件では，コカ・コーラのラベルのあるカップのほうを多く選ぶという結果が得られた。コカ・コーラの絵を見せた後にコカ・コーラを飲んだときと，何がくるかわからない刺激の後にコカ・コーラを飲んだときの脳活動を比べると，コカ・コーラの絵を見せた後には海馬（hippocampus）と背外側前頭前野（dorsolateral prefrontal cortex）などが有意に活動した。しかし，ペプシの絵を見せた後には有意に強い活動は認められなかった。このことから，消費者の欲求生起には，少なくとも2つのシステムが存在し，広告などのコミュニケーション戦略によるブランド情報によっては，本来の生理的な反応に基づく嗜好とは異なる選好が存在するということが示唆された（脳画像は図1）。

図1　コカ・コーラとペプシコーラの選好実験
(McClure, et al., 2004)

　このMontagueのグループの研究によって，マーケティングの研究者からは，マーケティグのコミュニケーション効果を側定する客観的な手法としてニューロマーケティングが注目を受け，また，神経科学者からは実社会のマーケティ

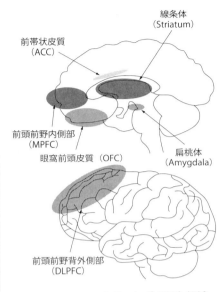

**図2 ニューロマーケティングで対象領域となる主要な脳部位**（竹村他，2008）

ングの問題に神経科学的手法が使用可能であることが強く認識されるようになったのである。

ニューロマーケティングにおける主要な脳の関心領域（region of interest: ROI）は、報酬関連領域と位置づけられる、線条体（striatum）を含む大脳基底核（Basal Ganglia）、扁桃体（amygdala）、そして前頭前野内側部（medial pre-frontal cortex: MPFC）、眼窩前頭皮質（orbitofrontal cortex: OFC）（O'Doharty, 2004）と、葛藤事態でのコントロールプロセスと関連が深い前頭前野背外側部（dorso-lateral pre-frontal cortex: DLPFC）と前帯状皮質（anterior cingulate cortex: ACC）、といった2つの領域を中心としてこれまで展開されてきた（竹村他, 2009; Takemura, 2019）。これらの脳部位の概略図を図2に示している（竹村他, 2008）。サルや人を用いた多くの研究では、線条体、前頭前野内側部の活性が報酬の期待を反映していることが示されており、最近では、実在するブランドや商品を題材とした評価過程と意思決定過程を扱った神経科学的研究知見が蓄積され出している。このような研究パラダイムを用いた消費者の選択ヒューリスティクスの研究は、現在では多数出現しており、実務的応用もなされ、さらに意思決定理論にも貢献している（Takemura. 2019; 2021a；Takemura et al., 2023）。

（竹村和久）

# 4章

# 消費者の意思決定に及ぼす影響

消費者は，購買意思決定をする際に，どのような心理的過程を経るの
だろうか。また，消費者の購買意思決定過程に影響を与える要因は何で
あろうか。このような問題は，消費者心理学にとっても有用であるだけで
なく，行動意思決定論，行動経済学の研究のテーマでもあり，マーケ
ティングの実務とも密接につながっている。この章では，まず，消費者
が購買に関する意思決定問題をどのように認識しているかということが，
最終的な購買意思決定の結果に影響を与えるというフレーミング効果に
ついて論じる。次に，このフレーミング効果に関する心的機制を，心理
的財布や心的会計という概念を用いて説明する。最後に，消費者の意思
決定のプロセス，特に選択ヒューリスティクスに影響を及ぼす要因につ
いて説明する。なお，トピックス③④では，消費者の購買意思決定問題
の認識の事例や，ニューロマーケティングでの脳機能画像などを用いた
神経科学的知見を取り入れた消費者意思決定研究について紹介している。

## 14　消費者の決定フレーミング

購買意思決定問題に直面した場合，消費者がその問題をどのように認識し，
どのように解釈するかが意思決定の結果に大きな影響を与える（Bettman, John-
son & Payne, 1991; 竹村，1994, 2009；Tverskey & Kahneman, 1981）。この購買意思決

定問題の心理的把握は，消費者の意思決定を考えるときに非常に重要であり，また，消費者がどのように購買意思決定をするかを予測する必要のあるマーケティングの実務にとっても重要な事柄である。

　意思決定問題の客観的特徴がまったく同じで，かつその情報が指示する対象が同じであっても，その問題認識の心理的な構成，すなわち決定フレーム（decision frame）によって，結果が異なることがある（Takemura, 2019; 2021a）。このような現象を，フレーミング効果（framing effect）あるいは心的構成効果という（Tversky & Kahneman, 1981）。本節では，消費者の決定フレーミングの問題について説明する。

## 1　購買における決定フレームとフレーミング効果

　例えば，限定的問題解決状況での購買意思決定を考えてみよう。19,800円の標準小売価格の電話機が14,850円で販売される場合，電器店のPOP広告で，「定価の4,950円引き」と金額表示されるのか，「定価の2割5分引き」と比率表示されるのか，POP広告（購買時点広告）の価格値引き情報の意味するところは同じであるが，その情報のフレーミングの仕方が異なり，結果として，表示の仕方によって購買行動に及ぼす効果が異なることがある。小嶋（1986）は，消費者に一流ブランドであると考えられている商品の場合，値下げの金額表示よりも，比率表示の方がよく売れ，逆に，消費者に二流以下のブランドであると考えられている商品の場合，比率表示よりも値下げの金額表示の方がよく売れると報告している。

　フレーミング効果が存在することは，数理的表現では同一の意思決定問題であったとしても，心理的には異なる意思決定が行われることを意味しており，数理的な表現の一意性を暗黙に仮定する消費者行動理論の限界を示している（Takemura, 2019, 2021a, b）。すなわち，この効果は，経済学において消費者行動を説明する代表的理論である効用理論（utility theory）やマーケティングにおける種々の消費者行動の数理的モデルでは，完全には説明できない。効用理論や数理的モデルの多くは，説明の一般化のために，意思決定問題の言語表現の形

Ⅱ部　消費者の意思決定過程と情報処理

式の相違の問題を捨象しているからである。

　トゥベルスキーとカーネマン（Tversky & Kahneman, 1981）は，フレーミング効果の典型例となる以下のような問題を考えた。

　（問題A）「125ドルのジャケットと15ドルの電卓を買おうとしたところ，店員から，自動車で20分かかる支店に行くと15ドルの電卓が10ドルで販売されていることを聞かされた。その支店まで買いに行くかどうか」。

　（問題B）「125ドルの電卓と15ドルのジャケットを買おうとしたところ，店員から自動車で20分かかる支店に行くと125ドルの電卓が120ドルで販売されていることを聞かされた。その支店まで買いに行くかどうか」。

　ここで，問題Aも問題Bも，電卓とジャケットを買うという購買意思決定として共通しており，さらに，総額140ドルの買物をするか，5ドルの利益を得るために20分間自動車を運転するというコストをかけて支店に買いに行くかという点については全く同じである。支店にまで行くかどうかの決定を考慮する際にして，問題Aと問題Bとで回答が異なるということを合理的に支持する理由はない。

　しかし，トゥベルスキーとカーネマン（1981）は，ある被験者集団に問題Aを与え，別の被験者集団に問題Bを与えたところ，前者の問題Aでは，68％の被験者が支店まで出かけると回答したのに対して，後者の問題Bでは29％の被験者しか支店まで出かけると回答しなかったのである。この結果の理由として，被験者が，電卓の買物とジャケットの買物という2つの意思決定問題に分離してフレーミングを行ったことが考えられる。すなわち，問題Aでは，電卓の定価である15ドルが10ドルになるという部分が注目され，問題Bでは，電卓の定価である125ドルが120ドルになるという部分が注目されたのである。

## 2　フレーミング効果を説明するプロスペクト理論

　フレーミング効果がなぜ生じるのかについて，トゥベルスキーとカーネマン（1981）は，彼らの提案したプロスペクト理論（prospect theory: Kahneman & Tversky, 1979; Tversky & Kahneman, 1992）をもとに説明している。このプロスペクト

4章 消費者の意思決定に及ぼす影響

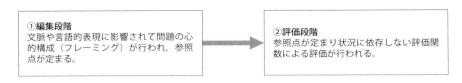

**図4-1 プロスペクト理論に過程される編集段階と評価段階**

理論によると，意思決定過程は，問題を認識し，フレーミングする編集段階（editing phase）と，その問題認識にしたがって選択肢の評価を行う評価段階（evaluation phase）とに分かれる（図4-1参照）。

編集段階では，わずかの言語的表現の相違などによってフレーミングのされ方が異なってしまうので，意思決定問題の客観的特徴がまったく同じであってもその問題の認識が異なってしまうのである。このことが，フレーミング効果を説明する第一の説明原理になっている。しかし，それだけでは，フレーミング効果は説明できない。もし，金額とそれに対する価値（効用）との関係が線形関数（1次関数）で表現されるならば，フレーミング効果は生じないからである。評価段階では，図4-2に示されているように，選択肢を評価する価値関数は非線形であるので，異なるフレーミングによって異なる選択がなされてしまうのである。

例えば，先の問題AとBについて考えてみよう。図4-2に示されているように，もし消費者が電卓とジャケットの購買問題を別々に分離して認識したなら，電卓の定価の15ドルが10ドルになるというコストの低下は，

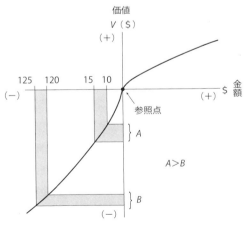

**図4-2 プロスペクト理論における価値関数によるフレーミング効果の説明**
(Tversky & Kahneman, 1981より作成)

Ⅱ部　消費者の意思決定過程と情報処理

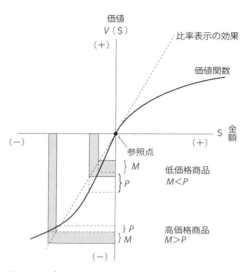

図4-3　プロスペクト理論における価値関数から予測される金額表示と比率表示の効果

125ドルが120ドルになるというコストの低下に比べて，大きく価値づけられる。しかし，総額140ドルの買物をするか，135ドルの買物をするかという問題認識をすれば，問題AとBとの評価は同じになるのである。したがって，店頭マーケティングにおける価格政策の観点からいうと，消費者が複数の商品を購入しようとしている場合，価格が安い商品の方の値下げ額を大きくする方が，価格が高い商品の値下げ額を大きくするよりも，有効であることが予測される。

さらに，小嶋（1986）が報告した値下げの金額表示と比率表示の問題も，プロスペクト理論からは，以下のように解釈される。まず，消費者に一流ブランドであると考えられている商品は一般に標準小売価格が高く，消費者に二流以下のブランドであると考えられている商品は一般に標準小売価格が低い。図4-3の価値関数をみるとわかるように，価値関数は負の領域で下に凸であるので，低価格の商品の場合は，比率表示よりも金額表示による値下げの方が負の価値の低減の度合いが高い。また，逆に，高価格の商品の場合は，金額表示よりも比率表示による値下げの方が負の価値の低減の度合いが低いことがわかる。したがって，プロスペクト理論からは，消費者に一流ブランドであると考えられている商品の場合，値下げの金額表示よりも比率表示の方がよく売れ，逆に，消費者に二流以下のブランドであると考えられている商品の場合，比率表示よりも値下げの金額表示の方がよく売れることが予想できる。さらに，プロスペクト理論からは，これまで経験的にしかわからなかった現象を，数理的に解明

することによって，超高額商品や超低額商品あるいは中間領域の価格の商品への値下げ戦略を導くことができるのである。プロスペクト理論は，消費者行動研究においても盛んに用いられているが，注意の焦点化や心的な「ものさし」などの別の心理的概念によってフレーミング効果を説明できるという説もある（竹村，1994，2009；Takemura,2001; Takemura, 2019, 2021a）。

## 15 心理的財布と決定フレーム

　フレーミング効果の現象が示すように，購買意思決定問題の認識のされ方が購買意思決定に大きな影響を示すことが明らかになった。このフレーミング効果の生起メカニズムについては，トゥベルスキーとカーネマン（1981）は，プロスペクト理論を用いて説明している。しかし，彼らは，どのようなフレーミングがどのような状況においてなされるのかについては，十分に説明していない。この節では，どのようにしてフレーミングがなされるかを説明することが可能な心理的財布の概念と心的会計の概念について解説を行い，消費者心理学のなかでどのようなことがわかり，どのようなマーケティングの実務と関係しているかについて考察を行う。

### 1 心理的財布
　トゥベルスキーとカーネマン（1981）の研究に先立つこと22年前の1959年に小嶋は，状況依存的な問題認識によって，購買行動や購買後の満足感が大きく影響されることを指摘し，どのような状況依存的な問題が存在するのかを「心理的財布」という構成概念という一種の決定フレームの概念を用いて明らかにしている（小嶋，1959；Kojima, 1994; Takemura, 2019）。小嶋は，消費者が異なる複数の財布をあたかも所有しているように行動し，購入商品やサービスの種類や，それらを買う時の状況に応じて別々の心理的な財布から支払うと考えた。それらの心理的財布は，それぞれが異なった次元の価値尺度を持っているので，同じ商品に同じ金額を支払った場合でも，その金額を支払う財布が異な

Ⅱ部　消費者の意思決定過程と情報処理

**表4-1　種々の心理的財布とそれらに対する商品**（小嶋・赤松・濱，1983）

| 心理的財布の因子 | 対応する商品の例 |
| --- | --- |
| ポケットマネー因子 | 頭痛薬，総合ビタミン剤，目薬，週刊誌，チューインガム，チョコレート，共同募金などへの寄附金 |
| 生活必需品因子 | 冷蔵庫，洋服ダンス，洗濯機，カラーテレビ，外出用のワンピース，ハンドバッグ，電子レンジ，家族旅行の費用，ルームクーラー，口紅 |
| 財産因子 | 分譲土地，分譲マンション，建売住宅，別荘用土地，セントラルヒーティング，乗用車，ルームクーラー，ピアノ |
| 文化・教養因子 | 絵・彫刻の展覧会，音楽会，観劇，LP レコード，ピアノ，映画見物 |
| 外食因子 | レストランで友人と食べたときの自分の食事代，ふだん食べるケーキ，買物先・勤務先で食べるふだんの外での自分の昼食代，友人といっしょに飲むコーヒー代 |
| 生活水準引き上げ因子 | カセットテープレコーダー，電子レンジ，セントラルヒーティング，ルームクーラー，百科事典，カラーテレビ，8 ミリカメラ，ピアノ |
| 生活保障・安心因子 | 火災保険料，生命保険料，ヘアーセット代，自動車の保険料，仕事関係の人に贈るお歳暮 |
| ちょっとぜいたく因子 | ビデオレコーダー，自動食器洗い機，ホットカーラー，8 ミリカメラ，ヘアピース，乗用車 |
| 女性用品因子 | ペンダント，ブローチ，普段着用のワンピース，栄養クリーム，ハンドバッグ，外出用のワンピース，ホットカーラー，香水，口紅 |

れば，それによって得られる満足感や，出費に伴う心理的痛みも異なると考えられるのである。

　各種の商品がどのような種類の心理的財布から購入されるかということを知ることは，その商品の広告や人的販売などのマーケティング戦略を検討する基礎になるだろう。小嶋・赤松・濱（1983）は，購入に関する心理的な痛みの質問紙データを因子分析（factor analysis）という手法によって分析し，心理的財布にはどのようなものがあるかを表4-1のように示し，これらの心理的財布の因子にはどのような種類の商品が対応しているかを明らかにしている。

## 2　異なる心理的財布の視点

　心理的財布の概念は，個人内の同一商品に対する状況依存的な問題認識を説明する点では決定フレームの概念に非常に類似しているが，決定フレームの概念よりさらに広い適用範囲を持つ概念である。小嶋は，心理的財布を，①個人間商品間における心理的財布，②個人間商品内における心理的財布，③個人内

商品間における心理的財布，④個人内商品内における心理的財布の4つの視点から考察している。

①の個人間商品間における心理的財布は，人によって商品によって心理的財布が異なるという観点から見た心理的財布である。例えば，これは，若者にとっては新機能のたくさんついたステレオが好まれるが，高齢者にとっては機能が単純で使いやすいステレオが好まれるようなケースを説明する心理的財布の概念である。この心理的財布の分析は，「どの消費者セグメントがどのような商品に価値を感じるか」という観点からのマーケティング戦略と対応している。

②の個人間商品内における心理的財布は，同一商品に対する心理的財布が，人によってあるいは消費者層によって異なるという観点からみた心理的財布である。例えば，これは，アウトドア・ライフを好むライフスタイルの消費者層にとっては，マウンテンバイクは価値が高くても魅力的に感じるが，アウトドア・ライフに関心のない消費者層にとっては，マウンテンバイクには荷台も泥よけもついていないので購入する価値を感じないというようなケースを説明する心理的財布の概念である。この心理的財布の分析は，「それぞれの消費者セグメントによって，同一商品に対する価値がどのように異なるか」という観点からのマーケティング戦略と対応している。

③の個人内商品間における心理的財布は，同じ消費者で商品によって心理的財布が異なるという観点からみた心理的財布である。例えば，これは，3,000円の本を購入するときには非常に心理的な痛みを感じるのに，会費が3,000円のコンパに参加するのには全く心理的な痛みを感じないようなケースを説明する心理的財布の概念である。

④の個人内商品内における心理的財布は，同じ消費者で同一商品でも心理的財布が異なるという観点からみた心理的財布の概念である。この観点からみた心理的財布は，決定フレームの概念にきわめて近い。例えば，これは，フレーミング効果のところで説明した金額表示と比率表示の問題や，普段の生活では食費をけちっているのに旅行先では高級レストランで食事をしても心理的な痛

Ⅱ部　消費者の意思決定過程と情報処理

みをまったく感じないようなケースを説明する心理的財布の概念である。

　個人内商品内における心理的財布について，小嶋は，次のような知見を報告している（小嶋，1986）。まず，ボーナスや宝くじで賞金を得るなどの一時的な経済的収入によって心理的財布は一般に拡大し購買行動は促進される。また，一時的な経済的収入によって心理的財布が縮小して購買行動が抑制されることはない。しかし，お金を落とすなどの損失によっては，心理的財布は一般に縮小し購買行動は抑制される傾向があるが，興味深いことに，大きな損失によって逆に心理的財布が拡大するという知見も見出されている。例えば，ギャンブルなどで大金を失ったり，マンション購入などで多額の出費があった場合，「いまさら1，2万円のお金を倹約しても仕方がない」と考えたり，「3,000万円のマンションを購入するのだから20万円のカーペットの購入も気にならない」ということがこのケースに含まれる。

　また，小嶋（1986）は，商品購入におけるクレジットやローンの利用は，心理的財布の拡大に大きな影響を与えると指摘している。クレジットやローンは，①当初の支払いが頭金だけで済むこと，②商品代金を直接支払わず預金からの自動引き落としによること，③購入と支払いのタイム・ラグ（時間的ズレ）があること，④購入時点で支払いのことを強く意識しないで済むこと，⑤所持金に制約されないことなどにより，支出に伴う心理的痛みを減少させ，心理的財布を拡大させ，購買行動を促進させることが指摘されている。

## 3　心的会計

　金銭に関係する意思決定における心理状態を，トゥベルスキーとカーネマン（Tversky, & Kahneman, 1981）は，心的会計（mental accounting）という概念を用いて説明している。心的会計というのは，人々が金銭的な意思決定問題を心的に処理するための様式を指しており，小嶋（1986）が指摘した心理的財布のあり方と非常に類似している（Takemura, 2019）。

　トゥベルスキーとカーネマン（1981）は，計383名の被験者に下記のような質問を行って，心的会計のあり方を検討している。彼らは，200名の被験者に

チケット紛失条件の下記の質問を行った。

チケット紛失条件：「以下の場面を想像してください。あなたは，ある映画を観に行くことに決め，代金10ドルのチケットを購入した後，映画館に行きます。映画館に入る段になって，あなたは，そのチケットをなくしたことに気づきました。あなたは，チケットをもう一度買い直しますか？」

また，残りの183名には，現金紛失条件の下記の質問を行った。

現金紛失条件：「以下の場面を想像してください。あなたは，ある映画を観に行くことに決め，映画館に行きます。チケットの代金は，10ドルです。映画館に入る段になって，あなたは現金10ドルをなくしたことに気づきました。あなたは，チケットを買いますか？」

質問の結果，チケット紛失条件では46％の被験者がチケットを買うと答えたのに対して，現金紛失条件では，88％の被験者がチケットを買うと答えたのである。

ここで注意する必要があるのは，どちらの条件でも，10ドル相当の損失をして，10ドル相当のチケットを買うかどうかの意思決定を求められているということである。トゥベルスキーとカーネマン（1981）は，チケット紛失条件と現金紛失条件とでは心的会計のあり方が異なるために，結果が異なったと説明している。つまり，チケット紛失条件では，チケット支出のアカウント（一種の心理的財布）からもう一回チケットを買わなければいけないのに対して，現金紛失条件では，現金とチケットの支出が別のアカウントになっているために二重にチケットを買うという痛みにならなくて，チケットの購入意向が高くなったと解釈できるのである。チケットを購入するときは，チケットのアカウントのみが使われるため，現金の紛失が影響をそれほど与えなかったと考えられるのである。このように，心的会計は，金銭の総合的評価でなされるのではなく，トピック単位でなされやすいと，トゥベルスキーとカーネマン（1981）は説明している。

セイラー（Thaler, 1985, 1999）は，心的会計のあり方は，総合評価値が高くなるように，意思決定問題の種々の要素を統合したり分離したりする快楽追求的

フレーミング（hedonic framing）の原理でなされるとしている。彼は，2つの要素x, yを考え，x○yをxとyとの結合演算であるとすると，快楽追求的フレーミングは，

$$\mathbf{v(x \bigcirc y) = Max\ (v(x+y),\ v(x)+v(y))}$$

というルールでなされるとしている。彼は，プロスペクト理論の価値関数の仮定から，快楽追及的フレーミングについて，以下のような特徴があると指摘している。

(1) 利得はトピックごとに分離してフレーミングされる（利得の価値関数は下に凹なので，分離する方が総合評価値は高くなる）。

(2) 損失は種々のトピックを統合してフレーミングされる（損失の価値関数は下に凸なので，統合する方が総合評価値は高くなる）。

(3) 小さな損失と大きな利得は統合してフレーミングされる（損失忌避が差し引き勘定される）。

(4) 小さな利得と大きな損失は分離されてフレーミングされる（利得領域の価値関数は原点付近は急勾配を持っているので，大きな損失をわずかだけ減らすことより，利得をわずかに増やす方が大きいインパクトがある）

セイラー（1985, 1999）の快楽追求的フレーミングの原理によると，割引などの消費者にとっての利得は分離されてフレーミングされやすいことになる。トゥベルスキーとカーネマン（1981）の電卓の質問結果が示唆するように，割引が商品ごとに分離されてフレーミングされると，消費者が複数の商品を購入しようとしている場合，価格が安い商品の方の値下げ額を大きくする方が，価格が高い商品の値下げ額を大きくするよりも，マーケティング的には有効であることが予測される。例えば，スーパーでは，レタスやキャベツを通常価格150円のところを，50円などに大幅値引きして集客し，他の高額商品の価格はあまり下げないで，総合的な購買単価を上げる戦略を取ることが多い。もし，そのスーパーマーケットがトータルではその野菜と同程度以上の値引きを消費者にした場合，テレビなどの高額商品の割引をたとえ500円以上したとしても，

野菜の100円引きの半額効果のほうが大きいと考えられるのである。このように，心的会計の特徴を把握して利用すると，マーケティング的に有意義なプロモーション戦略を考えることができるし，消費者の立場からは企業に躍らせられないように気をつけることができるのである。

## 16　消費者のヒューリスティクスの状況依存性

　3章でも説明されているように，種々の選択ヒューリスティクスが見出されているが，これらを代償型（補償型ともいう）と非代償型（非補償型ともいう）というように2分類して考察することがよくある。前者は，線形代償型のように，ある属性の評価値が低くても他の属性の評価値が高ければ，補われて総合的な評価がなされる決め方であり，非代償型は，そのような属性間の補償関係がないような決定方略であり，態度依拠型，連結型，分離型，辞書編纂型などがこれに含まれる。代償型と非代償型とでは，意思決定の結果のプロセスが大きく異なり，消費者へのマーケティング的対応も異なってくる。さらには，同じ消費者でも，状況に応じて，代償型と非代償型のヒューリスティクスを変化させる現象も知られており，このことが消費者の意思決定過程の理解を複雑にさせているだけでなく，店頭マーケティングなどのマーケティング対応を難しいものにさせている。この節では，消費者の選択ヒューリスティクスの状況依存性について説明し，マーケティング実務との関連性についても考察を行う。

### 1　ヒューリスティクスの状況依存性

　非代償型のヒューリスティクスのもとでは，選択肢や属性を検討する順序によって決定結果が異なることがあるので，情報探索順序に依存した一貫しない意思決定の原因になることがある。例えば，消費者が連結型で意思決定を行う状況を考えてみよう。連結型では，最初に必要条件をクリアしたブランドが選択されるので，どのような順番でブランドを検討するかが非常に重要である。もし別の店にその消費者が最も気に入るブランドが置いてあったとしても，最

初に訪れた店に必要条件を満たすものがあれば，そのブランドが購入される。したがって，その消費者が最も気に入るブランドを購入するかどうかは，店頭の商品配置や店舗の位置などの状況要因に左右されやすくなるのである。

　また，実際の消費者の意思決定過程においては，さまざまな選択ヒューリスティクスが決定段階に応じて，混合されることが多い。消費者は，認知的緊張を低減するために，まず辞書編纂型のような決め方で選択肢を少数に絞った後に，線形代償型のような決め方が用いられることが多い（Bettman，1979; 竹村，1996, 2009; Takemura,2019; 2021a, b）。

　これまでの消費者の意思決定の研究は，これらの選択ヒューリスティクスが選択肢数や属性数などの課題の性質に応じて，変異することを示している（Bettman, 1979; Bettman et al., 1991; 竹村，1996, 2009）。例えば，選択肢数が少ない場合は，代償型が採用され，選択肢数が多くなると非代償型が採用されやすいことが報告されている。

　なぜ選択ヒューリスティクスが選択肢数や属性数の変化に伴ってこのように変異するかというと，選択肢数や属性数が多い条件では，多くの情報を処理しなければならないために情報過負荷になり，それによる認知的緊張を回避するために，情報処理の負荷の低い単純な決定方略が採用されたと解釈できる（Takemura, 2019）。

　選択ヒューリスティクスは，属性数や選択肢数だけではなく，意思決定問題の情報提示の形式，意思決定の反応モードなどの意思決定課題変数の操作，意思決定者の関与（involvement）などの動機づけの変数の操作，ムード状態などの感情操作によって，影響を受けることもわかっており，状況要因の影響を非常に強く受けると言える（Abelson & Lev, 1985; Bettman et al., 1991; Cohen & Areni, 1991, Engel，Blackwell, & Miniard, 1993; 竹村，1996, 2009）。例えば，アイセンとミーンズ（Isen & Means, 1983）は，ポジティブな感情（よい気分）が決定方略に及ぼす効果について検討している。彼女らは，知覚運動課題に成功したという偽のフィードバックを受けた被験者（ポジティブ感情群）が，フィードバックを受けていない被験者（統制群）に比して，架空の自動車の選択に要する時間が短

く，決定に際して情報をあまり探索しないことを明らかにしている。このことは，ポジティブな感情が非代償型の意思決定を促進することを示唆している。

## 2 消費者のヒューリスティクスの状況依存性を説明する理論

このように，選択ヒューリスティクスが種々の状況要因に依存して採択されるために，決定の結果も状況に依存する。したがって，消費者の購買行動は，状況に大きく左右されるのである。それでは，なぜ状況依存的なヒューリスティクスの変異現象が生じるのだろうか。このような状況依存的な変異現象を説明する代表的な理論の枠組みとして，計算論的枠組みによる研究がある。計算論的アプローチでは，意思決定者が状況に適応するように，当該の決定方略を使うことによるコスト（出費）とベネフィット（利益）を計算して，適切な決定方略を採択すると仮定する。コストとベネフィットの計算の際に考えられるのは，意思決定に必要な認知的努力の大きさや意思決定の最適性などが考えられる。

この計算論的アプローチによる最初のモデルは，ビーチとミッチェル（Beach & Mitchell, 1978）による状況即応的モデルであるが，このモデルの基本的アイデアを拡張し，コンピュータ・シミュレーションができるように精緻化させたモデルは，ペインら（Payne, Bettman, & Johnson, 1993）による適応的意思決定モデルである。ペインらは，意思決定者が決定に必要な認知的努力の大きさと意思決定の最適性（正確さ）をトレードオフした結果，ある状況で特定の決定方略が採択されると考えている。彼らは，選択肢数と属性数を変化させて，コンピュータ・シミュレーションを行い，各方略の実行に伴う認知的努力（基本的情報処理の操作数によって操作的に定義される）と決定結果の相対的正確さ（荷重加算型とまったく同じ結果の場合に1の値を取り，まったくランダムな反応をした場合に0を取る指標により操作的に定義される）を各条件において計算した（Takemura, 2021a, b）。

図4-4に示されているように，荷重加算型は，正確な決定が可能であるが，選択肢数や属性数の増加とともに，認知的努力を非常にたくさん必要とするこ

II部　消費者の意思決定過程と情報処理

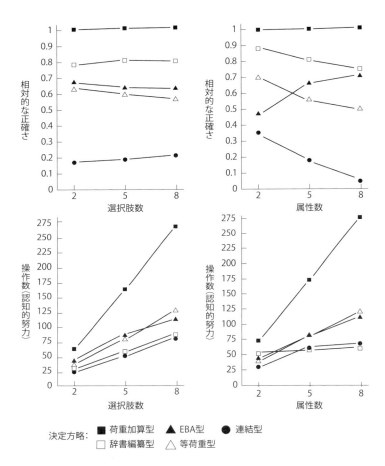

**図4-4　種々の決定方略のコンピュータ・シミュレーションの結果**（Payneほか，1993）

とがわかる。また，辞書編纂型は，選択肢数や属性数の増加によっても，ほとんど認知的努力を必要とせず，しかも正確さもある程度保持していることがわかる。さらに，非代償型は，選択肢数や属性数が増加しても，認知的努力を，荷重加算型ほど要求しないことがわかる。

　これまでの実験研究は，選択肢数や属性数の増加に伴って非代償型のヒュー

リスティクスの採択率が高まることを示しているが，この現象を，このシミュレーションの結果から整合的に解釈することができる。すなわち，選択肢数や属性数の少ない状況では，認知的努力をあまり必要としないので，正確さの高い荷重加算型のような相補型の方略が用いられやすいが，選択肢数や属性数の多い状況では，認知的努力を非常に多く必要とする相補型の決定方略は採択されず，認知的努力をあまり多く必要としない非相補型の決定方略が採択されやすいと考えることができる（Takemura, 2021a,b）。

ペインら（1993）は，このシミュレーションの結果と多くの心理実験の結果を対応づけて，選択の正確さと認知的努力をトレードオフして，意思決定者が適応的に決定方略を選択していると結論づけている。ペインらのモデルは，どのような状況においてどのような決定方略が採用され，どのような決定がなされやすいかを定量的に予測することができるので，マーケティングにおける消費者行動の予測や消費者の意思決定支援においても有用であると考えられる。このような観点は，近年の消費者行動の意思決定理論においても採用されている（竹村, 2009；Takemura, 2019）。

しかし，このペインらのモデルだけで，状況依存的な選択肢評価や意思決定が説明できるとは限らない。プロスペクト理論に示されるような意思決定過程の編集段階に表れるフレーミング効果や感情や動機づけの効果などについては，計算論的には現在のところ十分に説明できない。また，彼らのモデルでは，どのようにして選択の正確さと認知的努力をトレードオフして，意思決定者が適応的に決定方略を選択しているかについては，説明されていない。このような問題を解明するために，竹村（1996）は，与えられた処理資源のもとで意思決定過程をモニターしてその制御を行うメタ認知を仮定するモデルを提案しているが，その経験的例証は十分得られているとは言えないのが現状である。また，このようなメタ認知に注意の配分が関係しているという指摘もあり（竹村, 2009; Takemura, 2021a, b），消費者の意思決定過程の全体構造を今後解明するような研究が必要になってくるだろう。竹村ら（Takemura, 2021b; Takemura et al., 2023）は，2段階ヒューリスティクスについても検討し，消費者が頻繁に用い

るような辞書編纂型から選択肢を絞って加算型で検討するような2段階の決定
方略が，比較的認知的努力が低いわりに加算型と同じような決定をもたらし，
また最悪な意思決定も回避しやすいことを彼らの計算機シミュレーションの知
見から説明し，注意の配分の観点から意思決定過程を説明している。

## 3　消費者のヒューリスティクスの状況依存性を説明する　　研究アプローチの動向

　最後に，消費者の選択ヒューリスティクスの状況依存性を説明する研究アプ
ローチの歴史的変遷と今後の研究アプローチについて概観しよう。

　消費者の購買意思決定を，初期状態から目標状態に至る心的操作の系列とみ
なして消費者の選択ヒューリスティクスを理解しようとする研究は，情報処理
パラダイム（information processing paradigm）と呼ばれる研究枠組みの代表例であ
る。情報処理パラダイムでは，人間をひとつの情報処理システムとみなし，コ
ンピュータとの機能的な等価性や類似性に注目して，消費者の意思決定過程を
説明しようとする。したがって，消費者の意思決定過程は，コンピュータ上で
プログラムによって表現できることになる。実際に，問題解決研究においても，
意思決定研究においても，その心的操作の系列をプログラムとして表現して，
シミュレーションを行い，実験結果との比較を行ったりして，さまざまな成果
が生まれている（Payne, et al., 1993; Takemura, 2019, 2021a, b）。このような情報処理
パラダイムは，これまでの刺激と反応の関数関係を中心に扱ってきた刺激
―― 反応パラダイムの問題点を解決する上で多くの貢献を生んでいる。特に，
ベットマン（Bettman）らを中心にするグループの消費者行動研究への貢献は大
きい（例えば，Bettman, 1979; Bettman, et al., 1991; Takemura, 2019）。

　しかし，1990年代ごろ，情報処理パラダイムは，さまざまな批判を浴びた。
特に，ハーシュマンとホルブロック（Hirschman & Holbrook, 1992）が，情報処理
パラダイムの認識論的問題点を指摘している。彼らは，情報処理パラダイムで
は，消費者間の相互作用が軽視され，記憶や思考などの心的機構が文化や状況
や個人間において普遍性を持っていることが暗黙に仮定されることを批判的に

考察している。情報処理パラダイムについてのこのような問題指摘は，消費者行動研究だけでなく，さまざまな分野においてなされている。情報処理パラダイムでは，選択ヒューリスティクスの概念で心理的過程を抽象化して問題を捉えるが，購買意思決定の状況に応じて，その具体的な購買行動の意味が異なる可能性があり，消費者の心理的理解の重要な観点を見失う可能性もある。情報処理パラダイムの代替的なアプローチとして，記号論を援用した解釈主義的アプローチ（例えば，Holbrook & Hirschman, 1993）や自然言語を用いた相互作用を重視する会話分析的アプローチ（例えば，Hilton, 1995）などが提案されているが，現在のところは代替的なアプローチとして十分な成果が生み出されているとは言いがたい。また，選択ヒューリスティクスの状況依存性を十分に説明しているとは言えないのが現状である。

　むしろ，近年では，情報処理論パラダイムのような認知科学的なアプローチをさらに推進させて，人間の情報処理過程を脳神経科学的に研究しようという機運も出ている（竹村・井出野・大久保・松井, 2008）。特に，ニューロマーケティング（neuromarketing）と呼ばれる研究アプローチが出現しており，これは，マーケティング，心理学，神経科学を統合しようとする研究領域であり，種々の理論的アプローチや実験的方法を用いて消費者の選択や意思決定のモデルとしてどれがふさわしいかを特定したり，消費者の意思決定現象の神経科学的基盤を明らかにして，マーケティング研究や実務に役立てようとする研究分野である（例えば，Fugate, 2007; Hubert & Kenning, 2008; Lee, Broderick & Chamberlain, 2007, 竹村・井出野・大久保手・松井, 2008; Takemura, 2019）。このアプローチでは，まだ，選択ヒューリスティクスの状況依存性についての研究は，あまり現れてはいないが，この研究パラダイムにおける消費者の選択ヒューリスティクスの研究は，今後増加していくものと考えられる。

　ニューロマーケティングが進展してきた理由は，第一には，機能的核磁気共鳴画像（fMRI）や陽電子放射断層撮影装置（PET）などの非侵襲的脳活動計測法が発展し，これまでマーケティング研究者，心理学者，経済学者が行動実験のみで扱ってきた知見を神経科学者と協同で明らかにできる体制が整ったこと

Ⅱ部　消費者の意思決定過程と情報処理

が指摘できる。実際，ニューロマーケティングとして，脳内の血流を測定するfMRIやPETなどの他に，脳波や皮膚電気活動の測定や，眼球運動測定なども含める立場もあるが，これらの測定装置は，数十年前からすでに開発されており，近年の動向ではない。第二には，これまで経済学に仮定されてきた「合理的経済人」の人間モデルに，多くの経済学者や心理学者が疑いを持ち，実際の人間の意思決定行動を記述し，それを理論化するという行動意思決定論（behavioral decision theory）や行動経済学（behavioral economics）が発展してきたということが指摘できる（竹村, 2009; Takemura, 2019; 2021a）。これらの動きは，1978年のノーベル経済学賞のサイモン（Simon, H. A.）同じく2002年同賞受賞者のカーネマン（Kahneman, D.）らの研究にもすでに表れている。また，第三に，ニューロマーケティングが近年注目を浴びるようになった背景に，マーケティング研究の中で，これまで質問紙法，Web調査，面接法，行動観察法に頼った消費者行動研究では，十分に行動の予測ができず，客観的なデータの裏づけがないという問題意識が実務家や研究者の間で高まってきたことも指摘できる。

## トピックス④　消費者の購買意思決定過程における属性の変化

　消費者の意思決定過程においては，購買問題認識は変化していく。このような購買問題認識の変化を追跡できる方法に，言語プロトコール法（verbal protocol method）という方法がある（Bettman, 1979; Bettman, Johnson & Payne, 1991; Takemura, 2019, 2021a）。言語プロトコール法とは，意思決定過程に関する言語報告を分析する方法である。竹村（1996）は，実際に購買を計画している数人の消費者に毎日日記を書いてもらい，どのような購買意思決定問題の認識が行われているかを検討している。図1は，ある社会人の自動車の購買意思決定における購買意思決定問題における属性や選択肢の推移パターンを示したものである。これをみると，探索される選択肢数（自動車のブランド数）が増加し，ピークを迎えた後に，探索される属性数が増加していることがわかる。このことは，選択肢に関する情報の学習を通じて，属性が細分化し，明確化していることを示唆している。

4章 消費者の意思決定に及ぼす影響

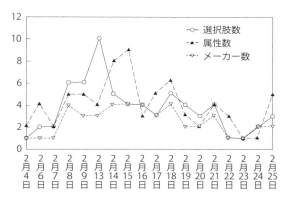

**図1 購買意思決定過程における問題認識の変化**
（竹村，1996）

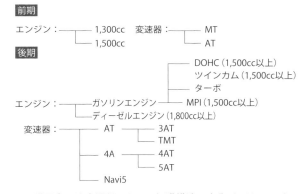

**図2 購買意思決定過程における知識構造の変化**（竹村，1996）

　このように，自動車に関する知識が変化したことが推察されるが，具体的にどのように変化したかをエンジンに関する知識を例にして報告しよう。図2に示されているように，エンジン（駆動部と変速器を含める）については，当初"1,300cc"というような容量とオートマチックやマニュアルの区別に関する言及しかなかったが，次第に，多くの種類があることが学習されていく。このような知識の変化は，想起属性数の急激な増加となって表れているのである。また，この知識の変化は，量的にも質的にも深くなり，階層関係や包含関係が豊かに

85

Ⅱ部　消費者の意思決定過程と情報処理

　形成されてゆく方向に進むことがわかる。また，意思決定の最終局面では，検討される属性が少なくなっている。　　　　　　　　　　　　　　　　　（竹村和久）

# 5章

# 消費者の感覚と知覚

　人間の感覚・知覚は，心のフロントエンドである。したがって，感覚・知覚に端を発する人間の情報処理プロセスを正しく理解することが，消費者理解には欠かせない。本章では，人間の感覚・知覚から選好が形成されるまでの基本的な認知プロセスを概説し，それが消費者行動の文脈においてどのように位置づけられるのかを整理する。加えて，近年注目を集めている感覚マーケティングの代表的な知見についても紹介する。

## 17　感覚・知覚・注意

### 1　知覚のずれ

　人間の心は外界の鏡ではない。錯視に代表されるように，外界に存在する物理的実体とそこから形成される知覚表象の間にはずれがある。このずれは，感覚器官で受容された刺激が生体信号に変換され，脳内情報処理を経る過程で生まれる。たとえば，明るい部屋にある白い紙は，電気を消しても（網膜に入力される信号が変わっているにもかかわらず）同じ白い紙として知覚される（恒常性）。また，映画の音声はスクリーンから離れた位置にあるスピーカーから出力されているにもかかわらず，スクリーン上の登場人物が声を発しているように知覚される（腹話術効果）。

　重要なのは，我々がそのようなずれに普段から気づいていないこと，さらに

**87**

II部　消費者の意思決定過程と情報処理

そのずれが知らないうちに我々の外界における行動を円滑にしている，ということである。つまり，知覚はある程度自動的であるが，その環境における行動を前提にした能動的な情報処理として捉えることができる（Gibson, 1979）。したがって，知覚を単体で捉えるのではなく，行動との関係で捉え，より高次な選好や意思決定などの認識に至るまでの一連の情報処理プロセスを明らかにすることが，人間（消費者）理解のためには欠かせない。

## 2　視線と注意

　人間の認識において，注意は重要な役割を果たしている。注意とは，情報を選択し，選択された情報の処理を効率化する心的機能のことである。たとえば，騒がしいパーティーの最中に離れた人の会話の内容が聞き取れる，というのは注意の選択的機能によるものである（カクテルパーティー効果）。また，運転中に道路状況に注意を向けることで，飛び出した子供を素早く検出できる，というのは注意による処理の効率化によるものである。このような注意の働きによって，脳は限られた処理能力（認知資源）の範囲内で外界（にある必要な情報）を効率的に認識している。

　視覚情報処理においては視線も情報選択の機能を持つが，視線と注意は独立である（Posner, 1980）。実際，読者の皆さんはこの本に視線を向けつつ，本の脇に注意を向けることが可能なはずである。つまり，視線（および視野）によって入力情報が決まり，注意によって視野内の情報に対する処理の優先度が決まる。視野の中の特定の場所にスポットライトのように注意を向けることで，その場所にある対象（オブジェクト）が優先的に処理され，認識される（Treisman and Gelade, 1980）。

　このとき，注意によって情報が選択される過程には2種類ある。一つは外発的注意（非意図的注意）である。これは，重要な刺激（顔刺激や自分の名前など）の出現や予期しない顕著なイベント（ポップアップ広告など）が発生したとき，それらに対して自動的に向けられるタイプの注意である。たとえば，勉強に集中していても，目の前に突然蚊が飛んできたらそれに気を取られる，というの

は外発的注意によるものである。外発的注意は観察者が制御することはできず，高速に対象に向けられる（100 ミリ秒程度の潜時，Carrasco, 2011）。もう一つは内発的注意（意図的注意）である。これは，観察者のその時点での行動目標に応じて向けられるタイプの注意である。たとえば，スーパーマーケットで目当ての食材を探す，というのは内発的注意によって可能になる。内発的注意は観察者によって制御され，比較的ゆっくり対象に向けられる（300 ミリ秒程度の潜時，Carrasco, 2011）。対象に視線を向ける跳躍的な眼球運動（サッケード）の潜時は 200 ミリ秒程度であるため（Leigh and Zee, 1999），外発的注意はサッケードに先行して対象の処理を行っていることになる。

## 3　注意と意識

　前述したように，注意によって選択された情報は優先的に処理され，認識される。逆に言えば，注意によって選択されなかった情報は，視野に入っていても認識されないことになる。この状態を非注意と呼ぶ。たとえば，手品師はお客さんの注意が向いていないところで重要な仕掛けをするので，お客さんは手品のトリックに気づかない。また，運転中に携帯電話での通話に注意を向けると，視野内の重要な刺激を見落とし，ブレーキをかけるのが遅れる（McEvoy et al., 2005）。このように，我々は視野に入力された情報をすべて同じように認識しているわけではなく，注意が向けられなかった刺激はたとえ顕著なものであっても意識に上らないし（非注意による見落とし，Simons and Chabris, 1999），記憶に残らないため，その刺激が変化しても気づかない（変化の見落とし，Rensink et al., 1997）。つまり，視線だけではなく，注意を向けることで我々は外界を認識している。

　近年，消費者行動研究において視線測定が盛んに行われている。確かに，視線のデータは消費者の入力情報を探る上で，重要な手がかりになる。しかし，消費者は視線を向けた（入力した）対象を必ずしも認識しているわけではないこと，視線を向けていない情報も注意によって選択，認識している可能性があること，に留意する必要がある。

Ⅱ部　消費者の意思決定過程と情報処理

## 18　接触と選好

### 1　単純接触効果

　古典的なゲシュタルト心理学では，知覚に影響を与える要因の一つとして「よい形」が挙げられていた。また，赤ちゃんのように目が大きな顔や，平均顔のように左右対称の顔が一般的に好まれることから，人間の魅力評価は刺激の物理的特徴に依存するという知見は多い。しかし，魅力評価は刺激そのものだけでなく，刺激に対する評価者の情報処理にも依存する。

　ある対象が好きでも嫌いでもないにもかかわらず，何度も接触（入力）するうちにその対象が好きになるという現象がある（単純接触効果，Zajonc, 1968）。たとえば，最初は特に印象に残らなかった音楽であっても，聴いているうちに好きになる，という経験は思い当たる人も多いのではないだろうか。この現象については様々な説明モデルが提案されているが，処理流暢性による説明が現在主流である（Jacoby and Kelley, 1987）。処理流暢性とは，対象の心的処理の効率性のことである。同じ対象を何度も処理するうちに，脳はその対象を効率的に処理することができるようになる（すなわち，処理流暢性が上がる）。すると「処理がしやすいということは，その対象が好きだから」といった具合に，脳は処理流暢性を好ましさに誤帰属し，対象の好意度が上がる。

　単純接触効果は，観察者が意識することができないほど短い時間呈示した刺激（閾下刺激）に対しても生じる（Kunst-Wilson and Zajonc, 1980）。したがって，この現象は「見たことがある」という顕在的な記憶とは独立の現象である。さらに，単純接触効果は様々な感覚モダリティ（あるいはモダリティ間）や様々な刺激（文字，ブランドロゴ，バナー広告など）で生じる強固な現象である（松田, 2019）。近年では注意の影響も指摘されており，観察者が反復刺激に対して注意を向けることで単純接触効果は生じやすくなることもわかっている（Yagi et al., 2009）。ただし，第一印象がネガティブであると起こりにくい，接触回数が過剰であると逆に好意度が低下する，などといった報告もあり，反復接触が

90

常にポジティブな影響をもたらすとは限らない。

## 2 視線のカスケード現象

単なる接触ではなく，対象に視線を向けることで好意度が上がるという現象も報告されている。実験では，参加者に2種類の顔刺激を呈示して好きな方が決まったらボタンを押すよう教示した。ボタンを押す（すなわち，意思決定）までの参加者の視線方向を測定したところ，選択の1秒程度前から，後に「好きな顔」として選択される刺激に対して視線が向けられる割合が次第に高くなることがわかった（視線のカスケード現象, Shimojo et al., 2003）。その後の実験では，参加者の視線を操作することで選好は操作できることも報告されている。この現象は，「ボタンを押す」という顕在的な意思決定に先行して潜在的な好みが決まっていること，視線を向けるという身体的定位反応が好みを決めていること，を示している。人間にとって対象への接近は好意の表出である。したがって，視線のカスケード現象は，視線を向けるという接近行動に基づいて対象の情動的判断が行われるという身体化認知プロセスを表していると考えられる。

この現象は，顔刺激以外の様々な刺激（図形，宝石など）でも生じること，同じ観察者に繰り返し実験を行っても生じること，などが報告されている。ただし，対象の物理的特徴を判断する課題（丸顔の選択など）では生じないことから，意思決定全般に共通して起こる現象ではなく，対象の好ましさを判断するような情動的判断に特異的な現象である。

## 3 妨害刺激嫌悪効果

内発的注意によって意図的に選択されなかった対象，すなわち無視された対象の好意度は低下することが報告されている。実験では，参加者に2種類の図形刺激を呈示して，予め指定した一方の図形（標的）に注意を向けさせる定位課題を行わせた。その後の評定課題において，注意が向けられなかった刺激（妨害刺激）に対する好意度は，標的や新奇刺激（初めて見るニュートラルな刺

Ⅱ部　消費者の意思決定過程と情報処理

激）と比較して低下した（妨害刺激嫌悪効果, Raymond et al., 2003）。

　妨害刺激嫌悪効果は，注意の抑制機能によって説明される。前述したように，注意は必要な情報（標的）を選択して処理を行うが，同時に不必要な情報（妨害刺激）を抑制（無視）する。その過程で，妨害刺激には心的な抑制タグが付与される。このとき，妨害刺激に対する情動的判断が求められると，抑制タグによって好意度も抑制される。つまり，注意の抑制機能は情報選択にとどまらず，情動的判断にも及ぶと考えられる。

　妨害刺激嫌悪効果は，無視された広告に対しても生じることがわかっているため（Duff and Faber, 2011），消費者行動研究においても考慮すべき現象である。インターネットでは，ほぼ無限の情報を消費者に与えることができる。消費者（の脳）はすべての情報を処理することができないため，注意を向けることでその中から必要な情報を選択し，評価する。このプロセスは同時に，選択した情報以外の情報を抑制し，それに基づいて情動的判断が行われることを意味する。つまり，消費者の無視はニュートラルではなく，ネガティブな評価を生み出す可能性があることに留意する必要がある。このように消費者の選好や魅力形成は，そこに至るまでの情報処理プロセスに依存する。

# 🔢19　感覚マーケティング（視覚，聴覚）

## 1　感覚マーケティングとは

　感覚マーケティングとは，「消費者の感覚に働きかけることで，知覚・判断・行動に影響を与えるマーケティング」と定義される（Krishna, 2012）。学術的な観点からは，感覚マーケティングは「消費者行動に応用される感覚や知覚の理解」と捉えられる（Krishna,2012）。ここでの感覚とは，五感（視覚・聴覚・嗅覚・触覚・味覚）を意味する。

　感覚マーケティングの概念的枠組みを図5-1に示す（Krishna, 2012）。消費者は感覚器官（目・耳・鼻・口・皮膚）から入力された感覚情報を知覚する。感覚と知覚は，感覚情報処理の異なる段階である。感覚とは，感覚器官（目・

5章　消費者の感覚と知覚

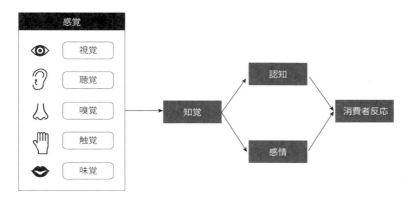

**図5-1　感覚マーケティングの概念的枠組み**（Krishna, 2012を基に筆者作成）

耳・鼻・口・皮膚）により入力された感覚情報を意味する。知覚では，感覚器官により入力された感覚情報の解釈を伴う。そして，知覚された感覚情報が，感情処理・認知処理を通じて，態度・学習／記憶・行動といった多様な消費者行動に影響する。

　感覚マーケティングが注目を集める理由としては，コモディティ化の進展が挙げられる。コモディティ化とは，機能・品質面でのブランド間の差別化が困難となり，差別化すべきブランドが同質化している状況である。コモディティ化が進む市場では，消費者はブランド間の機能・品質差異を見出すのが難しくなる。感覚要素に着目したマーケティング手法は，コモディティ化から脱却するための有効な差別化手法として注目されている。

## 2　視覚に関連する感覚マーケティング

　視覚は商品評価の際に最も重要視される感覚モダリティである（Schifferstein, 2006）。それゆえ視覚は，感覚マーケティングの中で，最も精力的に研究されている感覚モダリティといっても過言ではない。個別の基礎的な視覚要素としては，照度・形状・色彩・物質性（materiality）・位置が挙げられ，それぞれ消費者行動との関わりが研究されてきた（Sample, Hagtvedt, & Brasel, 2020）。その

Ⅱ部　消費者の意思決定過程と情報処理

中でも，消費者行動において重要な視覚要素が色彩である。一説によると，消費者の購買意思決定の約62 〜 90%が色によって決定されると推測されている（Singh, 2006）。

　色彩は，色相・明度・彩度という3つの属性により成り立つ。色相とは，青・赤のような色のカテゴリである。明度は色の明るさ度合いを示す。明度が高い（低い）と白（黒）に近い色になる。彩度は色の鮮やかさ度合いを意味する。彩度が高い（低い）とより鮮やか（くすんだ）色になる。それぞれの色の属性は，消費者態度やブランド評価に影響する。例えば，架空のブランドロゴの色相・明度・彩度は，それぞれブランド・パーソナリティの評価に影響する（Labrecque, & Milne, 2012）。白やピンクの色相のロゴは，他の色相のロゴと比較して，より誠実なブランドであると評価された。

　色の選好は，消費者行動とも大いに関係する。生態学的誘発理論（ecological valence theory; Palmer et al., 2010）によれば，色の選好は，色から連想される様々な物事の好ましさと色の物事の連想の強さの積和平均に基づく。Palmerらは，色ごとに連想される事物の嗜好度と，その連想強度の積和平均で，色の選好を約80%程度説明可能であることを示した。また，アメリカ人を対象としたこの研究では，色相として青やシアンが好まれていた。

　しかし，特定の色が常に好まれるわけではない。色コンテクスト理論（color-context theory）によると，色の評価はコンテクスト（色が用いられている状況）に依存する。青やシアンは一般的に好まれる色であるが，コンテクストによっては好まれない場合がある。例えば，青色のステーキを好んで食べたい人はあまりいないであろう。一方で，爽快感がある炭酸飲料のパッケージとしては，青は適切かもしれない。このように，特定の好ましい色が常に存在するわけではなく，色の好ましさはコンテクストに依存する。

## 3　聴覚に関連する感覚マーケティング

　音が消費者行動に及ぼす影響は，古くから研究されてきた。音はマーケティング・コミュニケーションを構成する要素の多くを占める。例えば，音を活用

**94**

したマーケティング・コミュニケーションには，店舗内音楽（11章**43**参照）・音声広告・商品関連音・ブランドネームに含まれる音等がある。

　基本的な聴覚要素としては，音高・音量・音色が挙げられる。また，音楽ジャンル・環境音・ブランドネームの言語音なども聴覚要素と考えられる。こうした聴覚要素は，感情・認知処理を通して消費者行動に影響する。以下では，実務的な応用可能性が高い背景音楽を題材として，認知処理の観点から代表的な感覚マーケティングの研究を説明する。

　伝統的な見方では，聴覚要素は連合学習（associative learning）を通して，消費者行動に影響するとみなされる（Knoeferle, & Spence, 2021）。少なくとも生得的に消費者は，聴覚要素と商品・ブランド特性とを関連づけていないと考えられる。しかしながら，ある聴覚要素が特定の意味に関連する事柄と繰り返し共起することで，消費者は聴覚要素を特定の意味と関連づける。そして，聴覚要素と意味的関連性（例：クラシック音楽と高級感）が学習されると，聴覚要素（例：クラシック音楽）が記憶の手がかりとして機能し，商品・ブランド特性と関連した概念（例：高級感）を活性化させる。実際，クラシック音楽のBGMが高価な商品の選択率を上昇させることがわかっている（Areni & Kim, 1993）。このことは，クラシック音楽による，高級感の概念の活性化がその背景にあると考えられる。

## 20　感覚マーケティング（嗅覚，触覚，多感覚）

### 1　嗅覚に関連する感覚マーケティング

　マーケティングに香りを活用できる。人間が感じる香りは，オルソネーザル（鼻腔からの匂い分子の経路）とレトロネーザル（口腔内から揮発して鼻腔内に流れる経路）がある。レトロネーザル経路の香りは風味への影響が大きいため，食品・飲料を扱った官能評価学で研究が盛んである。一方で，マーケティングと接点がある消費者行動研究では，オルソネーザル経路の香りが主に研究されてきた。特に消費者行動研究では，環境（主に店舗内）の香り（11章**43**参照）・

商品に関連する香りがこれまで研究されてきた。

　香りに対して消費者は，感情・認知反応を伴う（De Luca, & Botelho, 2021）。香り刺激に対する感情反応は，刺激―生体―反応型モデルで説明される。刺激が香りであり，生体反応としては感情処理（感情価：Pleasure，覚醒度：Arousal）が主に想定され，最終的に接近・回避行動につながる。例えば，好ましい香りに接触すると，感情価が高まり，店舗や商品への接近行動が誘発される（ポジティブな消費者態度につながる）。また，香り刺激に接触すると認知処理がなされる。認知処理には，一致性（香りと商品・ブランドあるいは店舗雰囲気との適合度），馴染み，強度（intensity），摂食可能性（edibility）などが含まれる。例えば，香りと広告要素が適合すると，適合しない場合と比較して，消費者は広告に対してよりポジティブな態度をとる。このような，香り刺激に対する感情・認知反応は，過去の経験を通じた学習によるものと考えられる。

## 2　触覚に関連する感覚マーケティング

　触覚とは体性感覚の一種であり，消費者行動のあらゆる場面に影響する。従業員による消費者への接触，消費者同士の接触，あるいは（消費者の触覚自体は関与しないが）他者による商品への接触，商品同士の接触など，関連する現象はさまざまある。その中でも代表的な事例は，消費者による商品への接触である。Peck & Shu（2009）は，消費者が商品に接触すると，接触しない場合と比べて，商品評価が高まることを示した。消費者が商品に接触する（vs. 接触しない）ことで，心理的所有感とポジティブ感情が増加し，そのことが商品評価を高めた。

　接触動機には個人差があり，手段的接触（instrumental touch）と快楽的接触（hedonic touch）に分類できる（Peck and Childers, 2003）。手段的接触（instrumental touch）とは，問題解決のための接触動機である。消費者が評価・購入といった目標を達成するために商品に触れることを指す。これには，購買のための接触，触覚以外の情報を得るための接触，触覚情報を得るための接触が含まれる。例えば触覚情報を得るための接触の例は，スマートフォンを購入する際，その重

さを確かめるための接触である。快楽的接触（hedonic touch）とは，自己目的的な接触動機である。消費者が触覚経験そのものを楽しむために商品に触れることを指す。例えば，ショッピング中に何気なくソファを触ってみて，その柔らかさを楽しむことである。接触同期の個人差は，消費者行動に影響することが示されている。接触動機が高い消費者群は，商品に触れることができない（vs. できる）場合，フラストレーションが上がり，商品評価に対する自信が低下することが示されている（Peck and Childers, 2003）。

## 3 味覚に関連する感覚マーケティング

食品・飲料といった商品カテゴリーで，味覚は重要な役割を担う（Schiffer-stein, 2006）。狭義な味覚の種類としては，甘味・酸味・塩味・苦味・うま味という5つの基本味に分類できる。しかし，味覚に関連する感覚マーケティング研究は，基本味にとどまらない広義の味わい評価を扱った研究が多い。これまで，感覚間転移（sensation transference）の観点から，味覚以外の外的な感覚要素が味わい評価に及ぼす影響が研究されてきた。

感覚間転移とは，ある感覚刺激（例：背景音楽）に基づく認知・感情が，異なる感覚刺激（例：味）の評価に転移する現象を指す。これまで，背景音楽・飲料の色・文字フォントの形・食器のテクスチャーなどが，味わい評価に影響することが確かめられてきた。例えば，好ましい音楽を聴くと，飲料の甘味知覚が増加することが明らかとなっている（Reinoso-carvalho et al., 2019）。このような外的な音による味わいへの影響は，ソニック・シーズニング（sonic seasoning）と呼ばれている。その一方で，感覚間転移については，一貫した研究結果が得られていない事実も存在する（Motoki et al., 2023）。今後は，大規模な追試や，頑健な結果を得られる感覚刺激・条件の特定などが必要である。

## 4 多感覚を用いたマーケティング

個々の感覚だけでなく，複数の感覚を組み合わせたマーケティング研究が報告されている。例えば，Mattila and Wirtz（2001）は，音楽と香りの覚醒水準が

適合していると，適合しない場合と比べて消費者評価が高まることを示した。具体的には，グレープフルーツの香りとアップテンポの音楽（覚醒水準が共に高い）とラベンダーの香りとスローテンポの音楽（覚醒水準が共に低い）は，どちらの組み合わせともに覚醒水準という点で適合している。そのため，覚醒水準が適合する感覚要素の組み合わせは，覚醒水準が適合しない組み合わせと比較して，消費者評価が高まった。また，Spangenberg et al.（2005）では，音楽と香りとの意味的な適合の効果が検証されている。クリスマスの時期に，クリスマスを連想させる音楽（Home for Christmas）と香り（Enchanted Christmas）が同時に店舗内に存在すると，クリスマスを連想させる音楽があるが香りがない条件と比較して，より好ましい店舗態度・より高い訪問意向などにつながった。このように，異なる感覚同士が適合する情況を作り出すことで，より好ましい消費者態度を形成できると示唆される。

## トピックス⑤　消費者行動に対する認知心理学的アプローチ

　消費者行動を理解するためには，認知心理学の知見が有用である。その理由として以下の3点が挙げられる。第一に，消費者による商品や広告などの知覚，記憶，評価，選好，意思決定といった一連のプロセスは人間の認知プロセスそのものであるからである。第二に，認知心理学では，情報処理過程における潜在的・顕在的プロセスに関する知見が豊富にあるからである。それらの知見に基づけば，消費者行動のどのプロセスが潜在的（すなわち，消費者自身による意図的な制御が不能）で，どのプロセスが顕在的（すなわち，意図的な制御が可能）であるかを知ることができる。第三に，認知心理学的知見は普遍性・再現性があり，応用可能性が高いからである。認知心理学では，心理効果の生起条件（すなわち，効果の有無を決める要因の特定）に関する研究・研究手法が伝統的に蓄積されており，消費行動のようなノイズの多い場面であっても，生起条件に的確にアプローチすることができる。

　もちろん，実験室実験で得られた認知心理学的知見が消費現場（フィールド）

でどの程度利用できるのか，については検討する必要がある。今後は，認知心理学的知見がフィールドで再現されるのか，再現されるとしたらどの程度の効果量が維持されるのか，といった定量的な検討を行うことで，消費者行動の理解・予測が進むように思われる。

　以上のように，消費者を集団として捉えるのではなく，個として捉え，消費場面における個体内の認知プロセスを明らかにすることで，消費者行動の深い理解および再現性の高いマーケティングが実現できると考えられる。（有賀敦紀）

# 6章

# 消費者の記憶と知識

　発売前の新商品の街角アンケートを受けているところを想像してみよう。あなたは今度発売される新商品を手に取り，商品評価を行っている。そして「これまでに見たことがない商品だ」という感想を持ったとしよう。ではこの感想は，いったい何に基づいて得られたものであろうか。また，その商品に関する感想をアンケート用紙に記入するとき，ここであなたが書いている感想は，果たして新商品を使用しているときに感じたリアルな感想なのだろうか。

　我々の商品選択や商品評価，購入意思決定などには，我々の持つ「記憶」が大きく関わるとされている。本章では記憶の基本的な仕組みについて概観し，消費者理解のために記憶が果たす役割について論じていく。

## 21　記憶の区分と測定法

　あなたは「記憶とは何か」と問われると，どのように答えるだろうか。「何かを覚えること」という回答をするかもしれない。しかし記憶は記銘することにとどまらず，さらに覚えたことを保持して想起することまでを含む概念である。認知心理学やその周辺領域では，ヒトの情報処理をコンピュータになぞらえて，記銘することを「符号化」，保持することを「貯蔵」，想起することを「検索」と呼称している。

100

6章 消費者の記憶と知識

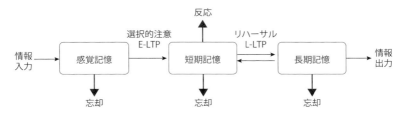

**図6-1 記憶のモデル**（Atkinson & Shiffrin, 1971を著者改変）

　記憶は覚えるだけではなく，忘れる（忘却する）こともある。忘却の原因について，そもそも記憶痕跡が消失している場合と，他の情報からの干渉による検索の失敗の場合，さらには抑圧による場合がある。

　記憶は様々な基準で分類されている。アトキンソンとシフリンが提唱した二重貯蔵モデル（Atkinson & Shiffrin,1971）では，記憶の保持時間に基づいて，「短期記憶（short-term memory）」と「長期記憶（long-term memory）」に分けられる。短期記憶は15秒から30秒程度，長期記憶は数分から恒久的に貯蔵されると考えられる。このモデルでは，短期記憶への貯蔵前に数秒程度保持される「感覚記憶（sensory memory）」は感覚・知覚レベルの処理であると見なされる。そして感覚記憶を含めた記憶モデルは，多重貯蔵モデルと呼ばれることもある（図6-1）。

　長期記憶はさらに，言語化できる記憶であるか否かで宣言的記憶（意味記憶，エピソード記憶）と非宣言的記憶（手続き記憶など）に分類することができる。意味記憶とエピソード記憶については，詳細な説明は後述するが，簡単にいうと意味記憶とは知識の記憶で，エピソード記憶とは出来事の記憶である。

　各貯蔵庫の記憶の特徴は，さまざまな課題を用いての測定が行われている。たとえば，感覚記憶の保持時間や容量は，全体報告法と部分報告法の比較（後述）によって行われる。短期記憶の記憶範囲は，たとえば数桁の数字の暗唱を聞いた直後にそれを思い出してもらうといった方法が採られる。

　長期記憶は，検索時の想起意識の有無によって顕在記憶と潜在記憶とに分けられる。顕在記憶（explicit memory）は現在検索している内容が先行経験を再現

101

している という 意識 を 伴う 記憶 で，主に 再生 （recall） 課題 や 再認 （recognition） 課題 など で 検出 さ れる。潜在記憶 （implicit memory） は 想起 意識 を 伴わ ない 記憶 で （Schacter, 1990），単語完成課題 など で 検出 さ れる。長期記憶 における 顕在記憶 と 潜在記憶 の 区分 は，宣言的記憶 と 非宣言的記憶 の 区分 と 概念 的 に かなり オーバーラップ している こと から 読者 の 混乱 材料 と なる こと が 予想 さ れる が，あくまで 切り口 の 相違 である と 理解 し て おく と 良い かも しれ ない。

## 1　顕在記憶課題

顕在記憶課題 である 再生課題 と 再認課題 は 2 段階 で 構成 さ れ て おり，事前 に いくつか の 項目 が 提示 さ れ て それ を 符号化 する 学習段階 と，その後 に 符号化 し た 項目 を 検索 し て いく テスト 段階 から 成る。学習段階 で 項目 を 呈示 さ れ た と いう 経験 に 基づい て いる こと から，ここ で 測定 さ れ て いる 顕在記憶 は エピソード 記憶 である と いえる。なお，学習 時 に 呈示 さ れ た 項目 を 覚えよう と 意図 を もっ て 符号化 する こと を 「意図記憶 （学習）」，意図 を 伴わ ない 符号化 を 「偶発記憶 （学習）」 と いう。

### a　再生課題 （recall task）

再生 と は，学習段階 に おい て 事前 に 呈示 さ れ た 項目 を，後 の テスト 段階 で でき る だけ 多く 思い出 し て いく 課題 である。検索 する 際 に，事前 の 項目 の 呈示 順 序 を 不問 と する もの を 「自由再生」 課題，呈示 順序 通り に 報告 し て もらう の を 「系列再生」 課題 と いう。また，事前 に 呈示 し た 項目 の 最初 の 数文字 など を 呈 示 し て，それ を 手がかり に 思い出 し て もらう 方法 を 「手がかり再生」 課題 と い う。

### b　再認課題 （recognition task）

再認 と は，テスト 段階 に 選択肢 が 与え られ，解答者 は その 中 から 事前 に 呈示 さ れ た と 思わ れる 項目 を 選択 する 課題 である。再認課題 で は，学習段階 で 呈示 さ れ た 項目 を 旧項目 （old items），呈示 さ れ て い ない 項目 を 新項目 （new items）

と呼ぶ。また，テスト段階での新旧項目の選択肢の出し方によって大きく3種類に分けられる。「諾・否（yes/no）」課題では，テスト段階で項目が1つずつ呈示されて，その項目が旧項目であると思えば「諾（yes）」と，新項目であると思えば「否（no）」と回答することが求められる。「強制選択」課題では新旧項目が呈示され，その中で旧項目を選択する。「バッチ」課題では，テスト段階で新旧項目のすべてが呈示され，回答者はそれらの中から学習段階で呈示されたと思われる項目を選択していく。再認課題において回答者が旧項目に対して正しく「諾（yes）」反応ができることをヒット（hit），新項目に対して正しく「否（no）」反応ができた場合は正棄却（correct rejection）という。一方で，旧項目であったにもかかわらず「なかった」と判断してしまうことをミス（miss），新項目を「あった」と判断することを誤警報（false alarm）という。

## c　再生課題と再認課題の比較

　再生課題と再認課題の難易度を比較したとき，一般的に再生課題のほうが難しいとされる。この難易度の差を説明する理論として，再生の二段階説が挙げられる。この説によると，再生課題では，第一段階においてまず長期記憶からの検索が行われる。そして第二段階では検索された項目が学習段階で呈示されたものであるかの照合が行われる。一方で再認課題では，テスト段階で最初からリストが呈示されるために，自力で検索を行う必要がない。後は呈示されたリストの照合を行うのみであるために，再生課題と比較して回答が容易であると言われる。この説の根拠として，たとえば学習段階で呈示するリストを2種類用意し，その片方はいくつかのカテゴリーからなるリストとし，もう片方のリストは特にカテゴリーに分けられないものとする。そしてそれぞれのリストに対して再生課題及び再認課題を行うと，リストがカテゴリーに分けることができるか否かは再生課題のみでテストの成績が異なり，再認課題には両リスト間で成績に違いが見られない（Bruce & Fagan, 1970; Kintsch, 1968）。この結果は，体制化（organization）が影響していると考えられる。体制化とは，各項目の共通次元に基づいて項目同士をグルーピングするような働きを指し，長期記憶は

項目同士が体制化された状態で貯蔵されている。そのため，長期記憶の検索過程のない再認課題では体制化の影響が見られない。ハントら（Einstein & Hunt, 1980; Hunt,et al., 1986; Hunt & Einstein, 1981）は，再生過程では項目間のまとまり（体制化）を促す関係（relational）情報と項目間の弁別を促す項目特殊（item-specific）情報がともに機能し，再認過程では項目特殊情報のみが機能していると述べている（Toyota, 1997）。

## 2　潜在記憶課題

　想起意識を伴わない無意識的な記憶を測定する潜在記憶課題は，代表的なものに単語完成課題と過程分離手続き，Remember/Know課題がある（たとえば，藤田，1999）。

　単語完成課題（word-fragment completion task）では，先行刺激として単語を呈示し，その後のテスト段階ではその単語の一部を呈示する。たとえば先行刺激として「だいどころ」が呈示され，テスト段階では「だ□ど□ろ」といった虫食い語を呈示し，四角の中に適切な文字を入れさせるような手続きが取られる。その際に実験参加者には，先行呈示刺激を思い出してもらうような教示は行わずに，あくまでも最初に頭に浮かんだ文字を入力することを求める。先行呈示された単語（旧項目）の単語完成課題の正答率の方が呈示されなかった単語（新項目）に比べて有意に高い場合に，潜在記憶が保持されていることが確認される。虫食い語の代わりに先行呈示単語の最初の2～3文字（たとえば，「だいどころ」に対して「だい　　」）を呈示する場合は，特に語幹完成課題と呼ばれる。単語完成課題の特徴として，想起意識の欠如とともに，保持された記憶の長期性が挙げられる。タルビングら（Tulving, Schacter & Stark, 1982）は，先行刺激の呈示から1週間後のテストでも，呈示から1時間後のテストと同程度の正答が得られたことを示しており，小松と太田（Komatsu & Ohta, 1984）は5週間後にもその効果が持続したことを示している。さらにその後の研究では71週間後でも新項目と旧項目との間に有意な差が見られている（Sloman, Hayman, Law, Ohta, & Tulving, 1988）。符号化時の意図性については，潜在記憶の保持

には影響しないとの見解が一般的であるが（Bowers & Schacter, 1990; Roediger et al., 1992），意図的に学習するよりも偶発学習したほうが潜在記憶がより長期的に保持されることを示す研究もある（松田・太田・楠見，2003; 太田，1985, 1986）。

　ここで紹介した単語完成課題は，その正誤と再認課題の正誤との間には有意な相関がないことから（Tulving et al., 1982），顕在記憶とは独立して潜在記憶を測定する実験として行われているが，「だ□ど□ろ」が呈示されたときに，その前に先行刺激「だいどころ」が呈示されていたという意識がまったくないということは考えにくい。つまり，顕在記憶も同時に働いている可能性があり，通常の単語完成課題では潜在記憶だけを測定しているとは言い難い（Bowers & Schacter, 1990）。そこで，単語を完成させる課題に加え，先行刺激として呈示されたことを記憶しているかどうかも答えさせる手続きを巧みに加えた過程分離手続きやRemember/Know課題といった手法が工夫されている。

　過程分離手続き（process dissociation procedure）は，記憶の意識的利用過程と無意識的で自動的な利用過程が協調する包含条件課題と両過程が干渉し合う除外条件課題によって両過程を分離した評価を試みている（Jacoby, 1991）。また，Remember/Know課題（remember-know task）では，多くは最初に再認課題を行い，旧項目であると判断した項目が，テスト段階で呈示されたときの状況の詳細まで思い出せる場合にはRemember判断を行い，単に呈示された項目であると分かるだけで呈示された状況の意識的な想起ができないのであればKnow判断を行う（Gardiner, 1988; Tulving, 1985）。ここで，Remember判断された記憶は顕在記憶あるいは過程分離手続きにおける記憶の意識的利用過程と，Know判断は潜在記憶や過程分離手続きの自動的利用過程と同様のパターンを示すと考えられる（藤田, 1999）。

　記憶に限らず，心理学の多くの実験では，関係する要因を巧みに分離したり統制したりする手続きを用いて行われている。

Ⅱ部　消費者の意思決定過程と情報処理

# 22　短期記憶と長期記憶

## 1　系列位置効果（Serial Position Effect）

　複数の単語リストの自由再生課題を思い浮かべてほしい。イヌ，ツクエ，ク
ルマ……と逐次的に単語が呈示され，その直後に再生を求められたときに，あ
なたはどの程度リストを覚えているだろうか。最初のほうに出てきた単語は，
まだ新鮮な気持ちで聞くことができたし，記憶にとどめるために頭の中で繰り
返すこともできたので，案外覚えているのではないだろうか。また，リストの
最後のほうに出てきた単語は，再生課題の直前まで呈示されていたことから再
生されやすいと思われる。このように，複数の刺激を連続して呈示したときに
その初頭部と新近部の記憶成績が良く中間部分の成績が悪い現象を，系列位置
効果という（Glanzer & Cunitz, 1966）。記憶テストの学習段階で項目を連続的に
呈示する際には，この効果を避けるために刺激リストの初頭部と新近部に再生
成績にはカウントしないダミーの項目（フィラー項目という）を入れておくこ
とが多い。

　ヒトがリストの最初と最後しか覚えていないということは，小売店を訪れた
消費者が陳列棚を左から右に一通り目を通していたとしても，消費者は棚の両
端の商品しか覚えていないことになる。また，就職活動中の学生が集団面接を
受けた際に，面接の中頃にどんなに良い発言をしたとしても，面接官は全体の
最初と最後の発言しか覚えていないかもしれない。

　この系列位置効果は，記憶の貯蔵庫が短期記憶と長期記憶から構成されると
いう二重貯蔵モデルの根拠として語られることが多い。リストの冒頭部分の記
憶成績が良いことを初頭効果（primacy effect）というが，最初のほうに呈示され
た項目は何度も頭の中で唱える機会が多くリハーサル（短期記憶から長期記憶
へと転送するための手続き）の回数がより多い（Rundus, 1971）ことから符号化
が促進されたことが考えられ，このことが長期記憶の存在証明であると言われ
る。一方で，リストの後方部分の成績が良いことは新近効果（recency effect）と

呼ばれ，リハーサル回数が少ないにもかかわらず成績が良いのは，まだ短期記憶の貯蔵庫に残っていたためであると考えられる。

　実際にグランツァーとカニッツ（Glanzer & Cunitz, 1966）の実験では，9秒間隔で呈示して系列位置効果が得られていたリストを，3秒間隔に変更して呈示すると，初頭効果が低下した。これは，各単語の呈示時間が短くなることでリストの呈示開始から再生課題までの時間が短くなり，その結果として初頭部に呈示された項目のリハーサルの回数が減少したことで，長期記憶への転送が阻害されたためであると考えられる。また，リストの呈示終了後に10秒ないし30秒の妨害課題（数唱課題）を挟んでから再生課題を行うと妨害時間が長いほど新近効果が低下した。これは妨害課題による遅延によって短期記憶が減衰したことによると言われる。しかし，複数のカテゴリーから成る単語リストを呈示後に，カテゴリーごとの再生を求めると，各カテゴリーの再生成績に系列位置効果が得られたことを示す研究（Watkins & Peynrcoğlu, 1983）もある。そのため，二重貯蔵モデルの生態学的妥当性の低さを指摘する声もある。

## 2　感覚記憶 (Sensory Memory)

　目や耳といった感覚受容器に入力された情報は，ほぼそのままの状態でほんの数秒間保持される。これを感覚記憶と呼ぶ。保持時間は感覚モダリティによって異なり，視覚系の感覚記憶（iconic memory）は1秒程度，聴覚系の感覚記憶（echoic memory）は4〜5秒ほどであるといわれる。この両者の保持時間の違いについて，たとえば「たこやき」という単語が視覚あるいは聴覚的に呈示された場合に，視覚情報は4文字の平仮名が同時並列的に入力されるのに対して，聴覚では4文字が継時的に入力されることになり，その処理にはより多くの時間を要することになる。この入力のされ方の違いに，感覚記憶が対応していることになる。

　感覚記憶の保持容量は，たとえばアルファベットを12文字同時に呈示した場合にはおよそ9文字程度であるといわれる。以前の研究では3〜4文字程度であると考えられてきたが，スパーリングの行った部分報告法の実験（Sperling, 1960）によって，より多くの情報が保持されていることが明らかとなった。スパーリングは，文字列を呈示されてから一文字ずつ思い出している間に，視覚系の感覚記憶の保持時間を越えてしまい，報告する前に忘却してしまったのではないかと考えた。そこで，実験参加者に3×4の12文字を50ミリ秒呈示する際に，高い音階のビープ音を伴わせた場合には上段4文字を，中音では中段を，低音では下段をそれぞれ報告させた（部分報告）。その結果，全体報告では想起できなかった各段の文字も，部分報告ではどの段であっても感覚記憶に保持され，ある程度想起することができ，感覚記憶は従来考えられていたより多い9文字ほどの保持が可能であることが明らかになった。文字行列の呈示からビープ音の呈示までを1秒以上あけると全体報告の場合と同様にトータルで3〜4文字程度しか報告できないことから，視覚系感覚記憶の保持時間が1秒ほどであることも改めて確認できたことになる。

　感覚受容器には多くの情報が入力されている。しかしそのほとんどが記憶に残ることなく消失していく。通勤・通学で使っている道端の一画がある日更地になっていたとしても，毎日のように目に入っていたはずなのにその前にどのような建物が建っていたのかを思い出せないことはよくあるだろう。入力された情報が，記憶の次の段階である短期記憶に進むためには，その情報に選択的注意が向けられる必要がある。

　選択的注意とは，共起する複数の対象の中から特定の対象に意識を向けることである。現在，日本国内では1日当たりおよそ1600件程度の広告が投下されているが，その中で消費者の記憶に残る広告はほんの数パーセントにすぎない。毎年数多く生まれる新商品も，その後数年にわたって売れ続けるのはごく一部である。高額の費用のかけた広告や商品を少しでも消費者の心に留め，購買を促すためには，消費者の選択的注意を広告・商品に向ける必要がある。近年の消費者行動研究には，アイトラッカーを用いて参加者が広告や小売店内のどこに視線を向けているかを計測するものが多々見られる。しかし，目で見ていたとしても必ずしも注意を向けているわけではないことから，注視と固視とは必ずしも一致するものではなく，この点においては測定結果の解釈には慎重にな

## 3 短期記憶 (Short-Term Memory)

### a 短期記憶とは

選択的注意を向けられた記憶は短期記憶に移送される。板書を見てその内容をノートに書き写すまでの間は覚えていたり，Googleの二段階認証のコードを電話で受け取って入力し終わるまで一時的に覚えていたりするような記憶が，短期記憶の一例である。短期記憶の保持時間はおよそ30秒弱で，保持容量は7±2チャンクほどであるとされる（チャンクについては後述する）。

保持時間の測定には，ブラウン・ピーターソン・パラダイムなどが用いられる。この方法では，たとえば複数の単語を呈示した後に数字の逆算課題（500から3ずつ引いていくような課題）を一定時間与え，その後に先ほど提示した単語群を報告させる手続きが採られる。逆算課題の時間をいろいろ変えた結果から，短期記憶は15秒ほどで半減し，30秒ほどでほぼ消失することが示されている。

短期記憶の容量は，前述のように7±2チャンク程度であり，ミラー（Miller, 1956）はこれをマジカルナンバー7と呼んだ。チャンクとは情報のまとまりのことであり，たとえばpenbookという記述はアルファベット7文字であるが，penとbookをそれぞれ単語としてのまとまりと見なせば，2チャンクの情報ということになる。バラバラの情報をまとめ上げることをチャンク化（chunking）というが，このチャンク化をうまく使うことで，有限である短期記憶の容量をうまく拡大することができる。ただし短期記憶の容量については，その後にコーワンによって，4±1チャンク程度の容量であるとするマジカルナンバー4（Cowan, 2001）も提唱されており，さらに近年では作動記憶研究の立場から，短期記憶の容量をスロットの数ではなく処理の精度によって捉えようとするリソースモデル（Bays, 2018; Hepner & Nozari, 2019; Ma, Husain, & Bays, 2014）も提唱されている。

最近では商品名に非常に長いものも増えてきている。そのような商品名はイ

Ⅱ部　消費者の意思決定過程と情報処理

ンパクトはあるものの，日常的に商品を利用したり買い物をしたりする場合に
不都合を感じる消費者が多いのではないだろうか。名称を呼んだり記憶したり
する上で，短期記憶の範囲に収まるようにするか，長くてもうまくチャンク化
ができるような工夫が必要である。

### b　短期記憶の生理的基礎

　各感覚受容器から入力された情報は，大脳辺縁系に属する海馬（hippocam-
pus）と呼ばれる部位に送られ，そこで記憶として作り出される。海馬はタツ
ノオトシゴのような細長い形状をしていることからその名称が付けられたとい
われ（ギリシャ神話に登場する馬から取られたという説もある），左右の脳に1つ
ずつ存在している。海馬内には「場所細胞」や「時間細胞」といった神経細胞
（ニューロン）が存在しており，それらが「いつ」「どこで」といったエピソー
ド記憶の形成にかかわる。

　海馬が記憶研究において大きな注目を集めるきっかけとなったのは，てんか
ん治療のために海馬を含む側頭葉内側部を切除したヘンリー・グフタス・モレ
ゾン氏の症例であろう。生前はイニシャルでH. M.と呼ばれたヘンリー氏は，
1953年に行われた切除手術後には重度の順向性健忘（新しい記憶の形成ができ
ない）と軽度の逆向性健忘（ある時期以前の記憶の検索ができない）が見られた
が，技能などは正常であったという（Scoville & Milner, 1957）。手術以前の記憶
はある程度保たれていたことからも，長期的な記憶は海馬以外の場所で貯蔵さ
れていることが示唆されている。しかしヘンリー氏の死後に脳をスキャンした
研究から，ヘンリー氏の脳は海馬への情報入力経路の損傷は見られたものの海
馬の大部分は保存されていたことが明らかとなり（Annese et al., 2014），海馬は
わずかな損傷であっても記憶形成を阻害してしまう可能性も考えられる。

　続いて，短期記憶の形成をニューロンレベルで見ていく。ヘッブ（Hebb,
1949）によって，反復して信号を伝えられたシナプス（ニューロン同士の連結部
分）の伝達効率が高まることが提唱されてきたが，実際に海馬内のあるニュー
ロンに繰り返し信号を与えることで，そのニューロンの関わるネットワークの

**110**

伝導効率が高まり、さらにそれが維持されるという可塑性が確認されている。この現象は長期増強（long-term potentiation: LTP）と呼ばれている（Bliss & Gardner-Medwin, 1973; Bliss & Lømo, 1973）。選択的注意が向くようなインパクトのある情報が入力されると、ニューロンには短期間に反復して信号が伝達されるが、その際にシナプス間隙（シナプス前膜と後膜との隙間部分）には通常のナトリウムイオンの他にカルシウムイオンが放出される。すると受け手側のニューロンの樹状突起内の予備の受容体が活動を始め、結果としてナトリウムイオンの放出量が増大する。この状態は数時間続いたのちに予備の受容体が回収され、ナトリウムイオンの濃度も元に戻る。このような短期間の長期増強は前期長期増強（early long-term potentiation：E-LTP）と呼ばれ、このE-LTPが短期記憶であるとも考えられている（河西, 2022）。そのため、短期記憶の保持時間をE-LTPの持続時間と同じく数時間程度と見なす立場もある。

### c　作動記憶（ワーキングメモリ：Working Memory）

二重貯蔵モデルでの短期記憶は貯蔵庫のみの役割を想定されていたが、記憶情報の一時的な保持と処理とを同時に行うことがあり、このような記憶のシステムを作動記憶（ワーキングメモリ）という（Baddeley & Hitch, 1974）。情報保持と処理の同時遂行の例としては、たとえば2桁以上の足し算を暗算で行う時のように繰り上がりの数字を一時的に保持しながら計算することや、複数の商品群から選択する際に、次の段階である長期記憶から引っ張ってきた各商品特徴に基づいて選択意思決定をするようなケースが挙げられる。また、作動記憶はon-going（進行中）な事象に関する記憶であり、あくまで最初の定義が短期記憶であっただけであり、短期に留まるものではない。動物実験では8時間の睡眠後にも作動記憶が障害されていないことも示されている（Beatty & Shavalia, 1980）。

バドリーは作動記憶を、音韻ループと視空間スケッチパッドの2つのサブシステムと、それらをコントロールしながら処理を行う中央実行系という上位システムから構成されるというモデルを考案している（Baddeley, 1986）（図6-2）。

中央実行系では，2つのサブシステムをコントロールしながら，様々な認知課題の処理を行っている。さらにその際に，注意（attention）のコントロールや処理資源の確保等も同時に行っている。この中央実行系の働きを，実行機能（executive function）の一側面として捉える立場もある。実行機能とは，何らかの目標に向けて注意や行動をコントロールするはたらきを指す（森口，2008）。音韻ループは，聴覚情報を受動的に貯蔵する音韻ストア（phonological store）と，時間経過により減衰した聴覚情報を能動的に再活性化する構音コントロール（articulatory control）からなる。構音コントロール過程では，視覚的な言語情報を音韻的に変換して保持するといった処理も行われる。視空間スケッチパッドは，言語化できない視覚情報を受動的に一時貯蔵する視覚キャッシュ（visual cache）と，能動的に再活性化するインナースクライブ（inner scribe）からなる。インナースクライブでは，視空間上の各要素を仮説的に操作するような処理も行われる。バドリーはその後，音韻ループと視空間スケッチパッドの2つに加えて，エピソード・バッファという3つ目のサブシステムを仮定している（Baddeley, 2000）（図6-2）。我々が何らかの認知処理を行う際には，過去の記憶を参照することもあることから，エピソード・バッファでは，長期記憶から情報を検索して参照する機能が想定されている。さらに，音韻ループや視空間スケッチパッドといった他のサブシステムからの情報を統合する機能も併せ持つとさ

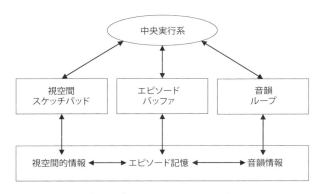

**図6-2 作動記憶のモデル**（Baddeley, 2000をもとに著者作成）

れている。

サブシステムの働きの測定には，音声ないし視覚的処理を要する課題と認知的な処理を同時に遂行させる二重課題（dual-task）という方法が採られる（Baddeley & Hitch, 1974）。また，各個人の作動記憶の処理容量は，文章の音読と文中の単語の記憶を同時に行うリーディングスパンテスト（reading span test）などで測定される（Daneman & Carpenter, 1980）。

## 4　長期記憶 (Long-Term Memory)

### a　長期記憶とは

感覚記憶や短期記憶が保持時間や容量に制約があったのに対して，長期記憶は非常に長期間にわたって保持される記憶である。また，記憶容量もほぼ無制限であると想定されている。脳全体では1,000億前後（大脳皮質にはおよそ140億個）とも言われる神経細胞が，そのネットワークを構築することで記憶という現象が生まれる。そこでは，ある神経細胞が複数のネットワークに関わることが可能であったり，常に情報が上書きされたりしている。すなわち，ネットワークが変容・更新していくことから，コンピュータのようにハードディスクに空きがなければ新たに書き込めないようなことにはならない。短期記憶から長期記憶への転送は，短期記憶貯蔵庫内の情報にリハーサルという処理を行うことで送られる。リハーサルとは，長期に記憶したい情報を口頭あるいは頭の中で繰り返すことである。ただ単純に繰り返すだけのリハーサルを維持リハーサルといい，この場合は長期記憶に転送されずに短期記憶に留まってしまうことも多い。そこで，符号化したい情報の意味構造の理解に努めたり，ほかの情報と結び付けたり，視覚的なイメージを想像したりすることで，より長期記憶に転送しやすくなる。このようなリハーサルを精緻化リハーサルという。精緻化（elaboration）には，いくつかの定義があるが（Jacoby & Craik, 1979; 太田・原, 1980），総じて記銘語に多くの情報を付加することである（豊田, 1987）。精緻化によって符号化がより有効に機能し，その記憶は長期的に保持されることになる。

より深い認知的処理を行うことでより強固な記憶が形成される考え方を処理水準（Level of Processing）モデルという（Craik & Lockhart, 1972）。このモデルでは処理水準は3段階に分けており，最も浅いレベルは物理的な処理，続いて言語・音韻的処理，最も深いレベルが意味的処理である。たとえばクレイクとタルビングの実験では，呈示した単語が大文字か（浅い処理），例で出した別の単語と韻を踏んでいるか（中程度の深さの条件），「彼は街で〜に会った」のような例文の空白部分に当てはまるか（深い処理）をそれぞれYESかNOで判断させた後に，各条件で呈示した単語の記憶テストを行ったところ，浅い処理よりも深い処理のときに，そしてNO判断の単語よりもYES判断がされた単語の時に，より成績が良い結果となった（Craik & Tulving, 1975）。さらにロジャースらの実験では，前述のクレイクらの3つの条件に，呈示された単語が自分自身に当てはまるかどうかを問う条件を加えて行ったところ，従来の3つの条件を上回る効果が得られた（Rogers, Kuiper, & Kirker, 1977）。このように，符号化時に自己に関連した処理を行うことで記憶成績が促進される現象を，自己関連付け効果（Self-Reference Effect）と呼ぶ。

　消費者が広告に接触したときには，その広告を意図的に記憶しようと動機づけられるようなケースはほとんどないだろう。よって，偶発学習であっても効果的に消費者の記憶に残るような広告が必要である。意図的に覚えようと維持リハーサルをしてもなかなか覚えられないが，上記のクレイクらの実験やロジャースらの実験で用いられた偶発的学習課題では，処理水準の深い課題を与えるだけで記憶の実験だと知らせないほうが記憶成績が良かったことから，処理水準の枠組みで考えるのが良いのではないかと考える。具体的には，たとえばクイズ形式で疑問を投げかけるような広告や，自分自身がその場に居合わせたらどのように感じるかを考えさせるような自己関連付け効果を利用した広告などが有効であろう。

### b　長期記憶の生理的基礎

　短期記憶がE-LTPによって形成されることは先に述べたが，長期記憶は後期

長期増強（Late Long Term Potentiation：L-LTP）に基づくと考えられる。E-LTPではカルシウムイオンによって増加した受容体は時間とともに減少してしまうが，L-LTPではカルシウムイオンがニューロンの細胞核の遺伝スイッチをオンにするタンパク質（CREB: cAMP response element binding protein）と合成し，そのタンパク質によって活性化された遺伝子が合成した新たなタンパク質が，増加した予備の受容体を固定するとともに，新たなシナプス生成にもかかわる。その結果として，シナプスでの伝達効率の良い状態が長期にわたって保たれるのが，長期記憶の生理的な基盤であると考えられている（河西, 2022）。そして海馬で形成された記憶は，神経の生成を経て大脳皮質へと転送されると同時に，海馬内のリフレッシュが行われ，新たな記憶の形成を促進させることになる（Kitamura et al., 2009）。

### c　長期記憶の忘却（forgetting）

長期記憶の忘却は，主に減衰説と干渉説の2つの観点から説明されている。この2つの説は相反するものではなく，同時に成立し得るものである。

減衰説（decay theory）とは，時間経過によって記憶の痕跡そのものが失われているという考えである。これには，脳内のネットワークが学習や時系列変化によって変容することも含まれる。記憶痕跡の消失には，脳内のミクログリアと呼ばれる細胞の関与が考えられており，記憶痕跡に関わる神経細胞のシナプスをミクログリア細胞が消失させることで忘却が生じるとされる（Wang et al., 2020）。

エビングハウス（Ebbinghaus, 1885）は自身を実験参加者として，無意味つづりを用いた記憶実験を行った。そこでは節約率という指標が用いられ，「（前回の記憶に要した時間・回数－今回の記憶に要した時間・回数）÷前回の記憶に要した時間・回数」という式で計算される。式の分子の部分は前回から今回にかけてどれくらいの時間・回数が節約できたかを表す。たとえば前回は呈示された無意味つづりを全て記憶するのに20分かかり，今回は5分かかった場合は，時間を15分節約できたことになり，節約率は0.75となる。前回も今回も20分か

かった場合は節約率が0となり，前回の記憶の成果が完全に失われていることになる。エビングハウスの結果は，最初に記憶してから20分程度で節約率は半分近くに，翌日には3割弱までに落ち込んでしまう。しかし，1か月後にも2割程度は維持されており，節約率が0になることはない。

　干渉説（interference theory）によると，貯蔵された記憶が他の記憶情報からの干渉を受けることで忘却が生じる。喉まで出かかっているけど出てこないというTOT（tip of the tongue）現象のように，記憶痕跡が減衰したのではなく他の情報からの干渉によりうまく検索できない状態が忘却である。以前に記憶した情報が後の記憶を妨害することを順向干渉といい，反対に後に記憶したことが以前の記憶検索を妨害することを逆向干渉という。集中学習よりも分散学習の方が記憶成績が高まることを「記憶の分散効果（spacing effect in memory）」というが，集中学習による記憶の低下には同一内容の連続学習による順向干渉の影響も考えられる。また，睡眠直前に符号化した内容は忘却されにくいことが知られているが，これもレム睡眠時に夢を見ることによる記憶の整理の影響とともに，睡眠中には新たな記憶情報が入力されないことで逆向干渉が生じなかったことによる影響もあるだろう。

　干渉を受けた記憶情報は，何らかの手がかりが与えられることで検索に成功することがある。我々が何かを記憶する際には，当該の記憶情報とともに周囲の状況や文脈も同時に貯蔵されており，検索時に文脈手がかりを呈示することで記憶成績が向上する。これを符号化特定性原理（encoding specificity principle）といい，そのような学習を状態依存学習（state-dependent learning）という。たとえば，ゴッデンとバドリーの実験（Godden & Baddeley, 1975）では，陸上と水中のそれぞれで単語の再生課題を行ったところ，単語の符号化時と検索時の環境が同じ時の方が異なる場合と比較して，再生成績が高いことが示されている。消費者が広告で新商品の情報を入手したものの，小売店を訪れたときには商品名を忘れてしまうことがあるが，小売店で想起しやすくなるような手がかり情報（たとえば，商品名を連呼するサウンドロゴなど）を広告の中に含ませておくのも良いかもしれない。

## d 長期記憶の促進

記憶について語る上で，やはり多くの人が一番関心を持つのは，いかにして記憶をより正確に，より長く貯蔵することではないだろうか。本章でもここまで「精緻化リハーサル」や「自己関連付け効果」「記憶の分散効果」「夢による記憶の整理」「符号化特定性原理」などを紹介してきたが，ほかにもいくつか挙げることができる。

まず1つ目は，情報を貯蔵するだけでなく，同時に検索も行うことである。テスト勉強をするときに，テスト範囲の項目をひたすら覚えていくだけでは，いざ試験会場でテストに臨む段階で貯蔵した情報をうまく取り出せないことがある。参考書を見て貯蔵していくとともに，問題集の解答も併用していくことで，貯蔵した情報の利用可能性と接近可能性を高めることができる。顧客に対する商品の広報活動においても，一方的な情報提供に終始することなく，顧客に商品を思い出してもらうような働きかけを行っていくことが重要である。

2つ目に，記憶を定着させるために安静にすることである。睡眠時に夢を見ることでの記憶の定着については既に述べたが，単にボーっとしているだけでも脳は活性化しており，そのような安静時脳内ネットワークの一つにデフォルトモードネットワーク（default mode network：DMN）というものがある。DMNでは前頭葉内側部と後部帯状回の活性化が見られ，自己認識や見当識とともに記憶の整理が促進されることが知られている。現在我々は移動中や休憩中であってもスマートフォンを見ていることが多いが，このような状態ではDMNは働いていない。このようにスマートフォンなどによって消費される時間を少しでも減らして，何もしない時間，たとえば自然の中で瞑想や涅槃のような状態でいることの重要性が，改めて叫ばれている。広報活動の中でも，顧客に敢えてボーっとすることを推奨するようなキャンペーンを展開していくのも良いかもしれない。

3つ目に，何かを記憶する前に運動することである。森田らの実験では，単語を記憶する前に中強度の運動を20分間行うことで，安静にしていた場合と比較して，6週間後と8週間後の単語の再生成績が高まったことが示されてい

る（Morita et al, 2024）。

　4つ目として，情報を完結させないことである。ヒトは達成された事柄よりもされなかった事柄や中断中の事柄の記憶をよく保持していることが知られており，このような現象をツァイガルニク効果（Zeigarnik effect）という。なんとか達成したいという思いや，その続きが気になるような心理が影響しているといわれている。そのため，連載漫画や連続ドラマなどでも大団円を迎えた作品よりも余韻を残した終わり方をした方が後々まで気になってしまうことがある。音楽作品でも，大いに盛り上がって大満足な終わり方をする曲よりも，思いのほかあっさり終わる曲の方が何度も繰り返して聴きたくなり，結果として心に残り続けるのではないだろうか。

## 23　記憶の情報処理と知識

### 1　宣言的記憶（Declarative Memory）

　長期記憶のうち，その内容を言語で表現できるものを宣言的記憶という。宣言的記憶はさらに意味記憶とエピソード記憶に分離される。

#### a　意味記憶

　意味記憶（semantic memory）とは，「日本の首都は東京である」や「水の化学式は$H_2O$である」のように，事実や知識に関する記憶である。意味記憶は，貯蔵されている概念（ノード）同士がリンクを張ったネットワーク構造をしているとされており，これを意味ネットワークモデル（semantic network model）という。

　コリンズとキリアン（Collins & Quillian, 1969）の提唱した階層的ネットワークモデルでは，ノードが階層的に分類されており，上位に位置づけられるノードの持つ属性を下位のノードは内包しているとされる。「カナリア」というノードは，「さえずる」「黄色い」という個別の属性とリンクされているとともに，上位の「鳥」概念の持つ「翼がある」「飛ぶ」という属性も併せ持つ。そ

して「鳥」というノードは，さらに上位階層の「動物」概念の「皮膚がある」「動き回る」という属性も持つ。とはいえ，この「皮膚がある」という属性は「カナリア」から直接リンクが張られているわけではなく，「カナリア」－「鳥」－「動物」－「皮膚を持つ」のようにリンクをたどっていくことになる。よって，「カナリアは皮膚があるか？」という文章の真偽を判断するのに要する時間は，「カナリアは翼があるか？」という文章と比較して，さらには「カナリアはさえずるか？」という文章よりも，より多くの階層を移動する必要が生じることから，より長くなることが考えられる。つまり，上位階層のノードと重複する下位ノードの属性情報は上位ノードのみに貯蔵されており，リンクを伝って下位ノードと共有されることになる。このように，最少の認知負荷で最大の情報処理を行うことができることから，これを認知的経済性という。しかし，このモデルでは多くの階層とリンクを移動するほど検索に長い時間を要することから，典型的なものほど検索されやすいという典型性効果（typicality effect）を説明することが難しい。また，「ペンギンは鳥である」といった非典型的な事例や，「ダチョウは飛ぶ」のような事実と反する事例の存在は，この階層的モデルとは一致しない。

　そこでコリンズとロフタス（Collins & Loftsus, 1975）は，ネットワークに階層を想定せずに，意味的関連性に基づいてノードが体制化され，リンクごとに異なるラベル付けが行われるという，新たなネットワークモデルを提案している。階層的ネットワークモデルでは，各リンクの長さは一定であることが前提とされていたが，このモデルでは意味的距離が近いノード同士は距離の短いリンクで結ばれる。「犬は動物である」と「犬は哺乳類である」という2つの文章があるとき，階層的モデルの考えでは，「犬」というノードから見た「動物」という概念は「哺乳類」よりも上位の階層に位置づけられるため，より多くのリンクをたどる必要があることから，前者の文章のほうが処理に多くの時間を要することになる。しかし実際には前者の文章のほうが処理が容易であることが多い。これは，「動物」のほうが「哺乳類」よりも「犬」との意味的関連性が高く，この意味的距離の近さが反応時間の速さとなって現れていることが考え

られる。また，ノード同士をつなぐリンクにはそれぞれに異なるラベルがあり，たとえば「カナリア」と「鳥」の間のリンクは「カナリア」-（is a）→「鳥」（カナリアは鳥である），「鳥」と「飛ぶ」は「鳥」-（can）→「飛ぶ」（鳥は飛ぶことができる）のようにとラベル付けされている。そしてあるノードが活性化されると，その活性化のエネルギーが意味的距離の近いノードへとリンクを介して伝播して，周囲のノードも同様に活性化していく。これを活性化拡散（spreading activation）という。

### b　エピソード記憶

　宣言的記憶のもう一方の例として，エピソード記憶（episodic memory）がある。意味記憶が事実や知識の記憶であったのに対して，エピソード記憶は「昨日の夕食はカレーだった」や「高校のときに修学旅行で京都を訪れた」のような，「いつ」「どこで」「何をしたのか」という過去に体験した出来事の記憶である。再生課題や再認課題では，「先ほどの項目リストの中にこの単語が呈示されていた」という出来事を思い出していることから，ここで検出されているのはエピソード記憶である。一般的に，エピソード記憶は意味記憶と比較して符号化が容易で忘却されにくいとされるが，意味記憶と比較して体制化が十分に行われない影響で他の記憶情報による抑制や変容が起こりやすい。

　エピソード記憶の中でも，「中学生のときに，初めて自分のお小遣いでゲームソフトを買った」や「高校生のときに，初恋の人とショッピングモールでお揃いのセーターを買った」のように，特に個人にとって思い入れの深い重要な過去の記憶を自伝的記憶（autobiographical memory）という（Conway, 1990）。自伝的記憶は3層構造をしており，上層には「小学生の頃の夏休み」や「大学に入学したころ」のような人生の時期，中層には「川での魚釣り」や「居酒屋でのアルバイト」のような一般的な出来事，下層には出来事の詳細情報が含まれる（Conway, 1992; Conway & Pleydell-Pearce, 2000）。自伝的記憶はインタビューや質問紙によって測定され，一般的なエピソード記憶よりも長期的に保持される。記憶の分布としては，新近性効果により近年の記憶量が多く，過去に遡るにした

がって低下していく。高齢者を対象として想定を行うと，10代から30代にかけての出来事に関する記憶量が増大する傾向にあり，幼少期に向けて再び減少していく。20代前後の頃の自伝的記憶量が多いことをレミニッセンス・バンプ（reminiscence bump）といい，幼少期の記憶量が少ないことを幼児期健忘（childhood amnesia）という。なお，自伝的記憶の中には，たとえば個人情報のように意味記憶とエピソード記憶の中間に位置づけられるような情報も含まれる。また，嗅覚情報の入力によってエピソード記憶が想起されるプルースト現象（Proust phenomenon）は，自伝的記憶との関連が示唆されている（Chu & Downes, 2000）。その中で，日常の中で嗅覚刺激によって無意図的に想起された自伝的記憶は，実験室実験によって意図的に喚起された場合（山本, 2006）と比較して，より強い快情動と追体験感覚を伴うことが示されている（山本, 2008）。そのため，消費者の自伝的記憶を購買行動につなげるためには，当該記憶に関連するにおいを非明示的に呈示し，無意図的に自伝的記憶を想起させると効果的であると考える。

　そして，「今度スーパーに行ったら，新発売のアイスを買う」や「17時になったら，インターネットでコンサートの予約をする」のように，過去ではなく未来の予定の記憶を展望的記憶（prospective memory）という。前者の例のような未来の出来事をベースにした記憶と後者のように未来の日時をベースとしたものに二分される。この未来の記憶は過去の記憶と比較して検索の失敗がより多く見られる。その理由として，展望的記憶は最初に未来の行為を意図してからずっと意識し続けることはできないためである。いったんはその意図は意識から除外され，次にスーパーに行ったとき，あるいは17時になったときに，自発的に想起する必要がある。しかしこの手がかりのない状態での自発的想起が非常に困難であり，スーパーに寄ったにもかかわらずアイスを買わずに帰宅してしまったり，コンサートの予約をすることを思い出したときには既に18時を回っていたりすることが起こる。展望的記憶のエラーを防ぐためにも，重要な事柄のメモ書きや，アラームの設定を忘れないことである。

　また，エピソード記憶の中には，ある情報を「いつ」「どこで」「誰から聞い

たのか」という情報ソースの記憶（source memory）もある。そして，情報ソースを推測することをソースモニタリング（source monitoring），その推測に失敗することをソースモニタリングエラー（source monitoring error）という。情報のソース記憶は，その情報に直接紐づけられているわけではない。符号化特定性原理のところで述べたように，ある情報を記憶する際には同時に周囲の状況も記憶され，その周辺的な情報からソースが推測される（Johnson, Hashtroudi & Lindsay, 1993）。そのため，類似性の高い情報ソースは混同されやすい。また，符号化直後は，情報から推測されやすいソースからの情報のほうが説得性が高い。たとえば，健康に関する情報は芸能人から聞くより医師から聞いたほうが説得力は高まるだろう。しかし，遅延後は推測されにくい情報ソース記憶が低下する一方で情報エピソードは貯属され続けることから，説得性の上昇が見られ，これを説得のスリーパー効果という（Hovland & Weiss, 1951）。ただしこの効果は再現性の低さも指摘されており，今後さらなる検討が必要である。

## 2 非宣言的記憶 (Nondeclarative Memory)

　長期記憶には，野球のバットの振り方や自転車の乗り方のように，言語での表現が困難な記憶も存在する。そのような記憶を，非宣言的記憶という。非宣言的記憶には，研究者によって多少の違いはあるが，手続き記憶やプライミング，古典的条件づけ等が含まれるとされる。これらの記憶は検索意識を伴わないことから，潜在記憶と同義と見なされることもある。ここでは手続き記憶とプライミングについて紹介する。

### a　手続き記憶

　例に挙げたバッティングや自転車の乗り方のような身体的な技能の記憶を手続き記憶という。そしてその結果として得られる手続きの知識を，手続き的知識という。運動技能に限らず，認知的なスキルもここに含まれる。宣言的記憶は1度の学習で獲得できることもある一方で，ある技能の手続き記憶を獲得するためには，当該の動作等を繰り返し行う必要がある。マニュアル車の運転を

例にすると，エンジンをかけてクラッチを踏み込み，ギアをニュートラルから1速に入れるという発車時の一連の動作は，まだ乗り始めたばかりの頃はそれぞれの動作に意識を向けて，次に行うべき動作もその都度確認する必要がある。しかし，その一連の動作を何度も繰り返すことで，いつしか無意識のうちにそれらの動作をこなすことができるようになる。スマートフォンの操作も，機種変更をすると以前に使っていた機種との操作感の違いが気になるが，使い続けているうちに気にならなくなっていくのも，旧機種の操作に関する手続き記憶が新機種の繰り返しの操作によって修正された結果であろう。スマートフォンのOS（operation system）には主なものでAndroidとiOSがあるが，OSを跨いだ機種変更が促進されないのは大幅な手続き記憶の修正の負担をユーザーが厭忌していることが原因であるとも考えられる。

　宣言的記憶が大脳皮質に貯蔵されているのに対して，手続き記憶は大脳基底核や小脳に貯蔵されている。宣言的記憶が長期増強によって獲得される一方で，手続き記憶は小脳内の長期抑圧（long-term depression: LTD）によって獲得される（Ito, Sakurai, & Tongroach, 1982）。この長期抑圧の理論では，小脳に入力された手続き記憶の一部は平行繊維を通じてプルキンエ細胞へと伝えられる。その際にミスをしたりすると，登上繊維を通じて誤差を知らせる信号がプルキンエ細胞へと伝えられて，ミスをした際の技能の情報が長期的に抑制を受ける。その結果として，正しい技能の情報だけが伝えられるようになり，技能の向上が見られるようになるという。手続き記憶は一度獲得されるとなかなか失われることはない。たとえばピアノなどの楽器演奏も，数年間それらの楽器から離れていたとしても，ある程度の演奏が可能になる。とはいえ，ピアノの練習をしばらくサボるとスキルの低下が生じることから，時間経過によってある程度の記憶の減衰は見られる。また，手続き的知識は言語化が困難であることから，言葉による技能の伝達や修正もまた困難である。

b　プライミング効果

「ピザ」と10回言ってもらった後に，ヒジを指さして「これは何ですか？」

と問うと，聞かれたほうは思わず「ヒザ」と言ってしまう。このような10回クイズには，プライミング効果（priming effect）と呼ばれる現象が関与していると考えられる。プライミング効果とは，先行刺激（プライム刺激）の受容が，その刺激と同一あるいは類似した後続刺激（ターゲット）の処理に影響を及ぼす効果をいう（Tulving, 1985）。先ほどの10回クイズでは，ピザという先行刺激の受容が，後続する肘の名称の処理に影響を与えたといえる。先行刺激と後続刺激が同一の場合を直接プライミング（direct priming），両者が意味的に関連している場合を間接プライミング（indirect priming）という。プライミング効果の特性として，想起意識の欠如が挙げられる。そのため，プライミング効果の研究はそのまま潜在記憶研究として見なされる傾向にある（太田，1992）。

先行経験の想起意識の欠如から，後続刺激が抵抗なく受容される可能性が高いことから，プライミング効果は商品のプロモーション活動にも多く利用されている。たとえば，健康情報を扱うTV番組にスポーツ用品のTVCMを挿入すると，番組の視聴によって健康への意識が無意識のうちに高まった消費者は，健康のために運動を始めようと思うに至り，結果として広告のスポーツ用品を購入する可能性が高まることが考えられる。

## 3 記憶と感情

刺激の符号化は，気分や感情・情動の影響を受けることが知られている。

気分が記憶に影響する例として，気分の状態と意味的に一致した要素を持つ情報の認知や記憶が上昇する気分一致効果がある（Bower, 1981）。悲しいときには悲しいニュースばかりが想起されたり目に入ったりするような現象がそれに相当する。それと似た現象として，楽しいときに記憶した内容は楽しいときに思い出しやすいように，情報の符号化時と検索時の気分が同じであると記憶成績が上昇する。この現象を気分状態依存効果という。気分一致効果によってそのときの気分がより増幅される（Sakaki, 2007）ことや，ある気分のときに呈示される情報が自己との関連が高い場合に気分一致効果がより得られやすい（筒井，1997）ことなども知られている。一方で，抑うつ状態のときには記憶力

が全体的に低下することなども知られる。

　また，海馬は嗅周囲皮質からの経路とともに，感情に関わる部位である扁桃体からの情報入力も受けていることから，情報の持つ感情的要素はより符号化や貯蔵に促進的な効果を持っていると言える。動物を用いた電気生理学的研究で，扁桃体のみを電気刺激しても，嗅周囲皮質のみを電気刺激しても，海馬の神経細胞は活動を始めないが，2つとも刺激することで海馬が活動することから，感覚情報の入力に感情の喚起がプラスされて，初めて海馬が賦活されるという流れが考えられる（Kajiwara, Takashima, Miura, Witter & Iijima, 2003）。たとえば，ある子供が歴史の年号は一向に覚えられないのに好きなゲームのアイテムや呪文はよく覚えているのは，そのゲームの情報がポジティブな感情を伴うために扁桃体からの入力がされやすくなった結果であると考えられる。ネガティブな感情を伴う情報については，たとえば恐怖情動についてはある程度の情動強度であれば記憶として残りやすいが，その情報が脳に損傷を与えるレベルのものである場合には，扁桃体がブレーカーの役割を演じて情報の海馬への入力を遮断する。たとえば，不幸にも交通事故にあった人が，回復後に事故の前後の記憶をごっそり失ってしまうことがあるのも，この扁桃体の機能によるものである。

## 4　記憶の変容

　記憶は，入力された情報がそのままの形で貯蔵されるわけではない。符号化の段階でも，知覚的防衛や選択的注意，確証バイアスによって，無意図的な入力情報の選別が行われているかも知れない。さらには錯視や錯聴，入力時の文脈によって最初から変容した状態で入力されることも考えられる。貯蔵されている間も，記憶情報は様々な要因によって変容し得る。左右非対称な図形を記憶すると対称図形へと標準化され（Wulf, 1922），意味反転図形を符号化する際にどちらか一方の意味を同時に与えると，その意味に合わせて図形の記憶が変容し，さらには変容した図形に対する単純接触効果（後述）の生起も確認された（Craver-Lemley & Bornstein, 2006）。

Ⅱ部　消費者の意思決定過程と情報処理

　また，記憶の変容は目撃証言の文脈で多くの研究が行われている。ロフタスとパーマー（Loftus & Palmer, 1974）が行った実験では，まず参加者に2台の自動車が衝突した映像を見せた。その後に参加者を5群に分けて，各群の参加者に自動車の衝突時のスピードを尋ねた。その際に，群ごとに教示の動詞が異なっており，それぞれ「接触した」から「当たった」「ぶつかった」「衝突した」「激突した」という語が使用された。結果は「接触した」と教示された群の報告は時速30マイル程度であったのに対し，「激突した」と教示された群では時速40マイル以上の速度が報告された。さらに1週間後に「自動車のフロントガラスは割れていたのを見たか」と問われると，実際には割れていなかったにもかかわらず，1週間前に速い速度を報告した参加者ほど，割れていた映像を見たという報告をしたのである。このような偽りの記憶を虚記憶（false memory）といい，ロフタスらの実験のように何らかの出来事の経験後にその出来事に関する誤った情報を与えられることで出来事の記憶そのものが変容してしまうことを，事後情報効果（post-event information effect）という。

　このように，エピソード記憶も意味記憶も，その多くの研究が「言葉」を用いて実験がされている。しかし，顔の特徴や料理の味といった非言語的な情報を言語化することによって，非言語的記憶の正確さが抑制を受けることが知られており，これを言語隠蔽効果（Schooler & Engstler-Schooler, 1990）という。神経科学や自閉スペクトラム症（autism spectrum disorder: ASD）の研究等でも，言葉を介する情報処理が記憶の変容や簡素化等を招くことが示唆されている。消費者行動の領域でも，味覚や嗅覚といった感覚情報や商品の使用感といった非言語的な情報を言葉によって表現することが多々あるが，言語化による記憶の変容の影響についても十分に注意する必要があるだろう。

## 5　知識構造

### a　スキーマとスクリプト

　虚記憶研究で多く使用されるDRMパラダイム（Deese-Roediger-McDermott paradigm）と呼ばれる手法では，参加者にはまずルアー語と呼ばれる，ターゲット

語に関連する単語が次々に呈示される。たとえばターゲット語が「階段」であるとすると，ルアー語は「手すり」「登る」「2階」「エスカレーター」などである（宮地・山，2002）。参加者はその後に単語がリストにあったかの「諾・否（yes/no）」課題に回答するが，再認時のリストの中に「階段」を混入させておくと参加者は高確率でyes反応をするようになる。これは，多くのルアー語の呈示を通じて参加者の記憶内での「階段」に関するスキーマが活性化された結果であると解釈できる。

　スキーマ（schema）とは，物事や概念について理解したり利用したりするための知識の集合である。たとえば，フレンチレストランを考えてみると，ディレクトール（支配人），ソムリエといったサービススタッフなどの働いている人から，テーブルや椅子，ナイフにフォークといった店内の構成要素，ポアレやムニエルといった調理法などがそのスキーマに含まれる（筆者はあまりよく知らないが）。一方で，割り箸や牛丼などはフレンチレストランスキーマには含まれない（おそらくは）。またスクリプト（script）とは，スキーマに含まれる知識の時間的ないし因果的な系列である（Schank, 1975）。よって，フレンチレストランスクリプトは，店の前に着いたら冬であればコートを脱ぎ，入店後に脱いだコートをクロークに預け，案内されて席につき，オーダー後に皿の上のナプキンを膝の上にかけ……のようになるだろう（おそらくは）。

　我々は新たな情報を符号化する際には，長期記憶内で構造化されたスキーマに基づいて新奇な情報を認識し，解釈し，それから記憶している。そのために，スキーマの参照が制限される事態に陥ることで，新奇情報の解釈や記憶が阻害されることもある。「その手順はとても簡単である。はじめに，ものをいくつかの山に分ける。もちろんその全体量によっては，一山でもよい。次のステップに必要な設備がないためどこか他の場所へ移動する場合を除いては，準備完了である。……」という一連の文章（Bransford & Johnson, 1972）は，このままでは何を意味しているのかが不明であるが，「洗濯スキーマ」が活性化されることで文章の意味の理解が促進され，さらに文中には含まれない洗濯の要素を補いながら読むこともできる。

スキーマに一致した情報は，認知的な処理は容易であるために好意的に受け取られるが，早期に処理が完了するために心的飽和が起こりやすい。一方で，あまりに新奇な情報は既存のスキーマが使用できず，理解が不能なために拒絶される傾向にある。バーライン（Beylyne, 1970など）は中程度の複雑さを持つものが快であると判断されることを脳の覚醒水準に基づいて提唱したが，マーケティングの領域でも，スキーマへの一致度が高い情報や低い情報よりも，中程度に一致している情報を呈示したときに，消費者の最も活発な情報処理が行われることが示されている（Meyer-Levy & Tybout, 1989など）。数年前に発売された羽なし扇風機などは，従来のスキーマを中程度に崩す商品で新鮮味があり，息の長いヒットにつながった。一方で透明なコーラは，「黒くて刺激的なソフトドリンク」というコーラスキーマからの乖離が大きく，1年で販売中止に追い込まれてしまった（阿部, 2019）。

　スクリプトのマーケティングへの利用については，スクリプトはスキーマ内の情報を系列的に表したものであるため，消費者にある程度までの系列情報を呈示することで消費者はその後の展開を予測するようになるだろう。そして予測に合致した結末を呈示することで，既存のスキーマに統合される。一方でその際にあえて予測を外すことで奇異性効果を生起させ，消費者の心に強いインパクトを残すことも可能になる。記憶の奇異性効果（bizarreness effect）とは，奇異な文章の再生率が普通の文章の再生率を上回る効果を指す（Wollen & Cox, 1981a, 1981bなど）。映画などでも，ラストにどんでん返しが起こるような作品は，多くの視聴者の心に残ることになる。

### b　概念構造と概念形成

　概念（concept）とは表象（representation）の構成要素であり，ある集合に共通する特性情報とその集合に所属する事例が含まれる。集合の成員によって概念を表現する場合には，「カテゴリー」と称して使い分けられる（河原, 2001）。概念構造の古典的なモデルとして，ブルーナーら（Bruner, Goodnow, & Austin, 1956）による定義的特性モデル（defining feature model）がある。ある事例がその

概念に含まれるか否かは，その事例が概念を定義づける特性を有しているかどうかで二値的に判断されるが，これは先述した典型性効果の事実と符合しない。この問題点を克服したのが特徴的特性モデルであり，プロトタイプ（prototype）モデルと範例（exemplar）モデルの2種類がある。たとえば，寺院を思い起こす際に，「いかにもなお寺」というような要約的なイメージを想起する場合がプロトタイプモデルに基づき，法隆寺や仁和寺といった具体的な事例の集合で思い浮かべた場合には範例モデルに基づいていると言える。

　プロトタイプモデル（Rosch, 1975; Rosch & Mervis, 1975）では，概念は典型的特徴を要約したプロトタイプを中心に体制化がされているとされる。ある概念を形成する際には，そのカテゴリーの各成員に複数回接触することで長期記憶内にそのままの形でとどまるのではなく，各成員が多く内包する典型的な特性ないし接触頻度の高い特性に基づいて，プロトタイプが形成されると考える。そして，ある事例がある概念に含まれるか，あるいはどの程度含まれているかは，その事例とプロトタイプとの類似性によって決定される。

　それに対して，範例モデル（Medin & Schaffer, 1978; Nosofsky, 1988, 1992）ではプロトタイプを持たずに，概念は個々の例（範例）の集合によって構成されている。ある事例がカテゴリーの成員であるか否かは，個々の範例との比較を通じて行われる。「キャンプ用品」のような目的に応じて形成されるカテゴリーをアドホック・カテゴリー（Ad hoc category）というが，このようなカテゴリーはプロトタイプモデルでの表現は困難であるが，範例モデルでは説明可能である。

　概念の構造については，これら以外にも様々なモデルが提唱されている。これまでに，それぞれの立場を支持するエビデンスが提供されているが，概念の持つ様々な特性を各モデルが相補的に説明していると考えられる。

　概念の形成過程については，各事例への接触エピソードに基づいて形成されるモデルと，個々の事例そのものに基づくモデルとに二分され，前者を事象（event）ベースの概念形成，後者を事例（individual）ベースの概念形成という。事象ベースでの概念形成では，同一の事例が繰り返し呈示されると，その度に学習される。その結果，その事例は接触回数分だけ範例記憶として保持され，

プロトタイプは接触頻度の多い事例が多く持つ特性に重み付けられた形で形成される。事例ベースでの形成では，同一の事例はあくまでも一つの範例記憶とされ，プロトタイプへの重み付けも生じない。

　松田と楠見は，ザイアンス（Zajonc, 1968）が提唱した刺激への接触頻度に応じて当該刺激への好意度が上昇するという単純接触効果（mere exposure effect）には，概念のプロトタイプの形成が関係していると考えた。そして様々な特徴次元から成る新奇な熱帯魚を反復呈示し，その結果として，概念形成は事象ベースに行われ，ある事例への接触頻度と共通次元数に基づいて要約的なプロトタイプが形成されたこと，プロトタイプとそのプロトタイプとの類似性の高い範例への主観的な好意度評価が高いことが明らかとなった（Matsuda & Kusumi, 2001）。また，反復呈示の単位を事例単位から特徴次元単位へと変更して同様の実験を行ったところ，プロトタイプの形成は確認できたものの，それへの好意的な主観評価は得られず，プロトタイプへの単純接触効果には具体的な範例記憶が伴うことが必須であることが示された（Matsuda & Kusumi, 2006）。すなわち，ある商品カテゴリーへの典型性効果を得るためには，概念の特性事例を個別に呈示するだけではなく，具体的な商品の記憶を形成させることが必要である。

## 24　マーケティング戦略と記憶

　本章の冒頭で紹介した街角アンケートの例を思い出してほしい。そこでは新商品を手に取りながら「これまでに見たことがない商品だ」という感想を持ったと仮定したが，この感想は，これまでに見聞きしてきた様々な商品の記憶と照合した結果であろう。また，以前に使用していた類似商品との違いを評価する際には，類似商品の使用感に関する情報を記憶から引っ張り出してきて，今目の前にある新商品との比較を行ったことになる。

　そして商品の評価を行った後に，その商品に関する感想をアンケート用紙に記入する場面で書かれた感想は，今まさに新商品を使用しているときに感じた

リアルタイムの感想ではなく，使用したときの記憶を思い起こしながら記入したものである。近年は商品やサービスを購入するか否かの意思決定には，第三者による口コミが多く参照されるようになった。そのため，この口コミも同様に，過去の記憶に基づいて書かれている。

　また，わが国においては広告の認知モデルとしてAIDMA（アイドマ）モデルが長らく受け入れられてきた。このモデルは顧客が広告に触れてから購入に至るまでの認知の流れを表現しており，この名称はこの流れのAttention（注意）→ Interest（興味）→ Desire（欲求）→ Memory（記憶）→ Action（行動）の頭文字を取ったものである。広告の商品に興味を持って購買欲求を高めたにもかかわらず，小売店を訪れてから買おうと思っていた商品の名称を忘れてしまうことのないように，商品記憶の重要性を謳っている。最近ではWebサイトでの購入機会が増えてきており，商品情報に触れるとほぼ同時に購買に至るケースも多い。この場合は商品名を記憶している必要がないとの考えからか，SIPS（Sympathize：共感→ Identify：確認→ Participate：参加→ Share & Spread：共有・拡散）やDECAX（Discover：発見→ Engage：関係→ Check：確認→ Action：行動→ Experience：体験と共有）といった近年提唱された広告認知モデルには記憶という要素が含まれていない。

　しかし，近年の認知モデルに含まれる商品の確認作業や使用感の共有・拡散といった行為は，既に述べたように記憶に基づいて行われているということが考えられる。我々の商品選択や商品評価，購入意思決定などは，結局のところすべては記憶がないと成り立たないのである。

## トピックス⑥　レトロマーケティング

　昭和レトロや平成レトロのように，ヒトの感じるなつかしさ（ノスタルジア）に注目したブームがたびたび起きている。そして企業も，そのようなレトロブームに乗じて，なつかしさ感情をマーケティング戦略に活用している。レトロマーケティングの手法としては，広告にターゲット顧客がなつかしさを感じ

る要素を使用することで顧客にポジティブな情動を喚起させ，広告や銘柄に対するより良い態度変化を引き起こす，というものである（Muehling & Sprott, 2004）。

なつかしさとは，過去に憧れ，過去に戻りたいという願望を指し（Holbrook, 1993），過去に頻繁に経験した親密性の高く，かつ最近は接触していない対象を思い出す時にともなう感情として生起するとされる（楠見, 2014）。なつかしさは個人的（自伝的）なつかしさと文化的（歴史的）なつかしさの2つに分類される（Stern, 1992）。個人的なつかしさはエピソード記憶の中でも特に自伝的記憶との関連性が高く（瀧川・仲, 2011），過去を再体験している感覚を伴うことからメンタル・タイムトラベルと呼ばれる（Tulving, 2005）。一方で，文化的ノスタルジアは意味記憶に基づいており，メディアや伝聞などから得た知識によって形成される。都市部在住の人であっても，夏祭りや田園風景に接することでなつかしさを感じることがあるが，具体的なエピソードに基づいていないことから，個人的なつかしさと比較すると感情喚起が伴いにくい（Brown, Kozinets, & Sherry, 2003）。また，事前の接触経験によって無意識になつかしさが喚起されることもあり，潜在記憶の関与が考えられる。

ヘッパーら（Hepper et al., 2014）は，なつかしさと様々な用語との意味的関連性を求め，記憶に関する用語（「回想」「過去」「追体験」など）や，ポジティブな感情語（「甘い記憶」「幸福」「心地よさ」など），ネガティブな用語（「感傷」「ほろ苦さ」「喪失」など）との関連が深い結果となった。また，楠見（2021）は加齢によってなつかしさによるポジティブ傾向性が高まり，ネガティブ傾向性は低下することを示している。これは，加齢によってポジティブな情報への選択的注意や記憶が優位になるという社会情動的選択性理論（Carstensen, 1992）と合致する結果であると解釈されている。過去をなつかしむ傾向性には性差があり，男性は年齢とともに線形に上昇する一方で，女性は30代から40代をピークにその傾向は減少していく（Kusumi, Matsuda, & Sugimori, 2010）。

ほかにも，なつかしさのポジティブな機能として，前向きな感情を生み出して自尊心を向上させ（Sedikides, Wildschut, Arndt, & Routledge, 2008），孤独感を軽減させ（Zhou, Sedikides, Wildschut, & Gao, 2008），共感性を増加させること（Zhou, Wild schut, Sedikides, Shi, & Feng, 2012），ほかにもアイデンティティを回復させたり（Baldwin, Biernat, & Landau, 2015），早くもらえるなら報酬金額が低くてもかまわないという時間割引率の低下（Kawaguchi, Nakamura, & Suzuki, 2018），周囲の人々から支えられているという社会的サポート感の向上（小谷・楠見，2021），脳の報酬系の賦活（Oba, Noriuchi, Atomi, Moriguchi, & Kikuchi, 2016; Salimpoor, Benovoy, Larcher, Dagher, & Zatorre, 2011; Speer, Bhanji, & Delgado, 2014）などがある。また前述のように，匂いによって無意図的に喚起された自伝的記憶は，より古い出来事に関する記憶であることが多く，強い快情動を伴うが（山本，2008），そこにはなつかしさの関与が考えられる。

　一方でネガティブな機能を報告する研究もある。たとえば，元々抑うつ傾向の高い人に対しては抑うつや孤独感を増幅させる（Verplanken, 2012）。ほかにも，神経症傾向や行動抑制傾向などとなつかしさのネガティブ機能との相関も報告されている（楠見，2018）。日本人を対象にした実験では，なつかしさ感情の喚起による自尊心の向上やポジティブ感情の生起といった機能が見られなかったという研究もある（長峯・外山，2016）。

　なつかしさは記憶に根差した反応である。近年，マーケティングや消費者行動へのなつかしさの応用は増加しているが，より良い効果を得るためには戦略を立てる側が記憶のメカニズムを熟知していることが不可欠である。また，上述のようになつかしさ感情とは必ずしもポジティブなものであるとは限らず，消費者の精神状態によってはむしろマイナスに働く可能性も排除できない。そのため，マーケティング戦略におけるSTP（Segmentation, Targeting, Positioning），すなわち消費者を何らかの基準で分割し，分割した中からターゲット市場を絞り，その市場内で自社の立ち位置を確立していく一連の手続きには，いっそう慎重に取り組むべきであろう。

（松田憲）

# III部 消費者行動にかかわる心理学的メカニズム

# 消費者の態度形成と変容

　好感をもっている商品は，そうでない商品よりも，買いたくなる可能性が高い。店員の行き届いたサービスを受けたレストランへは，機会があればまた訪れてみたいと思う。他方，不快な経験をした商品や店は二度と利用したくはなくなり，他人に不平や不満を話したくなることさえある。このような企業，ブランド，店舗などの対象に対する心の構えや状態のことを，態度と呼んでいる。消費者が形成する態度は，商品を購買するか否かを決定づける非常に重要な要因となる。広告をはじめとするさまざまな説得的コミュニケーションは，消費者に好意的な態度を形成してもらえるようにする手段である。消費者の態度はどのように形成され，変容するか，態度は購買行動にどのようにつながるのか，などについて考えてみたい。

## 25　態度とは何か

### 1　消費者の態度

　態度は，ブランド等の対象に対する消費者の心の構えで，行動の準備状態である。態度は，学習や経験によって後天的に形成される。態度を知ることにより，消費者行動を説明し，予測することができる。態度は，直接観察することができない構成概念であり，好き－嫌いといった言葉で表明できることだけで

なく，消費者自身が自覚していない潜在的な心の構えである場合もある。これまでの態度研究では，他にも次のような特徴が挙げられている。

（1）態度には必ず対象がある。消費者行動研究において態度対象となるのは，企業，ブランド，店舗，広告などである。

（2）態度は，認知的成分，感情的成分，行動的成分の3つの成分からなる。価格が高い，品質が良い，などは認知的成分，好感がもてる，嫌悪感がある，などは感情的成分，買ってみたい，行ってみたい，などは行動的成分である。

（3）態度全体あるいは3つの成分は，肯定的または否定的な方向性と強度を伴っている。特定のブランドに対してとても好きなブランドであったり，嫌いなブランドであったりする。

（4）態度は，3つの成分の方向性と強度等に整合性がある。例えば，品質が良く，好感のもてるブランドは買いたくなるように，態度の3成分は整合的である。

（5）態度は持続的で，かなり長期にわたって維持され，一時的に表れるものではない。対象に対する態度は，そのときの気分や状況によって容易に変化するものではない。

## 2　態度の機能

カッツ（Katz, 1960）は，動機づけの観点から態度の機能を4つに分類した。

**（1）道具的（調整，実用的）機能**

　　人は報酬を得て，罰を避けようと動機づけられるが，態度はその手段として機能する。例えば，ダイエットを志向している消費者はカロリーを抑えた食品に対する対象に好意的な態度を形成する。

**（2）自我防衛機能**

　　自己の内外の脅威に対して，不快な存在を承認することを避けようとする機能である。例えば，心理的，社会的，身体的等のコンプレックスをある種の商品を身につけたり，所有したりすることで自我が傷つくこと

Ⅲ部　消費者行動にかかわる心理学的メカニズム

を回避しようとする消費行動がとられる場合である。

### （3）価値表現機能

態度を表出することで自分の価値を表し，主体性を高めるように態度は機能する。さまざまな商品を消費する中で，自己のアイデンティティの表出やライフスタイルの確立に関連する消費行動は数多くある。

### （4）知識機能

自己の知覚や信念をより良く体制化し，整合性を保とうとする機能である。所有している情報に矛盾があったり，曖昧であれば，それを明確にする方向に態度は働く。好意的な態度を形成している企業が新製品を出した場合，これまでの知識に新たな情報が付加され，知識の体制が改めて構築されることにつながる場合もある。

## 3　消費者態度のABCモデル

態度は認知・感情・行動の3つの成分から構成されると考えられている。消費者行動や広告の研究では，3つの成分を複合して同時に扱うよりも，意思決定における時間的な順序から階層的に示されることが多い。ソロモン（Solomon, 2020）は，感情（Affect），行動（Behavior），認知（Cognition）の成分から構成されることから，これをABCモデルと呼んだ。ABCモデルは，図7-1に示されるような3つの階層モデルを提示している。

### （1）高関与型階層

消費者は情報を収集して知識を蓄える。その後，知識をもとにして製品に対して好き嫌いといった感情をもつようになり，購買に至る。このような階層をたどる意思決定では，消費者は高関与であり，多くの情報を探索し，注意深く選択肢を比較する。

### （2）低関与型階層

低関与型の意思決定では，消費者は限られた知識はある状況で，まず製品を購買した後に評価する。購買経験の善し悪しが選択を強化し，行動的な学習によって態度が形成される。消費者は，大量の情報処理をする

# 7章 消費者の態度形成と変容

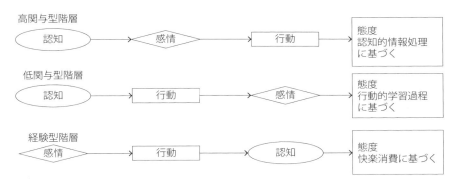

**図7-1 効果の階層による態度のABCモデル**（Solomon, 2020）

ことはなく，店内のPOP広告などによって購買が大きく左右される。

(3) **経験型階層**

感情的な反応が意思決定に重要な役割を果たす。パッケージ・デザイン，広告，ブランド名，製品やサービスを体験する際の状況など感性的な製品属性によってブランドに対する態度が形成される。製品を使用することがワクワクするといった快楽的な動機による購買である。

## 26 多属性態度モデル

多属性態度モデル（multi-attribute attitude model）は，消費者のブランドに対する態度から消費者の購買行動を説明し，ブランド選択を予測するモデルである。消費者が好意的な態度を形成しているブランドはそうでないブランドよりも選択される確率が高くなる。多属性態度モデルでは，好き－嫌いといった好意や選好が消費者の購買行動を決定づけることが想定されている。さらに，複数の製品属性（選択基準）ごとに態度が形成され，製品属性ごとの態度が統合されて全体的な態度（選好度）が形成される。

## 1 理論的背景と定式

多属性態度モデルは，社会心理学における「期待－価値」の認知説を基盤としたローゼンバーグ（Rosenberg, 1956）や学習理論の強化説を基盤としたフィッシュバイン（Fishbein, 1963）のモデルを背景として，マーケティング研究に応用されてきた。

ローゼンバーグ（Rosenberg, 1956）は，ある対象に対する態度は正負の感情を伴う認知的構造から形成されるとした。態度は，価値の実現に関して各価値の重要度とその価値が実現あるいは妨害されるかの可能性（道具性）を掛け合わせ，各価値の算術的な合計の関数によって規定されるとした。例えば，携帯電話のブランドに対する態度形成では，災害時に通話しやすいかどうかが重要な価値をもつ場合，災害時でも通話しやすいブランドが価値の実現に道具性をもつことになり，好意的な態度が形成されると考えられる。

フィッシュバイン（Fishbein, 1963）は，対象に対する態度を，価値や目標に関連する可能性に対する信念とこれらの信念の評価的側面の関数によってあらわした。例えば，炭酸飲料でカロリーが低いことは良いことであるという評価を有している場合，炭酸飲料ブランドの中で，あるブランドのカロリーが低いと感じている（信念）とき，そのブランドに対して好意的な態度が形成される。

ローゼンバーグとフィッシュバインのモデルは異なる理論的背景から出てきたモデルであるが，実際に測定し，計算する場合は非常に類似したモデルである。いずれも価値や評価の成分と道具性や信念の成分の積和を独立変数，全体的態度（選好度）を従属変数とする関数関係で表される。

## 2 フィッシュバイン型モデルの定式と計算法

フィッシュバイン・モデルは，次のように定式化される。

$$A_j = \sum_{i=1}^{n} a_i b_{ij}$$

ただし，
$A_j$ ＝ブランド $j$ に対する全体的態度
$a_{ij}$ ＝属性 $i$ の評価的側面
$b_{ij}$ ＝ブランド $j$ が属性 $i$ を有することについての信念の強さ
$n$ ＝属性の数

　従属変数（左辺）が全体的態度（選好度），独立変数（右辺）の2成分の積和が全体的態度の推定値となる。例えば，属性 $i$ の評価的側面（$a_i$）は，属性 $i$ が○○○を有することは「とても良いことだ（＋3）－とても悪いことだ（－3）」，ブランド $j$ が属性 $i$ を有することについての信念の強さ（$b_{ij}$）は，ブランド $j$ が○○○を有する可能性は「とてもありそうだ（＋3）－まったくなさそうだ（－3）」として測定される。

　$a_i$, $b_{ij}$ はいずれも＋－の方向性を必ず有し，あるいは0（どちらでもない）を含む両極尺度で得点化される必要がある。「とても良いことだ（＋7）－全く良くないことだ（＋1）」のような単極尺度ではない点は注意が必要である。$n$ は属性の数であるが，属性の数が多すぎても必ずしも予測の精度は上がらない可能性が高い。

　図7-2に大学学部の選択の計算例を示した。例えば，大学学部の選択に際して，X君の場合，「就職が良いこと」という属性（選択基準）について，「就職が良いこと」は非常に良いことである（＋3）と評価し，A大学B学部は「就職が良いこと」は「ややなさそうだ（－1）」と思っているので，この属性の得点は＋3×－1＝－3となり，否定的な方向性を持つ。仮に，A大学B学部は「就職が良いこと」は「ややありそうだ（＋1）」と思っていれば，この属性の得点は＋3×＋1＝＋3となり，肯定的な方向性を持つことになる。

**141**

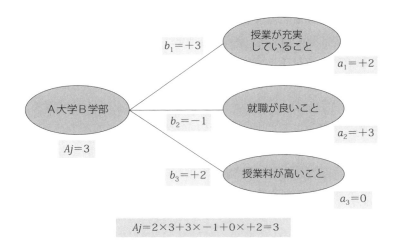

**図7-2　多属性態度モデルの計算例（X君の場合）**

　表7-1は，3章の表3-2掲載の東京から大阪への移動手段に関する情報をもとにY氏個人レベルの態度形成を計算した例である。この場合，この選択肢の中では，Y氏は飛行機（エコノミー）に対して最も好意的な態度を形成し，ついで新幹線（自由席）に対して好意的な態度を形成していると考えられる。ほかの条件が一定であれば，Y氏は飛行機を選択する可能性が最も高くなると予測される。実際の適用では，このように同じ人での態度を問題にする個人内態度形成と多数のサンプルを収集して個人間態度を問題とする場合がある。

**表7-1　東京から大阪への移動手段に対する態度形成（Y氏の場合）（4手段×4属性の仮想例）**

|  | 料金が安いこと | 所要時間が短いこと | 都心へのアクセスが良いこと | 快適であること | 全体的態度 ($A_j$) |
|---|---|---|---|---|---|
| 属性の評価的側面 ($a_i$) | +1 | +2 | +2 | +1 |  |
| 新幹線（自由席） | -2 | 0 | +1 | 0 | 0 |
| 飛行機（エコノミー） | -3 | +2 | +2 | +2 | +7 |
| LCC（羽田ー関空） | +1 | +1 | -2 | 0 | -1 |
| 高速バス | +3 | -3 | -3 | -2 | -11 |
| 新幹線（自由席）の場合 | $A_j = 1 \times -2 + 2 \times 0 + 2 \times 1 + 1 \times 0 = 0$ | | | | |

## 3 多属性態度モデルの妥当性

ローゼンバーグやフィッシュバインのモデルは，マーケティング研究に適用される過程でさまざまな修正が加えられた。その中で，代表的なモデルが「適切―重要度（adequacy-importance）」モデル（例えば，バス＆タラチク（Bass & Talarzyk, 1972）である。「適切―重要度」モデルでは，独立変数の $a_i$ は属性 $i$ の重要度，$b_{ij}$ はブランド $j$ の属性 $i$ に関する満足度や信念が測定される。このような測定尺度はフィッシュバイン型のモデルの理論や測定とは異なるものであり，モデルの妥当性を巡って多くの激しい論争を巻き起こした。

多属性態度モデルは，構成概念妥当性（$a_i$, $b_{ij}$ の構成成分や測定尺度），予測妥当性（独立変数が従属変数を説明する程度），制御妥当性（独立変数を変化させることで従属変数が変化すること）などの側面から検証が行われてきた。その結果，「適切―重要度」モデルの予測妥当性は高いものの，構成概念妥当性は大きな疑問があり，フィッシュバイン型モデルの妥当性が全体的に高いことが示されてきた（例えば，Cohen, Fishbein & Ahtola（1972），杉本（1982），小島（1984））。

満足度に属性の重要度でウェイトづける「適切―重要度」モデルは，感覚的には妥当性があるように錯覚しやすく，かつ，調査対象者にとっても回答しやすいことから，「適切―重要度」モデルが使用されることもあるが，使用する場合は十分な注意が必要である。

## 4 多属性態度モデルにもとづく広告戦略

フィッシュバイン型モデルにもとづいて，理論的に次のような広告における訴求法が考えられる。図7-2の大学学部の選択の計算例を中心に考えてみたい。

### ①信念（$b_{ij}$）を変化させる戦略

A大学B学部に対する「就職が良いこと」の信念が低いので，何らかの根拠を見出して「就職に強い」ことを訴求する。自社ブランドの強みを訴える方法で，多くの広告表現で見られる。

Ⅲ部　消費者行動にかかわる心理学的メカニズム

### ②評価（$a_i$）を変化させる戦略

「授業料が高いこと」の評価が中立であるので，「授業料が高いこと」は質の高い教育につながり，良いことであることを訴求する。消費者の価値観を変化させることで自社ブランドに対する態度を向上させる方法であり，広告表現は工夫が必要である。

### ③まったく新たな属性を付加する戦略

「授業の充実」「就職の良さ」「授業料」以外の属性を新たに加えて評価させる戦略である。例えば，「国際的なネットワークが充実し，留学しやすい」といった側面から魅力を訴求する。クリエイティブは高度な発想が必要とされることが多い。

### ④弱点となる属性を意識させない戦略

例に挙げられた学部の場合，「就職」が問題となるが，重要な選択基準として意識させないような戦略である。大学時代は就職の良さだけを考えるよりも，学問をきちんと修めることが長い人生の間で有益であるといった訴求が有効であるかもしれない。

### ⑤競合ブランドの信念を低下させる戦略

ペプシ・チャレンジのように目隠しをしてペプシコーラとコカ・コーラを飲ませ，ペプシコーラの方が好まれることを主張した比較広告を用いるなどして競合ブランドよりも高い信念を形成させようとする戦略である。現在の日本では，比較広告を掲出すること自体がまれであり，一般的に用いられる訴求法ではない。

多属性態度モデルは，態度を記述・説明し，ブランド選択を予測する上で重要な役割を果たしてきた。他方，阿部（1984）が指摘するように，多属性態度モデルでは，意思決定のための情報処理過程は媒介概念として静態的に扱われ

てきた。問題解決行動としての消費者，動態的な情報処理過程の説明はできず，消費者情報処理パラダイムの中に多属性態度モデルは選択ヒューリスティクス（3章参考）の一種として包含されるようになった。

## 27 態度と行動の関係

　態度は人の行動を予測するものと考えられてきたが，1960年代より，態度と行動は必ずしも一貫するものではなく，態度によって購買行動を予測できないという限界が問題視されるようになった（e.g. Wicker, 1969; Fishbein & Ajzen, 1972）。ある商品を買うという行動を例に取ったとき，すべてのケースで「それが好ましいと自分が思ったから買った」ということならば，態度は行動と常に一致するということになるが，実際には，誰かが夢中で薦めるから欲しくもないのに義理で買った，いつも愛用している商品を買いにお店に行ったら予定していなかった商品が急に欲しくなって買ってしまった，などということもしばしば起こる。本節では，態度と実際の行動の関係についての理論を紹介する。

### 1　フィッシュバインの行動意図モデル

　多属性態度モデルは，消費者個人のブランドに対する態度のみをモデル化したものであった。消費者は自分自身の態度や選好だけに基づいてブランドを選択する場合もあるが，一方で，周囲の人々の影響を受けて意思決定することも少なくない。フィッシュバインは行動意図モデル（合理的行為理論；theory of reasoned behavior; Fishbein& Ajzen, 1975）を提唱し，他者や集団規範の影響をモデルに取り入れた。

　モデルの基本的な定式は，図7-3のように表される（例えば，Ajzen & Fishbein, 1970, 小島, 1984）。

$$B \sim BI = [A_{\mathrm{act}}]\, w_1 + \left[ \sum_{i=1}^{n} (NBi)(MCi) \right] w_2$$

**図7-3　行動意図モデル**

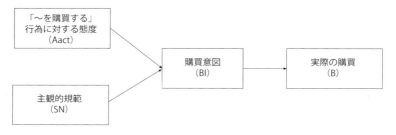

**図7-4 フィッシュバイン行動意図モデルの簡略図**

　モデルの従属変数は，実際にとられる明示的行動（B），および，購買意向としての行動意図（BI）である。独立変数は（購買）行動に対する態度（Aact），および，規範的信念（NB）と規範的信念に従おうとする動機づけ（MC）から成る主観的規範である。$\omega_1$，$\omega_2$はそれぞれのウェイトである。

　多属性態度モデルとの違いは，以下の3点に整理できる（図7-4）。第一に，「態度」が購買の直接的な媒介変数になるのではなく，「購買意図」が購買を決定づけるとした点である。第二に，態度対象をブランドや製品ではなく，それらを「購買すること」とした点である。すなわち，「ベンツ」というブランドに対する態度ではなく，購買行動によってもたらされる様々な結果を考慮して形成された「ベンツを購買することに対する態度」を扱っている。第三に，購買意図に影響を与えるのは態度だけではなく，友人・知人や専門家の意見，集団や社会の規範（社会における不文律のこと。詳しくは12章）によっても影響を受けるとされた点である。特定のブランドに強い好意を持っていたとしても，それを自分が身につけると仲間から否定的に評価されそうと思われるときには，そのブランドの採用に至らないような場合がある。製品クラスの違いや消費者が置かれている状況によって，「態度」と「主観的規範」のいずれが購買意図に大きな影響を与えるかは違ってくる。

## 2　計画的行動理論 (theory of planned behavior)

　行動意図モデル（合理的行為理論）では，購買意思決定において，ある商品

7章 消費者の態度形成と変容

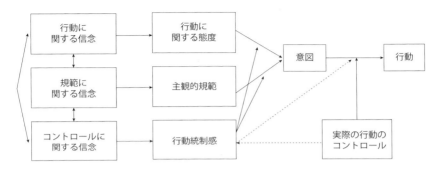

**図7-5 計画的行動理論**（Ajzen, 2019を基に作成）

を購買することに対する態度の他に，消費者を取り巻く人々の意見などの「主観的規範」が影響を与えるとされた。

その後，合理的行為理論の拡張として，計画的行動理論（Ajzen, 1991）が提唱された（図7-5）。計画的行動理論では，合理的行為理論が購買意思決定の予測因とした「購買行動への態度」「主観的規範」に，「行動統制感（perceived behavioral control）」が加えられた。「行動統制感」とは，自分の意志でその行動を達成することができるかどうかに関する主観的見込みを指す。「自己効力感」（「自分ならできる」という感覚のこと：self-efficacy; Bandura, 1977）にきわめて近い概念であり，行動の実行のために自らが有する資源（たとえば，時間，金銭，技術，他者の協力）が十分であると判断されると行動統制感は高くなる（Ajzen, 1991）。逆に，態度や主観的規範によって行動が促されたとしても，行動統制感が低い場合には，行動は生起しない。

たとえば，地球環境のためにエネルギーの節約をする（例：職場において不要と思われる電気を消す）という行動を例に取ろう（Canova & Manganelli, 2020）。あなたが個人的に電気を節約することには賛成で（購買への態度），職場のみんなも不要な電気は消しておくことに協力的であり（主観的規範），電気を消すという行動が自分で容易に行える（行動統制感・高）場合には，あなたは節約行動を取るだろう。しかし，個人的には節約に賛成でも，職場の同僚が部屋を明

147

Ⅲ部　消費者行動にかかわる心理学的メカニズム

るくするのを好ましいとする（主観的規範）場合や，電気を消すのに上司の許可が必要（行動統制感・低）な場合などは，節約行動が生じなくなる。

## 3　MODE モデル (Motivation and opportunity as determinants model)

二重過程モデル（Chaiken, 1980）によると，人の情報処理には，2つのモードがあるとされる。一つは，①提示された情報をよく吟味して判断をするシステマティック型情報処理，もうひとつは，②情報を吟味せずに直感的に判断を行うヒューリスティック型情報処理である。二重過程モデルの考え方に従えば，ここまでに説明してきた多属性態度モデルや計画的行動モデルは，様々な属性を考慮した総合的意思決定のモデルであることから，どちらかと言えばシステマティック型情報処理を経て行動が生起するプロセスを描写していたと捉えられる。

しかしファジオ（Fazio, 1990; Jones & Fazio, 2008）は，人の行動は熟慮を経ず自発的に（spontaneous）生じる，すなわち，ヒューリスティック型情報処理を経ている場合も多いと考え，MODE モデルを提唱した。このモデルでは，上述の①システマティック型情報処理を「熟慮モード（deliberative processing）」と呼び，これは例えば大きな買い物をするときのように，不適切な判断を行うことを避けたいという強い動機がある場合に生じる情報処理であるとした。一方，いつも買っていて安い商品であるためよく考える必要がないときや，熟慮したくとも急いでいるため時間がない場合などは，あまり考えないで判断を行う。このような情報処理（上述の②に相当）を自動的モード（spontaneous processing）と呼んだ。

自動的モードで情報処理が行われる際には，消費者が持っているいくつかの態度の中で，その時たまたま活性化していた態度によって行動が生じる。例えば，ヨーロッパの国々はどこも同じくらい好きである消費者が，たまたま買い物の直前にイタリアに関する情報に触れて素敵だなと思った場合，イタリアに対する好意的態度が活性化する。すると，その後の買い物において自動的モードで情報処理が行われた場合，例えばドイツ製やフランス製の商品より，イタ

148

リア製の商品が選択されやすくなる。しかし，調味料のような安価なものではなく，車を買う場合などのように失敗は避けたいと強く動機づけられていたとしたら，「ヨーロッパの国が好きだ」などという自分の態度に影響されずに，日本製やアメリカ製を含めた様々な車種をよく検討して，最も優れていると思うものを購入する。

すなわちMODEモデルとは，不適切な判断をしたくないという「動機づけ（motivation）」と，急いでいて時間がなかったなどというその場の状況（機会；opportunity）によって行動が方向づけられるという理論であり，Motivation and Opportunity as Determinantsの頭文字をとってMODEモデルと呼ばれている。

## 4 顕在的態度と潜在的態度

人の態度には，意識して言語表明できる態度（顕在的態度；explicit attitude）の他に，本人も自覚していないこともある「潜在的態度（implicit attitude）」と呼ばれるものが存在することが指摘されている（Greenwald, McGhee, & Schwartz, 1998）。顕在的態度と潜在的態度は，不一致である場合も少なくない。したがって，ある人の行動について「言っていることとやっていることが違う」という状況は，表明している顕在的態度と行動が一貫していないだけで，潜在的態度とはしっかりリンクしているということもある。ある研究では，顕在的態度を測定すると「私は黒人に対して差別的な態度を持ってはいない」と主張する人が，実際の行動を観察すると，黒人とは距離を取ろうとしたり，視線を合わせないようにする傾向が見られたことが報告されている（Fazio, Jackson, Dunton, & Williams, 1995）。自分ではブランドAが好きだと思っているにもかかわらず，実際にはあまりブランドAの商品を持っていないというような場合，顕在的態度としてはブランドAに好意的であっても，本当の意味では（潜在的には）ブランドAが好きではないと考えることができる。

人の行動を正確に予測するためには，顕在的態度だけでなく潜在的態度も測定する必要があるが，本人も意識していない態度なのだから顕在的態度のような質問紙調査は行えない。潜在的態度の測定には，IAT（Implicit Association Test;

Ⅲ部　消費者行動にかかわる心理学的メカニズム

潜在的連合テスト；Greenwald et al., 1998）という方法が用いられる。

# 28　態度変容と説得

　消費者の態度は，いったん形成されれば永久に持続するとは限らず，外部からの影響によって変化することもある。例えば，ずっとブランドAが好きで買っていたけれど，好きなタレントがブランドBの広告に出ていたからそちらの方が好きになった，歯科医に薦められてこれまで使っていた歯ブラシを買い換えた，というようなことはしばしばある。

　ある人のこれまでの態度を変化させることを狙ったコミュニケーションのことを，社会心理学では「説得的コミュニケーション」と呼ぶ。広告は企業にとって，消費者の態度を自社製品に対して好意的なものに変化させることを目標としたコミュニケーションであると言える。本節では，消費者の態度を変化させるための方法に関する研究を紹介する。

## 1　認知の一貫性

　人間は暑いところでも寒いところでも一定の体温を保つことができる恒常性（ホメオスタシス）と呼ばれる機能を持つが，これと同様に，人間の認知も均衡状態を保とうとする機能を持っていると考えられている。例えば，あなたが昔から毛嫌いしていたブランドの広告に，あなたが大好きなタレントが起用されていたら，なんとも座りの悪い感情を経験するだろう。人はこの不快な状態を，快適な状態にするために，自らの認識や態度を変更する。このような考え方を「認知的斉合性理論」と呼び，代表的なものに，バランス理論，認知的不協和理論がある。

### a　バランス理論（balance theory）

　ハイダー（Heider, 1958）は，図7-6に示すようにP（自分），O（他者），X（態度対象）の3つを三角形の頂点とし，それぞれの関係性をプラス（好意）かマ

**150**

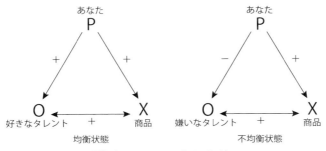

**図7-6 バランス理論**（Heider, 1958に基づき作成）

イナス（非好意）かで三辺に表した。その三辺の符号を掛け合わせたときに解がプラスになる場合（例：三辺すべてがプラス，あるいは，二辺がマイナス），認知のバランスが取れた心地よい状態であるとした。一方，三辺を掛け算して解がマイナスになる場合（例：一辺にのみマイナスがある，三辺すべてがマイナス）を不均衡状態とし，この場合は，均衡状態となるよういずれかの認知が変更されると予測した。

例えば，あなたが好きなブランドのCMにあなたの好きなタレントが起用されているという状況を考えよう。これはあなたにとってはしっくりくる状況であるはずだが，図に当てはめれば「P＝あなた」「O＝好きなタレント」「X＝好きなブランド」の3点がすべてプラスで結ばれた状態であり，均衡状態である。掛け算で符号がプラスになればよいので，「O＝嫌いなタレント」「X＝嫌いなブランド」でも均衡状態である。しかし，「O＝嫌いなタレント」「X＝好きなブランド」の場合は，不均衡状態なので，あなたは嫌いだったタレントを好きになるか，好きだったブランドを嫌いになると予測される。

#### b 認知的不協和理論（cognitive dissonance theory）

人は自分の認識や態度と不整合な事実に遭遇すると不快感を覚える。甘いものを食べるのが好きな人は，「砂糖がいかに身体に悪いか」という情報を見聞きすることを嫌がる。あるいは，高い金銭を支払って購入した商品が，正しく

Ⅲ部 消費者行動にかかわる心理学的メカニズム

使用していたにもかかわらずすぐに壊れてしまった場合なども当てはまる。このようなときの不快な心理状態をフェスティンガー（Festinger, 1957）は「認知的不協和（cognitive dissonance）」と呼び，人は不協和状態をそのままにしておくことはできず，「協和」状態となるよう自分の認知や行動を変化させようと動機づけられることを指摘した。

上述の例では，「高いお金を支払った」ことと「すぐ壊れた」という事実が不協和状態であったが，それを協和状態にする手っ取り早い方法として，購入した商品を返品するという行動がある。しかし，返品が難しい場合には不協和状態が解消できない。その場合，「そんなに高額ではなかった」「自分の使い方が悪かったのだ」などと，自分の認知を変更することで，協和状態を作り出そうとする。

複数の選択肢の中から選んで購入した商品に対する評価を，購入前と購入後で比較すると，購入後に高くなることが知られるが，これは「自分が手に入れなかった商品の方が優れている」という不協和状態を生じないために認知を変更した結果であると考えられる（Brehm, 1956）。

## 2　説得的コミュニケーションとは

「説得（persuasion）」とは，主に言語を用いて相手を納得させながら，相手の態度や行動を自分の意図する方向に変化させようとする社会的影響行為のことであり（深田, 2002），説得を目的としてメッセージを発信することを説得的コミュニケーションと呼ぶ。この効果に関する研究は，もともとは1940年代第2次世界大戦下のアメリカにおいて，マスコミュニケーションの影響力の研究として始まり，その後，人が人を説得するにはどうしたらよいかについて膨大な研究が積まれていったが，消費者行動研究においては，主に広告の効果について考える際に有用である。

## 3　説得的コミュニケーションの効果

同じ説得メッセージであっても，誰が言ったか，それがどのような状況で発

信されたか，などの影響で，その効果は変わってくる。ここでは，説得的コミュニケーションの効果に関する研究を，a）説得的コミュニケーションの発信者（送り手）がどんな人であったか，b）発信されたメッセージがどのようなものであったか，c）説得的コミュニケーションがどのような状況下で行われたか，の3つに分けて整理する。

### a 送り手の要因

#### ① 信憑性（credibility）

最も古い説得研究で指摘されたのが，説得的コミュニケーションの発信者が信憑性の高い人物であるときに説得効果が高まるというものである（Hovland & Weiss, 1951）。信憑性は，専門性（expertise）と信用性（trustworthiness）からなるとされる（Hovland, Janis, & Kelley, 1953）。専門性とは，説得メッセージの内容に関して，高い専門的知識を持っているかどうかということを意味し，信用性とは，相手を騙そうとしたりせず誠実な意図を持っているかどうかということを意味する。例えば，健康に関しては医師が専門性を持つ説得者として効果的であるが，その医師が悪徳商法で稼ごうとしていると思われる（すなわち，信用性が満たされない）場合には，その医師が進める健康食品を買おうとは思わないだろう。専門性と信用性が共に高い場合に説得効果は高まる。

#### ② 魅力（attractiveness）

説得メッセージの効果を高めるもう一つの送り手要因は，送り手の魅力である。魅力とは，その人物が持つ「社会的価値」であり，身体的魅力，パーソナリティ，社会的地位，受け手との類似性（我々は自分と似た人を魅力的だと感じる傾向があることが知られている）などが含まれる。認知的斉合性理論（28-1）が示唆する通り，人は認知の一貫性を求めるので，魅力的な人は能力も高く信頼できると考えがちであり，説得されやすくなる（Jackson, Hunter, & Hodge, 1995; Solomon, 2020）。

広告に魅力的な著名人を起用することは，上述の効果の他にも，消費者の注意をひきつける役割も持つ（Reid, & Soley, 1983）。ただし，その場合消費者は著

名人に注目するだけで，広告の内容（文章）をよく読んでいないこともあるため，広告主が狙ったような広告効果が得られるとは限らない。しかしながら，魅力的な著名人を見ることで，消費者が良い気分になって商品のイメージが好転したり，その著名人の良いイメージがブランドや企業のイメージに反映されるなどのプロセスを通じて，商品評価に恩恵をもたらす。著名人を起用して成功した広告の例は枚挙にいとまがない。

b　メッセージの要因
①恐怖喚起コミュニケーション

　脅威の危険性を強調して聞き手を怖がらせることで，その脅威への対処方法についての説得効果を高めることを意図したコミュニケーションのことを恐怖喚起コミュニケーションと呼ぶ。肺がん患者の肺の写真を掲載した海外の煙草のパッケージや，万が一病気になったときに収入を失って家族が路頭に迷うことを強調する生命保険のCMなどが，恐怖喚起コミュニケーションを利用した例と言える（図7-7）。

　多くの研究により，強い恐怖感情が喚起された場合の方が，弱い恐怖感情が喚起された場合よりも説得効果が高いとされている（Leventhal, 1970;深田, 2002）。しかし，恐怖の対象である脅威を回避するための効果的な対処行動が提示されなかった場合には，強い恐怖を持ち続けなければないことは聞き手にとって大きな苦痛である。そこで，聞き手はその脅威の重要性を低く認知したり，内容自体を忘却することで恐怖を低減

図7-7　恐怖喚起を利用した企業の広告例

しようとする。したがって，適切な対処行動が提示されない場合は，強い恐怖を喚起した場合の方が弱い恐怖を喚起した場合よりも説得効果が低くなる。例えば，成人病の怖さについて強い恐怖を喚起した上で，その予防には運動が効果的であるが，100%予防できるわけではない（不十分な対処行動）と告げられると，弱い恐怖を喚起された人達よりも，その後生活に運動を取り入れる人の割合が少なくなる。

### ②一面提示・両面提示

説得する側にとって都合のよい内容ばかり強調する説得方法を一面提示（one sided communication），都合の悪い側面と良い側面両方に言及する方法は両面提示（two sided communication）と呼ばれる。一般に広告は一面提示の説得の場合が多く，商品やサービスのよい面のみを強調する。しかし，研究では一面提示が有効な場合と，両面提示が有効な場合があることがわかっている。広告を見る消費者が，もともとその商品に好意的な態度を持っている場合には，一面提示がよい。しかし，非好意的，あるいは中立的な態度であった場合には，両面提示の方が効果的とされる（Hovland, Lumsdaine, & Sheffield, 1949）。また，両面提示で説得された方が，一面提示で説得されるよりも，その後反論されても態度が持続しやすいことも知られる（Lumsdaine & Janis, 1953）。

### ③反復（repetition）

メッセージの反復提示（繰り返し）は諸刃の剣であると言える。人は繰り返し同じ情報に接触することで，次に同じ情報に接した時の認知や理解がスムーズになるが，このことを「処理流暢性（processing fluency）」と呼ぶ。人は処理流暢性の高い情報に対して親近感や好感を持つ。このことを単純接触効果（mere exposure; Zajonc, 1968）という。広告という観点から考えると，繰り返し同じCMを放映することで，消費者の間で好意的態度を形成できると予測できる。一方で，過剰な繰り返しは消費者に「飽き」を生じ，商品やブランドの評価が低下することも知られる（Belch, 1982）。これを避けるためには，CMを短めにしたり，少しずつ内容を変化させたりすることが有効である（Solomon, 2020）。

Ⅲ部　消費者行動にかかわる心理学的メカニズム

#### ④ ユーモア（humor）

ユーモアとは，聞き手に「面白い」「おかしい」という感覚を引き起こす刺激を意味する。ユーモアは広告によく用いられることからも示唆される通り，消費者の注目をひき，気分を明るいものにし，肯定的な思考を引き出すものであり（深田，2002），説得には有効であると考えられる。また，メッセージの「面白さ」は，聞き手がそのメッセージに対する反論を考えることを妨害するので，説得されやすくなるとも言われる（Gardner, 1970）。

しかし，ユーモアを含むメッセージが常に効果的であるというわけではない。ユーモアのタイプ，受け手の個人差（性・年齢，自尊心など），状況などの様々な要因によって影響を受ける。例えば，ユーモアがいかに効果的であるとしても，葬儀社や銀行のCMにユーモアを用いるのは不適切であろう。商品への「関与」と「価格」に注目してユーモアの効果を検討した実験では，自分にとってあまり重要でなく（自我関与・低），安い商品（お菓子など）の場合にユーモアが効果的であるが，自我関与が高くて高額な商品ではユーモアの使用は商品の評価を下げることが示されている（Weinberger & Campbell, 1991）。

#### ⑤説得への抵抗

人は他者から説得を受けると，自分の自由が侵害されたと感じ，それを回復しようと動機づけられる。これを「心理的リアクタンス（Brehm, 1966）」と呼ぶ。リアクタンスを生じると人は説得メッセージから影響を受けないようにすることで自分の自由を回復しようとするため，説得方向への態度変容を起こさない。したがって，過度に商品を勧めるような広告，販売手法は望ましくないと言える。

#### c　文脈の要因

まったく同じ内容のメッセージであったとしても，それがどのように伝えられたのかという状況（文脈）によって説得効果は大きく異なる。たとえば，コミュニケーション・チャネルの違いが，メッセージの説得力に大きな影響を与えることがわかっている（Berger, 2014）。消費者は日常的なコミュニケーショ

ンにおいて，対面で会って話すこともあれば，音声電話，ビデオ通話，SNS上でのテキストのやり取りなど，様々な手段を持っている。SNS上のテキストベース（文字で書く）のコミュニケーションは，十分に編集してから発信できるという特徴があるため，口コミの場合，その内容が口頭のコミュニケーションよりもより興味深く，説得力も高まると言われている（Bergar, 2014; Berger & Iyengar, 2013）。一方で，コミュニケーションを取る相手が目の前にいること（物理的存在）や，お互いに相手を特定できる状況であること（匿名ではないこと）も，コミュニケーションの説得力を高める。対面のコミュニケーションでは，通常は相手が目の前にいるため存在感も強く感じられ，また，匿名性もなくなる。その状況が相手の発信するメッセージの信憑性を高め，説得力は高くなる。相手が目の前に存在しない匿名のコミュニケーションでは，相手の態度を大きく変えたり，難しい依頼を承諾してもらうことは難しくなる。

## 4 精緻化見込みモデル

説得的コミュニケーションの効果（どうすれば受け手の態度を変容させられるか）に関する研究では，ここまでに挙げたような様々な要因が指摘され，その影響過程を統合的に理解することが困難な状況となった。その中で提唱されたのが，ペティとカシオッポ（Petty, J. T. & Cacioppo, R. E., 1986）による「精緻化見込みモデル（elaboration Likelihood model）」であった（図7-8）。

「精緻化（elaboration）」とは，ここでは「メッセージの内容についてよく吟味すること，よく考えること」を意味する。すなわち，「精緻化見込み」とは，「与えられたメッセージがよく吟味される可能性」という意味であり，「精緻化されるかどうかによって説得メッセージの効果が変わってくる」というのが，このモデルの主旨である。

例えば，あなたがリビングでテレビCMを見ている状況を想像してほしい。ちょうど欲しいと思って複数のメーカーを検討しているような商品のCMが流れたとしたら，あなたは身を乗り出して一生懸命CMのメッセージに注意を払いその内容についてよく吟味する，すなわち，「情報を精緻化する」だろう。

III部　消費者行動にかかわる心理学的メカニズム

しかし，あまり興味がない商品のCMで，しかも何を訴えているのかもよくわからないような内容であった場合，あなたはそのCMの説得メッセージを精緻化しない，すなわち，その内容をよく吟味して購入を検討するようなことはしないだろう。CMが全く同じものであったとしても，この2つの状況でCMの説得効果が異なってくるだろうことは想像に難くないだろう。

　精緻化見込みモデルでは，情報を精緻化することによる態度変容を中心ルート（図中では実線矢印で示す），精緻化しないで生じる態度変容を周辺ルート

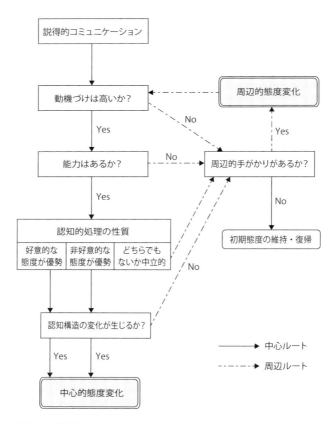

図7-8　精緻化見込みモデル（Petty & Cacioppo, 1986に基づき作成）

158

（図中では破線矢印で示す）と呼ぶ（図7-8）。以下，図中の矢印を追いながら説明したい。

　精緻化見込みモデルでは，情報の「精緻化」が起きるかどうかは，「動機づけ」「能力」の2つによって決まるとする。「動機づけ」とは，情報についての関心が高いかどうかを意味する。先の例で言えば，自分が関心を持っている商品のCMであれば，「動機づけは高い」ので，精緻化の可能性は高いと言える。したがってそのまま下へ中心ルートをたどるが，もしも動機づけが低ければ，破線矢印のルート（周辺ルート）に入る。「能力」とは，情報内容を理解することができるかどうかということを意味する。情報に十分に注意を払って良く理解することができればそのまま中心ルートをたどるが，例えばCMを見ている最中に隣から話しかけられて注意を妨害されたり，CMの内容が専門的すぎてよくわからないなどの状況では，「能力なし」となり周辺ルートをたどる。

　中心ルートをたどった場合には，消費者はCMの内容についてあれこれ様々な考えを巡らせた後，最終的にその商品を良い（あるいは，良くない）と判断を下す。もし明確な結論に至らない（態度が中立的，あるいは認知構造の変化を生じない）場合は，周辺ルートに入る。中心ルートによって形成された態度は，持続性が高く，長期間にわたり変容しにくい，確信度の高い態度とされる。

　それでは，「動機づけ」や「能力」が低い等の理由により，周辺ルートに入った場合はどうなるのだろうか。周辺ルートでは，「周辺的手がかり」があるかどうかが態度を決めるとされる。周辺的手がかりとは，「説得メッセージの内容と直接関わりがないが，メッセージの受け手の判断に影響する様々な手がかり」のことで，例えば，話し手の専門性や身体的魅力，メッセージの長さ，受け手の感情などが含まれる。先のCMの例で言えば，商品への関心が低くて周辺ルートに入ったとしても，そのCMに自分が大好きなタレントが出演していたり，美しい音楽が流れていたりすると，CMに影響を受けて商品が欲しくなることがある。これは，タレントの魅力や美しい音楽が周辺的手がかりとして働き，好意的な態度を形成したのだと解釈できる。しかし，周辺ルートによって形成された態度は，熟慮を経て形成されていたものではないため，持続

Ⅲ部　消費者行動にかかわる心理学的メカニズム

性が弱く，新しい情報が入ってくると変容しやすいと言われる。

　精緻化見込みモデルは，これまでの様々な研究知見の統合に成功するとともに適用範囲も広く，発表から長い年月が過ぎたが，多くの消費者行動研究，説得的コミュニケーション研究に影響を与え続けている。

## トピックス⑦　消費者の潜在的態度を探る

　IAT（Implicit Association Test：潜在的連合テスト）は，潜在的態度（149ページ参照）を測定するために，もっともよく用いられている手法である。例えば，商品の種類やブランド名などの「カテゴリー」情報と，ある対象に備わっている性質や特徴を表す「属性」情報との認知的なつながりの強さを測定することで，消費者が当該カテゴリーにどのような潜在的イメージを持っているかを明らかにすることができる。

　例をあげて詳しい方法を見てみよう。例えば，「洋菓子」と「和菓子」という2つの商品カテゴリーに対して，消費者が潜在的には「若者向け」「年配向け」のどちらのイメージを持っているかを知りたかったとする。この場合，「洋菓子」「和菓子」「若者」「年配者」という4つのカテゴリー情報を用いてIATを行う。

　コンピュータを用いて実施する場合，回答者には，図1のような画面が提示される。回答者は，画面の中央に次々と表示される単語（例：チョコレート，マカロン）について，「洋菓子」「和菓子」「若者」「年配者」のいずれのカテゴリーにあてはまるかを判断し，手元の指定されたキーを押すことで回答していく。ただし，キーは2つしか用意されておらず，画面左上に表示されたカテゴリーおよび属性のいずれかに該当する場合はA，画面右上に表示されたカテゴリーおよび属性のいずれかに該当する場合はBを押すように指示される。画面中央には，「チョコレート」「クッキー」「大福」「羊羹」「青春」「未熟さ」「高齢な」「熟年の」等の単語がランダムに次々と表示され，回答者はできるだけ速く正確にAかBのボタンを押して回答するように求められる。

**160**

このとき，もしその回答者が「洋菓子」は若者向け，「和菓子」は年配向けのイメージをもっているとすれば，図に示すパターン①よりもパターン②の方が速く正確にキーを押せる。パターン②は，つながりの深い2つの言葉（「洋菓子」と「若者」，「和菓子」と「年配者」）が同じキーに設定されているため回答が楽なのだが，パターン①はつながりをもたない2つの用語（「和菓子」と「若者」，「洋菓子」と「年配者」）が同じキーに設定されているため，処理流暢性が下がり，回答に若干の困難さを伴うのである。IATでは，この判断の速さ（msec：ミリ秒）と正答率をコンピュータに記録し，比較することで，潜在的にどの商品がどんなイメージをもたれているか（概念間のつながりが強いか）を調べることができる。IATによって，従来の質問紙調査ではわからなかった，消費者が自覚していないような商品イメージ，ブランドイメージを明らかにすることができる。

（杉谷陽子）

**図1　IATの画面例**

# 消費者の関与

例えばファッションという対象に対して，SNSで最新情報を検索したり，友人と口コミを授受し合ったり，ファッション関連のことなら高い買い物をしても痛みを感じない人もいれば，ほとんど関心を示さずコストもできるだけ抑えたいと考える人もいる。同じ人物であっても，新しいスマートフォンが発売されるとすぐに飛びつくが，冷蔵庫や洗濯機には無頓着な場合もある。このような行動の差異について，これまでの消費者行動研究では「関与」という概念を軸に検討されてきた。関与概念はきわめて多義的であるため，本章ではまず概念的な整理をし，関与がもたらすさまざまな影響過程について詳述していく。

## 29 関与概念の重要性と背景

「関与（involvement）」と呼ばれる概念は，特に1970〜80年代にかけて盛んに検討されてきた。関与に注目が集まったのは，冒頭の例のように，消費者の情報処理や購買意思決定が関与によって異なるからである。そのため，関与の高低による購買行動や広告コミュニケーションの差異を中心に，さまざまな研究が蓄積されてきた。ツァイコフスキー（Zaichkowsky, 1986）によると，関与概念への関心の高まりには，以下の3つの潮流があると指摘されている。

まず，マーケティング領域において関与の重要性を広く知らしめたのは，ク

ラグマン（Krugman, 1965）の低関与学習理論に関する一連の研究である。この当時主流であった新聞広告は能動的で高関与なメディアであるのに対し、テレビ広告は受動的で低関与なメディアである。そのため、メディアへの関与によって広告コミュニケーション効果が異なるというのがクラグマンの主張である。具体的には、低関与なテレビ広告に対して受け手は特別な注意を払わないために、メッセージの反復によって知名率を上昇させる効果は認められるものの、購買前の認知構造や態度の変容をもたらす影響力はごく僅かであるとされている。

2つ目に、関与とはそもそも社会心理学におけるシェリフの自我関与研究（Sherif & Hovland, 1961）に端を発しているため、消費者行動研究の中でも心理学を基盤とした視点からでは、自己と製品の結びつきを関与と捉える動向、すなわち、消費者が当該製品カテゴリーに対してどの程度重要であるか・関心があるかという製品への関与について、その規定因や影響過程を明らかにする研究が蓄積された。ピーターとオルソンは、図8-1に示すモデルから説明を行っている（Peter & Olson, 2010）。例えばダイエット食品に関与が高い人は、その背景に、美しい身体を維持したい、身体的魅力を高めたいという欲求・価値観

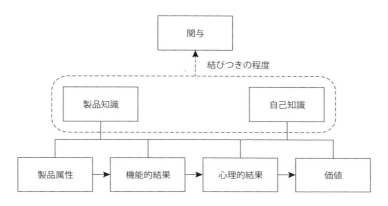

**図8-1　製品知識と自己知識から捉えた関与の位置づけ**（Peter & Olson, 2010）
（注）点線部は筆者が追加

Ⅲ部　消費者行動にかかわる心理学的メカニズム

（自己知識）が潜んでおり，かつ，ダイエット食品はダイエットに効果的であるという製品知識を有していると考えられる。この製品知識と自己知識の結びつきによって関与は規定されると考えられている。

　3つ目の視点は，購買意思決定や購買行動に関する関与である。購買という行為は，消費者が何らかの目標を達成する動機づけが介在するため，その動機づけの強さを関与として捉えようとする試みである。目標達成の動機づけは，消費者の情報探索の程度や，情報処理の深さと強くかかわる。すなわち，意思決定のメカニズムを解明する学術的な意義としても，また，それをマーケティング現場に適用する実践的な意義としても，このタイプの関与の理解は重要であったと言える。

　以上のように，関与という概念はきわめて多義的に捉えられてきたが，次節ではそれらを整理し，どのような社会的意義を有しているのか詳述していく。

# 30　関与概念の整理

## 1　関与の定義とさまざまな関与概念

　関与とは，「ある対象（object）・事象（event）・活動（activity）に対して消費者が知覚する重要性や関連性のこと」と定義される（Peter & Olsen, 2010）。前述のように関与概念がきわめて曖昧なのは，この「対象・事象・活動」の内容が多義的であるためである。ソロモン（Solomon, 2002）は，これらの多様な関与概念について，「製品関与」「メッセージ反応関与（広告関与）」「購買状況関与」の3つを挙げて説明している。

### a　製品関与

　製品関与とは，ある特定の製品カテゴリーに対する消費者の関心度・重要度の程度を指す。自動車への関与が高い人もいれば，低い人もいるように，製品関与の水準は当然ながら個人によって異なる。しかしながら，さまざまな製品に対する関与度を測定すると，平均的な関与得点は製品によって差異が認められ，

関与が高い（低い）製品を同定することは可能である。例えば中川（1994）では，パソコンや自動車等は高関与製品と位置づけられているのに対し，ガムやスナック菓子，缶コーヒー，カップラーメン等は低関与製品と分類されている。

### b　メッセージ反応関与（広告関与）

マーケティング・コミュニケーションの情報処理に関する関与を，メッセージ反応関与という。テレビ番組に熱中する視聴者は，番組内で流れるCMに対してより肯定的な反応を取る（Lloyd, et al., 1991）ことが知られているように，関与が高いほどメッセージの情報処理は深くなりやすい。特に広告を対象とする場合，「広告関与」と呼ばれる。前節で示したように，受動的なテレビは低関与なメディアである一方，能動的な印刷媒体は高関与なメディアである。例えば脳科学的なアプローチも盛り込んだクラグマン（Krugman, 1977）では，印刷媒体での広告の方がテレビ広告よりも大脳の覚醒水準（注意）が高いことを明らかにしている。こうした知見は，消費者に何を訴えたいか，どのメディアで訴えるかによって，望ましい広告コミュニケーション戦略は異なることを示唆している。

### c　購買関与（購買状況関与）

購買（状況）関与とは，購買場面・文脈・目的の違いによって生じる関与のことを指す。製品関与が永続的であるのに対し，購買関与は状況依存的である。例えば，自動車保険に対して永続的に関与が高いという消費者は少ないであろうが，契約する直前では，複数選択肢の中から価格や補償内容を綿密に比較することがあるだろう。この例は，日常の中では関心の低い対象であっても，契約時など，あるタイミングで一時的に意思決定の重要性が高まったためと説明できる。同様に，冷蔵庫などの家電に対しても，故障したタイミングや実際の購買場面という「状況」によって関与が高まることもあろう。あるいは，一人のときと比べて同伴他者がいる場合では，「見られている」という意識から購買場面の重要度は高まる。後述するように，関与水準によって購買意思決定等

は左右されるため、どのような状況下で購買関与が高まるか明らかにすることは、状況に適したマーケティング戦略の指針につながる。

## 2　関与の規定因

では、上記に挙げた種々の関与は、何によって形成されるのであろうか。ブラックウェルら（Blackwell, et al., 2006）は、関与を規定する要因として「個人要因」「製品要因」「状況要因」の3点を挙げている。図8-2に示すように、これらの要因の複合によって関与水準は上下すると考えられている。

### a　個人要因

個人要因とは、永続的・安定的な個人の欲求や価値観のことを指す。例えば電気自動車という製品に対して高い関与を示す人の背景には、"環境配慮は重要である"という価値観や"自分は環境問題に積極的である"という安定した自己イメージが介在しているかもしれない。つまり、消費者は個々人の中核的

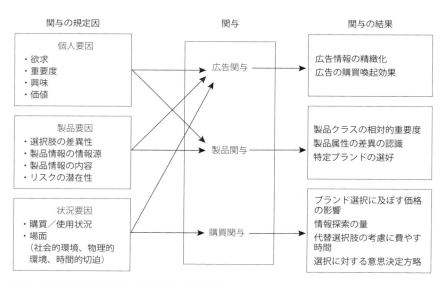

**図8-2　さまざまな関与概念の規定因と影響過程**（Zaichkowsky, 1986をもとに一部加筆修正）

な価値の実現と結びつきの強い製品カテゴリーに対して高い関与を示す。

### b　製品要因

　どのような製品かによっても，関与の水準は変化する。ブラックウェルら（Blackwell, et al., 2006）は，製品要因について特に「知覚リスク」を取り上げて説明を行っている。知覚リスク（perceived risk）とは，ある行動の結果に対する消費者の不安を指す。消費者が何らかの製品・サービスを消費する上で，リスクは必ず伴う。

　関与と知覚リスクは，密接に絡み合う。関与が高い製品の場合，購買の結果の重要性が高いため，知覚リスクも高まりやすい。一方，知覚リスクが高い製品を購買する場合では，消費者は失敗を避けようと動機づけられるため，購買関与が高まる。つまり，関与と知覚リスクとは，相互規定的な関係にあるといえよう。

　また，知覚リスクには，複数のタイプが存在することが知られている。アサエル（Assael, 2004）は知覚リスクを，a. 経済的リスク（金銭的損失のリスク），b. 社会的リスク（自己イメージへの悪影響に対するリスク），c. 心理的リスク（購買の失敗に伴う自尊感情の低下に対するリスク），d. パフォーマンスのリスク（期待はずれのパフォーマンスであるリスク），e. 身体的リスク（身体への危害に対するリスク）の5つに分類している。例えば自動車や住宅は，上記に挙げた種々のリスクが高いために，関与が高い製品であると言えよう。

### c　状況要因

　状況に応じても関与の水準は変容する。比較的単純な状況要因としては，天候のような物理的環境が挙げられる。普段は清涼飲料水への関与は低いかもしれないが，夏の暑い時期やスポーツ後では急激に関与が高まることもあるだろう。また，この「状況」のもたらす意味には，社会的環境も含まれる。ハンドソープを例に挙げると，個人で使用するために購買する場合では関与が低いかもしれないが，他者へのギフトとして購買する場合では，印象評価を高める動

Ⅲ部　消費者行動にかかわる心理学的メカニズム

機が介在するため，よりいっそう購買行動の重要性が高まるだろう。

# ③① 関与と購買意思決定

## 1 関与水準の違いによる購買意思決定の差異

　関与がもたらす影響過程の一つに，購買意思決定が挙げられる。これまでの研究においても，関与の高低によって消費者の購買意思決定は大きく左右することが示されてきた。

　従来型の購買意思決定において，消費者は「欲求認識→情報探索→代替評価→ブランド選択→購買後評価」といった手順を踏むとされている（第3章で示されているブラックウェルら（Blackwell, et al., 2006）のモデルを参照）。つまり，消費者は何らかの欲求を認識した後に，収集された情報をもとにブランド間の差異を入念に比較検討した上で，ブランド選択に至るというプロセスである。この複雑な認知過程が必要な意思決定方略は，情報処理動機の高い高関与製品（あるいは高関与な状態）に対しては当てはまる。

　しかしながら，アサエル（Assael, 2004）によると，消費者の購買は，低関与であることがほとんどである。高関与な意思決定は，消費者の合理的な行動を説明する上で重要ではあるが，私たちの実際の行動を理解するためには，低関与な購買行動に焦点を当てることも合わせて重要である。低関与製品（あるいは低関与な状態）であれば，これらの複雑な意思決定過程を経る動機づけは低いため，消費者は「欲求認識→ブランド選択→購買後評価」というプロセスを踏むことが多いとされている。このプロセスは，複雑な意思決定を経ずともブランド選択（購買行動）が生起され，購買後に（満足度等を題材として）ブランド評価を行っているというものである。例えばインスタントコーヒーは一般的に低関与であるが，ブランド間の差異を綿密に比較検討して購買意思決定するよりも，試しに購買して使用する中でブランド評価がなされる人の方が多いであろう。一般に消費者は，認知的努力を低減しようと動機づけられているため，自分にとって重要ではない低関与製品に対しては，選択後の失敗（リスク）を

**168**

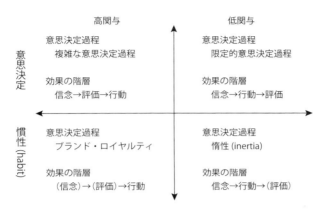

図8-3 Assael（2004）の購買行動類型

受け入れる代わりに情報収集のコストを削減していると考えられる。

## 2 低関与下での購買意思決定

アサエル（Assael, 2004）は，関与水準と熟考の程度を組み合わせて，図8-3に示す4つのタイプに分類している。製品のタイプに応じて求められるマーケティング戦略が異なるため，アサエルの分類はきわめて実践的な意義を有していると言えよう。ここでは，各分類の特徴を示すとともに，主に低関与下での消費者行動を詳述していく。

### ①複雑な購買意思決定

高関与かつ意思決定を要する消費者行動のタイプは，「複雑な購買意思決定」である。これは，従来型の購買意思決定と合致するものである。

### ②ブランド・ロイヤルティ

高関与かつ慣性のタイプは，「ブランド・ロイヤルティ」と位置づけられる。過去の購買経験に満足し，特定のブランドに強くコミットしている場合，関与の高い製品であっても熟考せずにブランド選択を行う。

### ③惰性

低関与かつ慣性のタイプとして，「惰性」が挙げられる。惰性もブランド・

ロイヤルティと同様に，同一ブランドの継続購買が行われる。しかし，ブランド・ロイヤルティは特定のブランドに強く満足していることが前提となっているのに対し，惰性は，複雑な意思決定を避けるために同一ブランドを購買するという動機的側面において差異を見出すことができる。惰性は，第3章で示した習慣的問題解決との対応が見られよう。

　また，惰性では広告の繰り返しが有効であるとされている。バトラとレイ（Batra & Ray, 1986）では，低関与の場合には広告の繰り返しによってブランドに対する好意が高まる反面，高関与の場合では，最初は好意を増すものの繰り返しによって逆効果が生じることが示されている。関与が低い消費者は，情報探索に受動的であり，熟考しないため，刺激（例えば広告メッセージ）と反応（信念）は繰り返しによって結びつきやすい。例えば，「ブランドAは一番人気がある」というメッセージを繰り返し提示されると，深く考えることなく「ブランドA＝一番人気がある」という連合が形成される。この連合は，店舗内で当該ブランドを見たときに喚起され，購買行動に至る。

### ④限定的意思決定

　低関与かつ意思決定を要する消費者行動のタイプは，「限定的意思決定」と呼ばれる。ここでの意思決定とは，複雑な認知的努力を必要とするものではなく，より単純なものである。例えば新しいインスタントラーメンに偶然目が止まり，興味が喚起されて購買行動に至るのは，このタイプにあたる。この形態の意思決定過程で重要な概念に，バラエティ・シーキングがある。バラエティ・シーキングとは，あるブランドに対して不満があるから別のブランドにスイッチするのではなく，飽きや好奇心によって，代替ブランドにスイッチする行動を指す。実際に，歯磨き粉やポテトチップス等の関与の低い製品に対してブランド・スイッチを行った消費者の多くは，スイッチ前のブランドに対して好意的な態度を示していたこと（すなわち購買後の不満がブランド・スイッチを引き起こしたわけではないこと）も明らかにされている（Assael, 2004）。

## 3 低関与下での店舗内購買行動

関与と非計画購買には，密接な関係がある。低関与下では，事前に行う情報探索が少ないため，店舗内での意思決定が行われやすい。すなわち，店舗内での非計画購買に誘うディスプレイや陳列位置・パッケージ・価格などの要因がブランド選択に重要な役割を果たす。

低関与下では，総じて親近感（familiarity）の高いマーケット・リーダー（市場第一位）のブランドが「惰性」によって選択されやすい。よって，マーケット・リーダーの場合では，親近感を失わないように広告を投下することに加え，陳列位置をキープして視認性を高めたりすることが重要である。この陳列位置について補足すると，いわゆる「エンド陳列」と呼ばれる陳列棚の両端は，購買行動を促進するとされている（大槻, 1986）。さらに，レジ近くに置いた商品は衝動買いされやすいことが知られている（Dwyer, 1993）。これらはいずれも視認性を高める陳列方法である。

その一方，マーケット・リーダーでないのなら，パッケージ戦略や価格戦略によってバラエティ・シーキングを起こさせる工夫が求められる。このうちパッケージ戦略を例に取ると，アンダーウッドら（Underwood et al., 2001）はヴァーチャル・リアリティ（VR）を用いてパッケージにおける商品画像の有無の効果を検討している。実験の結果，親近感の低いブランドの場合においてのみ，パッケージ画像はブランド選択率や認知率を高めることを明らかにしている。すなわち，マーケット・リーダーではないブランドのパッケージ戦略は有効であることが示唆されよう。

# 32 関与と広告情報処理

## 1 関与水準と広告情報の精緻化

関与の水準がもたらすもう一つの影響過程に，広告メッセージに対する情報処理の程度がある。このテーマに関して，これまでの消費者行動研究では，精緻化見込みモデルを基盤に議論されることが多い。精緻化見込みモデルとは，

Ⅲ部　消費者行動にかかわる心理学的メカニズム

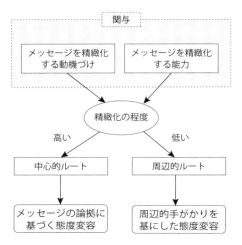

図8-4　精緻化見込みモデルにおける関与の位置づけ

第7章で詳述されているため、ここでは関与との関わりや具体的な実験結果についてのみ紹介することとする。

精緻化見込みモデルとは、メッセージについてどの程度よく考えるのか（＝精緻化）によって、メッセージの処理ルートが異なるというものである。精緻化の程度は、メッセージの受け手が有する動機づけと能力によって決定される。精緻化の水準が高い場合には、メッセージ内容そのものに影響を受けて態度が形成される中心的ルートを経るのに対して、精緻化の水準が低い場合では、出演タレント等の本質的なメッセージとは直接関係のない要因に影響を受けて態度変容がなされる（周辺的ルート）。

関与の高い消費者は、当該製品に対する情報収集に積極的であるため、メッセージを精緻化する動機づけも能力も高いと位置づけることができる。すなわち、高関与であれば精緻化の程度も高く、中心ルートに基づく態度変容が行われる反面、低関与であれば周辺ルートが意思決定のキーになると考えられる（図8-4）。

ペティら（Petty, Cacioppo, & Schumann, 1983）は、カミソリの印刷広告を題材として、関与（購買関与）の高低、および推奨者（有名人・非有名人）、ならびに論拠の強さ（強い論拠・弱い論拠）を条件操作し、広告提示後のブランド態度を測定している。その結果、高関与の場合では推奨者の影響は受けないものの、低関与では推奨者が有名人であるときに、より高いブランド態度が形成された。また、高関与条件では、弱い論拠のメッセージに対してきわめてネガ

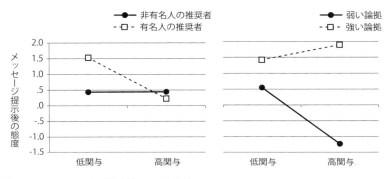

図8-5　Petty, et al.（1983）の実験結果

ティブなブランド態度が形成された。これらの結果は，高関与のときにはメッセージ内容（中心ルート）が説得に重要な役割を果たしているのに対して，低関与の場合では推奨者といった周辺的な要因の影響が強いことを示している（図8-5）。

## 2　低関与下における広告戦略

ペティらの実験結果をもとに考えると，消費者の関与水準の高低によって，異なる広告戦略を用いることが必要である。アサエルは，特に低関与の意思決定に対する広告戦略して，次のような事柄を挙げている。

①短期間に集中して，繰り返し提示をすること。
②幅広いメッセージではなく，いくつかのキーとなるメッセージに限ること。
③例えばパッケージなど，視覚をはじめとするメッセージの本質とは異なる要素を強調すること。
④広告によって，競合との差別化を図ることを主目的とすること。ここでの差別化とは，製品の差別化ではなく，コミュニケーションの差別化を意味する。
⑤印刷媒体よりもテレビ広告を主に用いること。テレビは印刷媒体よりも，メッセージ内容を処理するために求められる負荷が低いため，低関与の場

Ⅲ部　消費者行動にかかわる心理学的メカニズム

合では適した媒体である。

# 33 関与の測定

関与が，消費者行動を捉える上でも，また，マーケティング戦略の立案においても重要であるならば，その測定を客観的に行うことはきわめて重要である。

## 1 質問紙による関与の測定

一般的に関与は，複数の項目で構成される尺度（質問紙）によって測定されることが多い。前述のように，関与は多義的であるがゆえ，製品関与の測定においても例えば自動車やファッションに特化したものや，購買関与に特化したものなど，さまざまな尺度が考案されてきた。

数ある尺度の中で最も汎用性の高いものの一つにツァイコフスキー（Zaich-kowsky, 1985）のPII（Personal Involvement Inventory）が挙げられる。これは，「重要である－重要でない」「関心のない－関心のある」「意味のある－意味のない」「役に立たない－役に立つ」のような双対の20項目を7段階で回答してもらうものである。この尺度は，1次元で構成されているため，尺度の総得点から関与の高低を分類しやすく，また，製品や広告，購買状況などのさまざまな対象に対して測定できるという利便性があるため，多くの研究で適用されている。

一方，多次元で関与を測定する試みとしては，ローランとカプフェレ（Lau-rent & Kapferer, 1985）が代表的である。ローランらは，関与概念とは多義的であるがゆえに，複数次元で測定すべきであり，加えて関与とは直接観測されない仮説的構成概念であるため，その規定因を測定すべきであるという前提に立ち，CIP（consumer involvement profile）を考案している。CIPとは，「リスクの重要性」「快楽性」「記号性」「リスクの可能性」の4次元の関与の規定因（その後彼らは，「興味」の次元を加えて新たに尺度構成を行っている）を測定するものである。表8-1は，多様な製品ごとに測定された4次元の平均値を求めたものである。多次元のCIPでは，単純に関与の高低を分類することはできないが，各製品はど

**174**

8章　消費者の関与

表8-1　CIPにおける製品ごとの各次元の水準

|  | リスクの重要性 | リスクの可能性 | 快楽性 | 記号性 |
|---|---|---|---|---|
| ドレス | 121 | 112 | 147 | 181 |
| 洗濯機 | 118 | 109 | 106 | 111 |
| テレビ | 112 | 100 | 122 | 95 |
| 掃除機 | 110 | 112 | 70 | 78 |
| アイロン | 103 | 95 | 72 | 76 |
| ヨーグルト | 86 | 83 | 106 | 78 |
| チョコレート | 80 | 89 | 123 | 75 |
| シャンプー | 96 | 103 | 90 | 81 |
| 歯磨き粉 | 95 | 95 | 94 | 105 |
| 洗顔せっけん | 82 | 90 | 114 | 118 |
| 洗剤 | 79 | 82 | 56 | 63 |

（注）Laurent & Kapferer（1985）から一部抜粋

表8-2　製品関与尺度（小嶋・杉本・永野，1985）

**(1) 感情的関与**

私にとって関心のある製品である
使用するのが楽しい製品である
私の生活に役立つ製品である
愛着のわく製品である
魅力を感じる製品である
商品情報を集めたい製品である
お金があれば買いたい製品である

**(2) 認知的関与**

いろいろなメーカー名やブランド名を知っている製品である
いろいろなメーカーの広告に接したことがある製品である
いろいろなメーカーの品質や機能の違いがわかる製品である
友人が購入するとき，アドバイスできる知識のある製品である
いろいろなメーカーの製品を比較したことがある
この製品に関して豊富な知識を持っている

**(3) ブランドコミットメント**

この製品の中にはお気に入りのブランドがある
この製品を次に買うとすれば，購入したい特定のブランドがある
買いに行った店に決めているブランドがなければ他の店に行っても同じものを手に入れたい製品である

のような側面から関与が形成されているのかを検討することができる。

　わが国においては，小嶋・杉本・永野（1985）の16項目からなる製品関与尺度が非常に有名である。この尺度は，「感情的関与」「認知的関与」「ブランドコミットメント」の3要素で構成される（表8-2）。「感情的関与」とは，製品に対する関心・快楽・愛着・魅力といった感情レベルでの関与を，「認知的関

**175**

Ⅲ部　消費者行動にかかわる心理学的メカニズム

与」は製品知識や情報探索の経験などの認知レベルでの関与を，「ブランドコミットメント」は，製品カテゴリーを超えたある特定ブランドに対する関与を示すものである。

## 2　近年における関与の測定

近年，尺度研究のみならず，関与という概念そのものについての検討は停滞気味である。その理由として，1970年代から80年代にかけて十分に研究がなされた結果，既に飽和してしまい，目新しい現象・知見が見出されなくなったことが挙げられよう。

しかしながら，関与という概念は，例えば本書の中でも「意思決定」や「情報処理」「記憶」「態度」「感情」「動機づけ」など多数の要因との関連がみられる。また，実際にさまざまな消費にまつわる今日の実証研究の中でも，種々の従属変数に対する調整変数として関与は測定され続けている。すなわち，今日における関与という概念は既に意味をなさなくなってしまったのではなく，時代が移り変わろうとも今なお重要な役割を果たしており，現代社会の消費行動にも適用可能な頑健な知見であると言える。

**トピックス⑧　関与と非計画購買**

関与と非計画購買には，密接な関係がある。低関与下では，購買前に行う情報探索が少ないため，非計画購買が起こりやすい。アサエル（Assael, 2004）は，低関与下で非計画購買が起こる背景として，次の2つのパターンを挙げている。1つは，代替選択肢を考えることが面倒であるために「惰性」で購買するというものである。もう1つは，「限定的意思決定」であり，店舗内における刺激（例えばPOP広告）に影響され，バラエティ・シーキングが起こるというものである。つまり，低関与下では，購買意思決定は店舗内で起こる。そのため，ディスプレイや陳列位置，パッケージ，価格の要因がブランド選択に重要な役割を果たす。

低関与下では，総じて親近感（familiarity）の高いマーケット・リーダー（市場第1位）のブランドが惰性によって選択されやすい。よって，マーケット・リーダーの場合では，親近感を失わないように広告を投下したり，陳列位置をキープしたりすることが重要である。もしマーケット・リーダーでないのなら，価格を下げたり，クーポンや無料サンプルを配布したりするなどによってバラエティ・シーキングを起こさせることが求められる。

また，惰性とバラエティ・シーキングは，"どのタイミングで"意思決定を行うのかによっても変わってくる。シモンソン（Simonson, 1990）は，ゼミの時間に食べるおやつ（低関与製品）を学生に選ばせる中で，向こう3週間のおやつを一括で選択させる場合と，週ごとに選択させる場合で，選択されるブランドが異なるのかを検討している。

週ごとで選択させた場合では，相対的に同一ブランドを選択する割合が高い。これは，前回購買したブランドに対して特に不満がなく，新たに代替ブランドに対して考えることが面倒だからという惰性の購買意思決定と言える。しかし，一括選択では，飽きたらどうしようと考えたり，ほかのものも試してみたいという好奇心が高まるため，バラエティ・シーキングが起こりやすいと言える。つまり，ほかの選択肢についても目が向く状況では，普段は惰性で購買してい

### 表1 Simonson（1990）の実験結果

| | 3週とも異なるブランドを選択（%） | | 3週のうち2週は同一ブランドを選択（%） | | 3週とも同一ブランドを選択（%） | |
|---|---|---|---|---|---|---|
| | 一括で選択 | 週ごとに選択 | 一括で選択 | 週ごとに選択 | 一括で選択 | 週ごとに選択 |
| ヨーグルト | 64 | 44 | 24 | 29 | 12 | 27 |
| パン・ベーグル | 76 | 32 | 24 | 45 | 0 | 23 |
| 野菜の缶詰め | 53 | 35 | 41 | 24 | 6 | 41 |
| フルーツ | 73 | 59 | 24 | 21 | 3 | 21 |
| スナック | 75 | 30 | 16 | 49 | 9 | 21 |
| ソフトドリンク | 46 | 29 | 30 | 35 | 24 | 35 |
| カップスープ | 44 | 38 | 44 | 47 | 12 | 15 |
| 全体 | 62 | 38 | 29 | 36 | 9 | 26 |

るものでもバラエティ・シーキングが起きやすいと言えよう（表1を参照）。

（前田洋光）

章

# 消費者行動における感情と動機づけ

　インスタグラムといったソーシャルメディアで美味しいと評判のスウィーツを求めるために行列に並ぶ人がいたり，数十円でも安い商品を求めて，商品比較のサイトを小まめにチェックする人もいる。では，なぜスウィーツを買うために長蛇の列に並んだり，安い商品を探すために方々のサイトを閲覧して回るのか。これらの問いに答えるために，この章では，人々を行動に駆り立てる「動機づけ（motivation）」について考えてみたい。すなわち，動機や欲求はどのように生じ，生じた動機が商品の購買に結びつくのか，また，欲求はどのような種類があり，いかなる構造をしているのか，そして，このような欲求をいかに探るのかについて考えていきたい。

　欲求を上手に満たすことができれば，満足や幸福といった快さを感じるだろう。しかし，購入した物とは別の商品を買っておけば良かったといった後悔，すなわち不快な気持ちを抱くこともある。快や不快といった「感情（affect）」は，ディズニーランドでミッキーマウスと一緒に踊る楽しさや興奮というサービス・商品の消費を通して経験できるだろう。今晩観に行く予定のホラー映画を想像するだけで不安や驚きを感じるといったように，映画の視聴を経験していないにもかかわらず想像するだけで不安や驚きといった感情が高まることもある。また，今日は雨が降って憂鬱だ，先生に理不尽な理由で怒られて腹が立つといったことが，夕ご飯が美味しくないなどといった全く別の経験の評価に

179

Ⅲ部　消費者行動にかかわる心理学的メカニズム

も影響を及ぼすこともある。購買や消費といった行為に対し，こうした感情が
もたらす役割も考えてみよう。

## 34　なぜ消費者行動において感情や動機づけが重要なのか

　ウキウキする，弾むようなうれしさ，あるいは怒りや悲しみなど喜怒哀楽を
感じたり，やる気が出ない，モチベーションが高まったといった経験は，普段
の生活の一コマであり，消費行動においても同様である。やる気という言葉に
代表される動機づけや喜怒哀楽といった感情の消費者の理解における意義や役
割を本章では扱う。

　お腹が空いた，周囲の人々と仲良く楽しい時間を過ごしたい，疲れを癒やし
たいなど，消費者は日々の生活の中で様々な欲求（要求：need）をいだく。消
費者を取り巻く種々の状況の変化や消費者自身の身体の生理的変化（心拍な
ど）を認知し，消費者の欲求や感情は時々刻々と変化する。こうした欲求を満
たす消費行動は様々にあり，欲求と消費行動との対応関係は多種多様である。
どのような商品やサービスの消費行動に消費者を向かわせ，消費経験を生み出
すよう，消費者を動かしていくのかを理解，整理するための枠組みとして動機
づけという構成概念が必要になる。

　消費者行動を考える場合，消費者自身がその欲求を明確に自覚しているとは
限らないだけに，動機づけの構造や，潜在的な欲求をどのように推し量るのか
は，マーケティングなど消費者理解を応用する上での重要な課題となる。動機
づけの概要や消費者行動での役割に関しては，35で扱う。

　感情も消費行動を含むあらゆる私たちの活動と関わるだけでなく，消費行動
を方向付け，推進させる力強さを持つゆえに，感情と消費行動の関係を検討す
ることは不可欠である（Andrade, 2015）。消費行動に限らず，日常のさまざまな
出来事や，視覚や聴覚，触覚など周囲の環境からの刺激の受容，そして，ドキ
ドキするといった心臓の鼓動を感じるなどの身体内部からの信号を知覚する内
受容感覚（interoception）の働きによって（大平, 2019），時々刻々と変化する。

**180**

消費経験そのものが何らかの感情を呼び起こすだけでなく，購入検討時に消費
経験を予期し，そのイメージを膨らませる際に，あるいは，過去の消費経験を
ソーシャルメディアに投稿する際に，うれしい，驚きといった感情経験が伴う。
消費行動は，なにがしかの感情を経験することであるとも言える。

　インスタグラム（instagram）といったソーシャルメディアを通して，商品や
サービスの消費経験が社会的に幅広く共有される現代において，消費に関する
感情経験の想起に関するバイアスを理解することの重要性は増している。ソー
シャルメディアに，自らの消費経験を書き込む作業は，過去の消費経験を想起
し，要約する行為に他ならない。商品やサービスの消費に伴う感情経験を想起
する際のバイアスへの理解を深めることは，消費者が発信する情報の理解やそ
の対処を考える上で重要である。

　また，困難な課題に取り組み，疲れ果てたときの気晴らしといった活動とし
て商品の購買，あるいはサービスの消費が行われることもある。長らくかわい
がっていたペットの死といった悲しみが覆うときには，商品やサービスの購入
をじっくり検討するなど，購買意思決定過程に影響を及ぼすこともある。

　消費経験そのものが感情を伴う経験であるだけでなく，消費行動とは無関係
に喚起された感情や，感情を制御するための消費行動（田中, 2022）といった
観点も感情と消費行動との関連を考える切り口となる。感情と消費行動の接点
はこのように間口が広く，かつ，その接点が常に機能するだけに，消費者理解
において感情との関わりを検討することは不可欠である。

　感情は動機づけの観点からも捉えることができる。感情の機能は，複雑で多
様な情報を快－不快といった少数の次元で捉えられるよう単純化し，素早い意
思決定を可能にするとともに，行動を制御するという指摘もある（Damasio,
1994; 大平, 2014）。行動制御という観点では感情を喚起する刺激に対して，選
択的にいっそう，注意を向ける（Öhman et al, 2001）など，消費者の注意を方向
づける機能も指摘されている。感情は消費行動を方向づけ，推進させる機能も
持つと言えよう。

　感情現象の基盤は内受容感覚の働きをもとに形成されるという考え方も提唱

Ⅲ部　消費者行動にかかわる心理学的メカニズム

されるなど（大平, 2019），感情や動機づけという観点からの消費者理解は，生物であるヒトとしての消費者の生理学的機序からその行動の理解を深めるための窓口にもなるであろう。感情に関する研究においては，心理学のみならず，神経科学や数理科学，経済学といった多様な学問分野から学際的にアプローチする，感情科学（affective science）と呼ばれる研究領域が出現している（Dukes et al., 2021; 今田, 2022）。感情や動機づけからの消費者理解は感情科学の一翼を担うに値する研究分野である。感情という概念の整理，そして，消費者行動における種々の機能に関しては37で扱う。

## 35　動機づけ

　食事には目の前に食物が常に必要である。しかし，常に食物があれば食事をするわけでもない。我々の側に空腹という条件が必要である。空腹という状態は，ある程度の期間，食事を行わなかった結果であり，これによって人間に生理的欠乏状態あるいは不均衡な状態が出現する。このような生理的欠乏や不均衡な状態を欲求（要求：need）と呼ぶ。欲求には生理的なものだけでなく，友達と遊びたいとか，見知らぬ世界を見たいなどのものも含む。欲求が生じることにより，人は欲求を満たす方向へ行動を起こそうとする。すなわち，動因（drive）が強まり，動因を低減する方向へ行動を起こそうとする。行動を起こすことにより，欲求に適合した誘因（incentive）が得られると欠乏あるいは不均衡な状態は回復する（河合, 1976）。心理学では，このような過程を「動機づけ（motivation）」として検討してきた。この動機づけには先に述べたような行動を始発させる機能があるだけでなく，行動を特定の方向に指向し，選択的に目標を決定し，行動を持続させる機能をもつと考えられる（松山, 1967）。消費行動では，消費者の欲求を満たす誘因は商品・サービスであり，商品を入手することで動因が低減する。

　消費行動においては，欲求を満たす商品・サービスが1つしかないことは珍しく，複数の商品・サービスのいずれもが消費者の欲求を何らかの形で満たす

ことが多い。欲求を満たしうる商品・サービスから，どれを選択するかは，それぞれに誘因としての価値がどの程度備わるかによって決定される。すなわち，消費者の注意や興味，関心を呼び起こすような特徴を商品やサービスがどの程度有しているかにより誘因の強さが規定される。特に，購買行動では，消費者が自らの欲求を明確に認識していなくても，スマートフォンのような新しい商品・サービスの出現によって新たな欲求が喚起される場合もある。

　商品開発やマーケティングなどの商品を消費者に提供する側の立場から欲求を考える場合，生理的な欲求に代表される基本的欲求は漠然とした不満などを生じさせるが，特定の商品・サービスとの対応関係が必ずしも明快ではない。このため，マーケティングなどの領域では，基本的欲求をニーズと呼び，ニーズがより具体化し，商品・サービスを欲する状態をウォンツ（wants），そして，具体的なブランドレベルで商品やサービスを欲するデマンド（demand）として区分する場合もある（田中, 2008）。たとえば，ニーズとして空腹を感じた際に，これを満たすために，そばやラーメンを食べたいと欲することはウォンツ，カップヌードルというブランドの商品を欲することはデマンドに相当すると考えられる。

## 1　動機づけの内容理論：欲求の階層構造とHM理論

### a　欲求階層説と消費者行動

　私たちが，商品を購入することで満たされる欲求は1次的な欲求と2次的な欲求の2つに分けることができる。1次的な欲求は前述したような生理的な欲求であり，飢え，渇きなどの人間の生存に不可欠なものである。2次的な欲求は承認，所属，愛情，達成，金銭などへの欲求であり，経験や学習を通じて獲得した社会的な欲求が主となる。マズロー（Maslow, 1970）は，これらの欲求を5つに区分し，階層的に整理した。

　マズローは，人間の基本的欲求を生理的欲求，安全欲求，所属と愛の欲求（社会的欲求），自尊欲求（尊敬欲求），自己実現欲求という5つに分類した。この5つの欲求は階層構造をなしており，低次の欲求が満足されると，その欲求

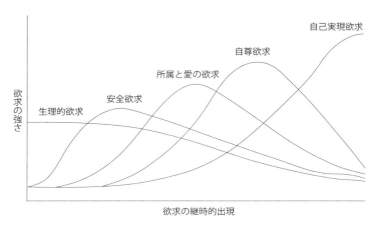

**図9-1　マズローの欲求階層モデル**（田尾，1993より改変）

の強度もしくは重要度が低下し，1段階上位の欲求が強まるとされる（図9-1）。以下にこの5つの欲求の概略を示す。

（1）**生理的欲求**（physiological needs）

生理的体系としての自己を維持しようとする欲求である。生体の恒常性（homeostasis）を保ち，生命を維持するための欲求とも言える。具体的には，食欲や性欲，睡眠などの生理的欲求である。

（2）**安全欲求**（safety-security needs）

苦痛，恐怖，不安，危険などを避け，安定・依存を求める欲求である。見慣れたものを求める欲求も含まれる。

（3）**所属と愛の欲求**（belongingness-love needs）

他者との友好・愛情関係や集団への所属を求める欲求である。社会的欲求（social needs）ともいわれる。

（4）**自尊欲求**（esteem needs）

自己に対する高い評価や自尊心を持ちたいと思い，業績・熟練・資格・自信・独立などを求める欲求であるとともに，他人から尊敬されたり，尊重されたいと思い，評判・名声・注目・畏敬などを求める欲求である。

### （5） 自己実現欲求（self-actualization needs）

　自己の成長や発展の機会を求め，自己独自の能力の利用や自分が潜在的に有している可能性を求める欲求である。この自己実現欲求だけは，これが満足されてもその強度もしくは重要度は減少せず，逆に増加すると仮定されている。欲求階層を昇りつめて最高次欲求に到達した人は，この欲求でより高いレベルの満足を求めて行動し続けると仮定される。

　マズローのモデルは消費者が持つ欲求は普遍的で変化しないことを仮定しており，この欲求の充足させる要因も固定され，変動が少ないことが暗黙裡に仮定されている（田尾, 1993）。一方，消費者を取り巻く市場環境は日々変化し，消費者の欲求も変化していく。消費者を取り巻く環境の変化に基本的欲求の充足がどのように関連していくのかを対応づけることは容易なことではない。しかし，少子高齢化の進行とともに，睡眠や食に対する欲求が変化し，単独世帯の増加といった世帯構成が変化していくことは，基本的欲求の充足のあり方を揺るがす変化である。人口構成の変化と基本的欲求の充足との関連を絶えず注視していくことは，消費者の動機を理解する上で必要である。

### b　HM理論と購買動機

　値段が安いものを求める欲求は強い。しかし，値段が安ければ，粗悪品でもよいとはならない。すなわち，消費者は商品の購入において，少なくとも，これだけの品質を満たしてほしいという必要条件（H要因）を設定している。では，価格が安く，品質が良ければ，消費者は商品を購入するであろうか。価格や品質だけでなく，色柄やデザインで自分の気に入ったものを欲する消費者も少なくない。商品やサービスの主要な品質向上に寄与するわけではないが，満たしてほしいという魅力条件（M要因）も消費者は設定することが多い。すなわち，必要条件は消費者に安心感を与える要因であり，後者の魅力条件はこの必要条件が満たされた上で，消費者をより引きつけるための要因と考えられる。小嶋（1972）は「必要条件－魅力条件」理論（HM理論）としてこれらの議論をまとめている。

Ⅲ部　消費者行動にかかわる心理学的メカニズム

必要条件あるいは魅力条件に相当するものを特定することは案外に難しい。たとえば，ブランド名は「このブランドならしっかりした品質の商品を提供するはずだ」といった安心感を消費者にもたらすだけでなく，「とにかくこのブランドのものでなければ」といったブランド名自体に大きな魅力を感じる場合もある（小嶋，1972）。前者は快適で安全な生活を生み出すのに必要な機能を満たすシンボルとして機能し，後者は当該ブランド商品の所持により，他者との差別化をはかる，自分への評価が高まるなどを期待している。

## 36　消費者の動機を探る ── モチベーション・リサーチ

### 1　モチベーション・リサーチとは何か
#### ── 深層面接法とグループ・インタビュー

消費者がどのような動機にもとづいてブランドや商品の選択を行うのかを探ることは消費者理解の主要な問題として，古くから検討されてきた。アメリカでは1950年代に消費者の購買動機の調査（モチベーション・リサーチ）が行われ（トピックス⑨参照），日本においても1960年代に入ってから盛んに行われた。このモチベーション・リサーチでは，SD法（セマンティック・ディファレンシャル法）が積極的に導入された。しかし，SD法のような定量的な調査よりも，定性的な調査である面接法や投影法などの技法に関心が集まっていた。消費者自らが明確に把握していない購買動機を探ることに関心が寄せられるためである。

面接法を用いたモチベーション・リサーチとしては，深層面接法とグループ・インタビューがある。深層面接法では，対象者と調査員とによって1対1で行われ，その進行も質問やその順序などを構造化せず行われる。面接では，調査員が対象者の個人特性や家庭環境（家族構成，各家族の当該商品との関連など），友人関係，これまでの対象商品の利用履歴，購入のいきさつ，商品に対する印象，特に満足もしくは不満などを尋ね，対象者の回答に応じて質問内容や順序を工夫することで，購買動機を探っていく。深層面接法は調査員との相

9章 消費者行動における感情と動機づけ

**図9-2　グループ・インタビュー**（梅澤, 1993より作成）

互作用を通して，消費者が明確には把握できない購買動機を探るという特色がある。

　モチベーション・リサーチでは，調査員との社会的相互作用だけではなく，対象者同士の相互作用を利用し，購買動機を探る集団面接法（グループ・インタビュー，図9-2）も用いられる。集団面接法では，深層面接法と異なり，4名から10名の調査対象者が特定の調査テーマについて自由に討議してもらう（井上, 2010）。グループ・インタビューでは集団形式で面接が行われるため，対象者間での相互作用によって4つの効果が期待できる（牧田, 1994）。第一に，対象者の自発的な発言が促進されること，第二に，1つの発言が次の発言を誘発すること，第三に，個人面接では生み出されない新しい発想が生まれること，最後に，グループで議論するために，意見の形成過程や集約過程が調査者から観察できることである。ただし，こうした利点は短所にもつながる。調査対象者の選定，特に調査対象者の組み合わせによって，グループ内の社会的相互作用の内容に大きな違いが生まれてしまい調査結果を揺るがしてしまう可能性がある。また，深層面接法，グループ・インタビューの双方に当てはまる問題と

Ⅲ部　消費者行動にかかわる心理学的メカニズム

して，調査員の進行や質問手法といった調査技量の優劣に調査内容が左右され
てしまい調査結果の信頼性を揺るがすことも指摘されている。

## 2　モチベーション・リサーチの現状

深層面接法の発展として，ブランド価値構造を探るためのラダリング法があ
る（Reynolds & Gutman, 1988）。「なぜ……が重要なのですか？」「なぜ……があ
なたにとって意味があるのですか？」といった質問を繰り返すことにより，ブ
ランドを欲する消費者の根本にあり，普段は意識しにくい価値構造を明らかに
する手法である。この手法ではブランドの特性や属性から出発し，機能的に知
覚する便益，情緒的に知覚する便益，そして消費者の根本にある価値へと目標
に向かってはしごを登るように（ラダリング），ブランドの価値構造を探る手法
である（丸岡, 2000）。

# 37　感情

## 1　さまざまな感情

感情（affect）というと喜怒哀楽といった言葉が想起される。心理学において
は，気分や情動を含む概念である。気分（mood）は，比較的弱く，そして拡散
的な感情状態である。快（positive）－不快（negative）の2つに区分されること
が多い。情動（emotion）は，怒りや喜びといったように，気分よりも明確に分
化され，生理的な覚醒も伴う強い感情状態である。これは特定の文脈の中で具
体的な対象に対して情動が生起されると想定されるためである。

さまざまな感情は快－不快という次元（感情価：valence）と生理的に覚醒し
ているのか否かという次元の2つの次元で整理され，感情価と覚醒の2次元空
間にさまざまな感情が連続的に存在するという感情の次元説（Russell, 1980）が
提唱されている。次元説に基づき種々の感情を円環状に並べたものが図9-3で
ある。ただし，恐れや驚き，怒り，嫌悪，悲しみ，喜びといった基本感情（Ek-
man, 1992）がそれぞれに独立し，離散的に存在するという基本感情説も存在す

9章　消費者行動における感情と動機づけ

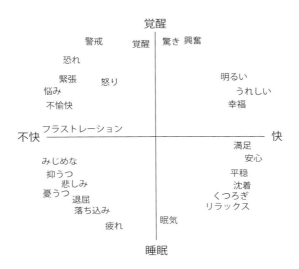

**図9-3　感情の円環モデル**（Russell, 1980をもとに作成）

る。この基本感情説も感情科学において有力な考え方である（鈴木, 2019）。ちなみに，快－不快という次元においても，実際に消費者が経験する感情，特に，弱い感情において，快と不快が入り交じった複合的な場合もあり，快と不快が共存しうるという議論もある（Cohen, Pham & Andrade, 2008）。快感情および不快感情それぞれを独立したものとして捉え，その測定を行う尺度としてPANAS（Watson, Clark, & Tellegen, 1988; 佐藤・安田, 2001）も開発されている。

　本章では，快－不快という感情価に着目し，消費行動との関連を検討する。不安や恐怖，怒り，あるいは誇りといったそれぞれの感情の特徴と消費者行動との関連はAdaval & Galli（2022）や評価傾向フレームワーク（appraisal-tendency framework: Lerner & Kelter, 2000, 2001）などを参照してほしい。

　消費者行動における感情を考える際には，快－不快や強度といった観点だけでなく次に示す2つの観点からの整理も必要になる。一つは，商品やサービスの購入前といった消費行動を予期する段階において感じる感情（予期感情）なのか，購入した商品やサービスの消費過程において感じる感情（経験感情）か

189

という区分である（Rick & Loewenstein, 2008）。もう一つは，購入する商品やサービスそれ自体が引き起こす感情（統合感情（integral affect）あるいは関連感情）と，消費対象あるいは経験とは無関係に引き起こされる感情（偶発感情（incidental affect）あるいは無関連感情）という区分である（Lerner & Li, Valdesolo & Kassam, 2015; Lempert & Phelps, 2016; Pham, 2007）。

## 2　感情の予期と感情の想起

### a　感情の予期

　消費者行動においては，商品やサービスを購入するまでの購買過程と，購入後の消費過程を区分することが可能である。特に，購入予定の商品やサービスを利用したときに感じることが想定される感情の予期と，購入後，消費する過程で実際に感じた感情との差異を考えることは，消費者の満足や不満の理解およびその対応を考える上で重要となる。購入前の期待に適うあるいは期待を超える経験を当該の商品やサービスの消費から得られれば，満足などの快感情が喚起される。期待に適わなければ不満，失望，後悔といった不快感情が喚起される。こうした問題は，■35■で述べた消費者の要求水準との関連が検討されてきた。経験しなければ商品としての特徴の理解が難しいサービスの消費が大きな割合を占める現状において，消費者の事前期待と知覚されたサービス品質との差異を確認することはサービス・マーケティングの実務においても重要である。このために開発された尺度としてSERVQUAL（Parasuraman, Zeithaml & Berry, 1988）がある。この尺度は，種々のサービスを横断的に評価することが難しいなどの問題も指摘されている。顧客満足に特化し，サービス横断的なサービス品質の検討においては，日本版CSI（顧客満足度指数）が開発され，サービス品質の検討に利用されている（南・小川, 2010）。

　消費者の感情予期においては，感情経験の予測と実際に経験した際のそれとにズレが存在する。ズレは，実際と比べて過大に予測するインパクト・バイアス（impact bias）と，実際に比べて過小に予測することに分けられる。インパクト・バイアスは，将来の出来事に対する感情の強度や感じている期間を過大に

見積もる傾向である（Wilson & Gilbert, 2003；村田, 2010）。期待どおりの経験が得られた場合に予期していた感情がそのまま経験されるのであろうか。たとえば，お気に入りのサッカーチームが優勝すれば，うれしいであろう。しかし，優勝の喜びはそれを予期していたときほど強くもなく，またその喜びに長期間浸れないこともある。これは，インパクト・バイアスのためである。ただし，将来の出来事に関わる感情を過大視するバイアスだけでなく，過小に評価することもある。例えば，快感情は大きな賞を受賞する際には過大に見積もられるが，小さな受賞では逆に過小に見積もられる（Buechel, Zhang & Morewedge, 2017）。

　インパクト・バイアスを生み出すメカニズムとしては焦点化（focalism）と，心理的免疫システム（psychological immune system）の看過が考えられる。心理的免疫システムの看過は不快な感情の予期においてあてはまるため，消費者行動においては，焦点化がより重要である。焦点化とは，感情を喚起する将来の出来事について考えるとき，その出来事についてばかり考えてしまい，他にも起きている出来事やその出来事が喚起する感情状態には関心を払えなくなることである。たとえば，応援するサッカーチームの優勝時に感じる喜びを予期する場合，優勝を目にする自分自身が，同時に緊急の課題を抱え，その課題完成のための不安やあせりを感じているかもしれないなど，他に生じている出来事に対する反応にまで注意が払えない。意図的ではなくとも当該の出来事に集中することによって，感情を予期する際の感情の強度や感じている期間を過大に予測してしまう。商品やサービスの購入に際しての期待にはこうした予期感情が含まれている。消費経験のデザインが重要となるサービス・マーケティングにおいて，サービスを体験した際の感情と，事前にその体験を想定した際に予期された感情とのズレへの対処は重要となる。

### b　感情の想起

　過去に経験した感情の想起にも，感情の強度や期間に関するバイアスが存在する。感情の強度を想起する際には，その経験の継続時間は軽視され，感情を最も強く感じた際の感情の強さと対象となる感情経験の終了時の感情の強さの

影響をうける。これは，ピーク・エンドの法則として知られている（Kahneman, Fredrickson, Schreiber & Redelmeier, 1993; Kahneman & Thaler, 2006）。カーネマンらの研究によると，大腸内視鏡検査といった痛みを伴う医療処置を受けている最中に苦痛の強さを繰り返し回答するとともに，処置が終了した後にその処置を振り返り，苦痛の強さの回答を求めた。結果として，もっとも苦痛を感じる瞬間と処置が終わる時点での苦痛の単純平均から想起された感情の強度の予測ができた。最も苦痛を感じる瞬間での苦痛の強度が同程度だとすると，処置時間は短いが最も苦痛を感じるピークが処置の最後に来るよりも，処置時間は長くても処置終了時の苦痛が弱い方が，後で振り返った際に苦痛を弱く感じる。ピーク・エンドの法則は，不快な感情だけではなく，快感情についても当てはまり，感情予期と同様に焦点化により説明されている（Wilson, Meyers & Gilbert, 2003）。

　本節の議論は，消費行動において生起する感情をどのように予期し，そして想起するのかといった感情経験そのものの解釈に関連した議論であった。以下の節では，商品やサービスへの判断や選択に感情が及ぼす影響を考える。

## 3　商品判断や選択における統合感情（関連感情）の役割

　商品やサービスに対する感情的反応である統合感情は商品やサービスの全体的評価に統合されることを前提とした上で，全体的評価と判断対象への統合感情は区分して考えてみたい。統合感情は全体的評価あるいは態度に先行する要因あるいは決定因の一つと見なすのである。

### a　統合感情に基づく評価や意思決定の特徴

　タダ（0円，無料）という宣伝につられ，どれくらい安いのか，自分に見合うものなのかといった考慮をせずに，目の前の商品に飛びついてしまった経験のある人は多いであろう。「無料」というコピーは単に値下げを行ったことを示すのではなく，うれしいといった感情を喚起するために，無料には影響力があるとする研究もある（Shampanier, Mazar & Ariely, 2007）。無料という価格呈示によって喚起される統合感情が，商品やサービスへの動機づけを高めるだけでな

く，商品に対する評価や意思決定を特徴づけるとも言える。統合感情に基づく評価や意思決定の特徴として，次に示すものがある（Cohen et al., 2008）：①素早い決定をもたらす，②情報処理資源を費やさずに決定を下せる，③近視眼的（myopic）である，④社会的な合意が得られやすい，⑤感情を喚起する対象の有無に敏感になるが，こうした対象の増減に対しては相対的に鈍い，⑥対象の生起確率（probability）への感受性が低くなり，可能性（possibility）があるかないかの二者択一として捉えやすくなる。

　無料という価格呈示に対して，熟慮せず，素早く，今すぐ入手しようとすることが多くの人の理解を得やすいといった特徴は①〜④に当てはまる。⑤や⑥に関しては，統合感情に基づく評価は対象に対する具体的で生き生きとしたイメージに基づいており，対象の量や対象の生起確率といった量的な情報は無視あるいは軽視されやすいという特徴が対応する（Loewenstein, Weber, Hsee & Welch, 2001）。例えば，人気グループのCDアルバムセットをネットオークションなどで入札する際に，計算をあらかじめプライミングされた人たちよりも，そのCDを聞いたときの感情をプライミングした人たちの方がCDセットに含まれるCDの枚数の増減を気にしないことが指摘されている（Hsee & Rottenstreich, 2004）。確率情報においても，勝つとチョコチップクッキーを入手できるゲームへの参加を求めるときに，焼きたてのチョコチップクッキーを直に見て，香りを嗅ぐと，ゲームの勝利確率の高低にかかわらず，ゲームに勝てるような気になり，ゲームへの参加率も高いことを示した研究もある（Ditto, Pizarro, Epstein, Jacobson & MacDonald, 2006）。商品リスク判断などにおいては，消費者がリスクがまったくないこと，すなわちゼロリスクを追い求めることが指摘されている（中谷内, 2003）。これは確率が0（ゼロ）であるということ自体に対して快感情を喚起するとともに，リスクの可能性の欠如という情報が顕著な特徴となり消費者の判断や意思決定に組み込まれると解釈できる。

## b　どのような状況で統合感情がもたらす効果が増幅されるのか？

　美味しそうなチョコレートケーキ（快感情を喚起）と，健康によいサラダ

Ⅲ部　消費者行動にかかわる心理学的メカニズム

（健康という抽象的概念において優れている）のいずれかを選ぶ際に，記憶課題を課すなど選択とは異なる処理を並行して求められることで情報処理資源が制約される場合には，熟慮が困難になるため魅力的なケーキが選択されやすい（Shiv & Fedorikhin, 1999）。これは，情報処理が制約を受ける場合に統合感情の影響が強まることを示している。こうした統合感情の影響が強まる条件としては，1）対象を検討するための動機づけが低い場合，2）時間的制約など情報処理に制約が課せられている場合，3）他の手かがりが曖昧な場合，4）対象領域に不慣れな場合がある（Cohen et al., 2008）。

### c　統合感情が影響を及ぼすプロセス

　統合感情が消費者の判断や意思決定に影響を及ぼすプロセスとして3つ考えられている（Cohen et al., 2008）。最初の2つは感情喚起をもたらす対象への評価に対する自動的な影響である。第一に，感情転移（affect transfer）と呼ばれる，対象と統合感情が密接に関連することで，感情価のような感情の評価的側面が対象に移行することである。第二には，感情経験が，接近や回避，撤退，対決といった特定の行動傾向と結びつく，すなわち，連合するという考え方である。こうした行動傾向は実際の行動に現れるだけでなく，評価や行動意図に影響する。第三は，対象の評価の手がかり，あるいは情報処理様式を規定する手がかりとして，判断対象への統合感情が用いられる点である。快感情は，好き，満足，健康といった評価の手がかりと見なされ，不快な感情は，嫌い，不満，哀れさといった評価の源泉と見なされるであろう。こうした考え方は，感情情報機能説（affect-as-information hypothesis）として知られている（Schwarz, 1990）。感情情報機能説は，判断対象とは無関係に喚起された偶発感情が判断対象の評価の手がかりとなることを示したものであるが，統合感情でも同様に当てはまる（Pham, Cohen, Pracejus & Hughes, 2001）。

### d　決定関連感情

　統合感情は，消費者の個々の選択対象がもたらす感情であったが，複数の商

品やブランド間の比較検討を行う場合に生起し，消費者の判断や意思決定に影響を及ぼす感情もある。これは決定関連感情（task-related affect）と呼ばれる。たとえば，どこでも通話可能であり通信品質が良好な携帯電話を探していたところ，新規の通信会社が携帯電話サービスに参入したので，各社を比較検討した。すると，通信品質が良いものは通話料金や申込金が高く，通信品質と通話料金のどちらを重視するかという葛藤（conflict）に直面する。通信品質が良い，通話料金が安い，互いにそれ自体は望ましいが，いずれかを選ばねばならない際に直面する葛藤は適切に解決されなければ不快となる。葛藤が適切に解決されない場合，現状維持や商品検討や選択の延期などによって決定に伴う不快感情の回避を試みる。

　葛藤には3種類ある（Lewin, 1935）。1番目としては，同じように魅力的な商品の間での選択に迫られている場合であり，これを接近－接近葛藤と呼ぶ。携帯電話の例では，通信回線の品質が同じ程度に高いとともに通話料も同程度に安いという業者が2つあり，その両者の間での選択に迫られている。2番目としては，1番目とは逆に，同じ程度に，魅力的ではない商品の間での選択に迫られる場合であり，これを回避－回避葛藤と呼ぶ。3番目は，通信回線の品質と通話料の関係のような，一方の目標を満足させると，もう一方の目標が満足できなくなるという，相反する目標を同時に満たすことを求める際に生じる葛藤であり，これを接近－回避葛藤と呼ぶ。

　商品選択において，新しい商品やサービスが増えることは良いことと受け止められがちであるが，葛藤という観点からすると決定関連感情としては必ずしも快というわけではない。たとえば，検討できる商品数が増えていくと，商品検討をあきらめる場合がある（Iyengar & Lepper, 2000）。選べる商品が多すぎる状況において，自らが行った選択とは異なる選択を仮想し，自らの選択と比較することで自らの決定を悔やむ後悔（regret）が生起しやすい。後悔を避けるために，複数の商品に関して熟考すればするほど，選ばれた商品に満足できなくなり，選ばれなかった商品が魅力的に見えてしまうこともある（Carmon, Weterbroch & Zeelenberg, 2003）。

Ⅲ部　消費者行動にかかわる心理学的メカニズム

## 4　商品判断や選択における偶発感情（無関連感情）の影響

　商品やサービスそれ自身が感情を喚起するだけでなく，さわやかな気候で気持ちが良いといった商品やサービスとは無関係に生じた偶発感情が商品評価や選択にも影響を及ぼす。たとえば，旅行パンフレットを読んで気分が快くなった後に，旅行とは関係のない自動車の試乗あるいは，賃貸マンションの部屋の心地よさを高く評価することが指摘されている（Raghunathan & Irwin, 2001）。これは，快な感情状態にある消費者が，自らの感情状態と一致する方向に対象を判断する傾向（気分一致効果）を示した結果である。また，商品やサービスの評価や検討とは無関係に，偶発的に喚起された感情状態が商品やサービスへの評価と同化する，あるいは，偶発感情が対象の判断に誤って帰属されることも示す。商品やサービスへの評価の際に，評価対象に対してどう感じるのかを参照しがちである。このため，評価時点で偶然に生起していた感情状態と，感情喚起の由来とは関係のない対象への評価が一致する方向になされやすい。このプロセスは"How do I feel about it?"というヒューリスティックとして知られ（Schwarz & Clore, 1988），感情情報機能説へと発展した。

　偶発感情が対象の判断に誤帰属されることは，偶発感情の影響を意識することが困難であることを意味する。たとえば，スピーカーの評価を求めるとき，スピーカーが奏でる音楽それ自体が快適であることをスピーカー評価の後に知らされる場合には音楽がもたらす快感情がスピーカーの評価を押し上げたが，評価前にスピーカーから流れる音楽が快いことを知らされた場合には快感情の影響が消失した。すなわち，快感情が音楽から喚起されたことを自覚しにくい場合のみに評価対象であるスピーカーの評価を高める（Gorn, Goldberg & Basu, 1993）。

　偶発感情は商品やサービスへの評価の手かがりとなるだけでなく，意思決定プロセスなどの情報処理様式を規定する。感情情報機能説によると，快な偶発感情，特に気分が判断や意思決定過程に及ぼす影響として，問題解決場面における柔軟で創造性が豊かになる方向への影響がある一方，論拠に基づかず熟慮に至らないトップダウン型の処理も強まることもある（Cohen, et al., 2008）。た

とえば，快な気分が喚起されると不快な気分に比べ，商品評価に対してブランド名およびブランド連想がより強い影響をもたらす（Adaval, 2003）。すなわち，既存の知識構造の影響が快な気分のもとでは強まる。

不快な気分，特に，悲しみは，快な気分の反対の効果，すなわち，体系的で分析的な推論を行う傾向が高まる（Cohen, et al., 2008）。ただし，不快といっても，怒りや嫌悪といった感情状態は熟慮を妨げ，ステレオタイプやヒューリスティックな処理への依存が高まる（Bodenhausen,Kramer & Suesser, 1994）。

不快という同じ感情価である怒りと恐怖であっても，恐怖は予測困難な状況にあり悲観的なリスク評価になりやすい（Lerner & Kelter, 2000, 2001）。こうした快－不快という感情価以外の次元に着目し，異なる感情が消費者の異なる情報処理様式や動機づけを引き起こすことは評価傾向フレームワーク（Lerner & Kelter, 2000, 2001）などで検討されている（Lerner et al., 2015）。

偶発感情と関連する消費行動として，不快な感情の低減や改善，あるいは管理という目的をもって，商品選択やサービスの消費を行うことが，感情制御消費（emotion regulation consumption）として検討されている（田中, 2022）。例えば，映像によって楽しみ（快），または，悲しみ（不快）という感情が喚起された場合に，不快な感情を改善するため，あるいは快感情を維持するために，快楽的消費がなされる（Kemp & Kopp, 2011）。

## トピックス⑨　ネスカフェの教訓

　第二次世界大戦が終結してからしばらくして，スイスに本社のあるネッスル社は新しいコーヒー（インスタントコーヒー）をアメリカで発売した。新しいインスタントコーヒーは完全にドリップ式のコーヒーに取って代わるものではなかったが，簡単にコーヒーを飲める便利さに加え，美味しかったので，アメリカでインスタントコーヒーはかなりの売上を記録した。

　ところが，しばらくすると販売量が低迷してきた。インスタントコーヒーを試しに買ってみる人は多かったが，その後も続けて購入する人が少なかったの

である。消費者になぜインスタントコーヒーを購入するのをやめたのかと尋ねると、風味がドリップ式と異なると答えたのである。しかし、ブランドマネージャーは真の理由は別にあることを知っていた。ネッスル社が行った風味に関する調査結果から、ドリップ式のコーヒーとインスタントコーヒーを消費者は識別できないことがはっきりしていたからである。ヘアー（Haire, 1950）はこの理由を求めて研究を始めた。

ヘアーは、消費者がネスカフェの利用に対して何を意味づけしているのかを調べた。彼は、調査参加者に買い物リストを示し、これらの品物を買う女性はどのような人（たとえば、性格など）と思うかについて簡単に書き出してもらった。買い物リストは実際に買い物で使われたものであり、2種類あった（表1）。参加者の半数には一方のリストを、残りの参加者にはもう一方のリストを示した。これらのリストには、一般によく購買されている7つの商品（ブランド名も含む）が記載されており、2つのリストの違いは、記載されている商品が一つ違うだけであった。その商品とはコーヒーであった。一方のリスト（リストA）にはインスタントコーヒーであるネスカフェが、もう一方のリスト（リストB）にはドリップ式のコーヒーであるマックスウェルコーヒーが、それぞれのリストに記載されていた。

結果は、驚くことに、購入したコーヒーのタイプが異なるだけなのに、参加者はマックスウェルコーヒーの購入者とネスカフェの購入者とでは、かなり異なる消費者像を想像した。マックスウェルコーヒーの購入者は特定の特徴は想定されず、全体として肯定的に捉えられていた。しかしながら、ネスカフェの購入者は想定される消費者像が一致しており、怠け者であり、計画能力がないといった点が指摘された。

これらの結果から、ネッスル社は、ネスカフェを使うことで、忙しく、活動的な女性へ、妻として母として、そして、家族のかなめとして家事に専念するための時間を提供できることを広告で訴求していった。この広告コンセプトの変更や、多くの競合ブランドの参入などによりインスタントコーヒーはアメリカで当たり前の商品となり、ネスカフェは主要ブランドとしての地位を確保し

たのである。 (秋山学)

**表1 ヘアー（1950）が用いた買い物リスト**

| リスト A | リスト B |
|---|---|
| ハンバーガー | ハンバーガー |
| パン | パン |
| にんじん | にんじん |
| ベーキング・パウダー | ベーキング・パウダー |
| **インスタントコーヒー** | **ドリップ式コーヒー** |
| ももの缶詰 | ももの缶詰 |
| じゃがいも | じゃがいも |

# IV部

## 消費者行動に影響する個人と外部環境要因

# 10 章

# 消費者の個人特性

　心理学者であるレビン（Lewin, 1935）は，人間の行動に関する一般法則としてB＝f（P・E）という図式を提案した。ここでBは行動（Behavior），Pは行動する主体である個人（Person）の特性，そしてEは個人が置かれている環境（Environment）を表している。つまりこの式は人間の行動は個人の特性（パーソナリティ，価値観，ライフスタイルなど）と，個人がそのときに置かれている状況（どのような店舗でどのような商品を買うかといったことなど）との相互影響下で生じるということを意味している。本章ではこの中のP（個人特性）について考察する。

## 38　個人特性に基づく消費者理解

### 1　レビンの図式に基づく消費者行動の説明

　冒頭で示したレビンの図式（図10-1）からは，人間行動に関する3つの基本的原理を引き出すことができる。第一の原理は「同一の環境に置かれていたとしても，個人特性が異なれば行動は異なる」というものである。第二の原理は「同じ個人特性を持つ者であっても置かれた環境が異なれば，そこでの行動は異なる」というものである。そして第三の原理は「ある特性を持つ個人への環境の影響力は，別の特性を持つ個人への影響力と異なる（個人特性と環境条件との間の相互作用（interaction）の存在）」というものである。

これらの原理が消費者行動についても適合することは経験的に理解できる。たとえばバーゲンセールに友人と2人で出かけ，店頭に積まれた商品の中からお互いの好みの服を数点ずつ探し出したらそれらがことごとく趣味の異なるもので

図10-1　レビンの図式 (Lewin, 1935)

あったという出来事は第一の原理に該当する。また商品選択を慎重に行うことを信条としている人が，たまたま何らかの状況的な要因が働いた（知人に強く頼まれた，商品選択にかける時間的余裕がなかったなど）ために，思慮に欠ける判断で良くない商品を買ってしまった，という出来事は第二の原理に該当する。さらに第三の原理に当てはまる出来事としては，テレビとインターネットの2種類の媒体による商品広告を見た人のうち，ある人はテレビ広告に影響を受けて商品を購買し，別の人はインターネット広告に影響を受けて商品を買うといったことである。

## 2　個人特性を理解することの意義

心理学研究の中では古くから個人差研究（いわゆるパーソナリティ研究）が行われてきたが，消費者行動研究においても多くの個人差に関する研究が実施されている。人間行動の理解のために個人特性という概念を用いることは，心理学の基本的目標である行動および意識経験の「記述（description）」，「説明（explanation）」，「予測（prediction）」，そして「制御（control）」を達成する上で重要な意義を持つと考えられる。これらに対応させながら，消費者行動に関する個人差（個人特性）研究が持つ意味を整理してみよう。

### ①行動の記述

個人特性を用いることで，行動をより要約して簡潔に記述することができる。ある消費者がさまざまな場面で取った特徴的な行動（たとえば派手で自己顕示的な商品をたびたび購買していること）を個々に記述するよりは，個人の特性（たとえば自己顕示的な性格傾向）として表した方が，より的確かつ簡潔に表現する

IV部　消費者行動に影響する個人と外部環境要因

ことができるだろう。

### ②行動の説明

　個人特性を知ることで，行動の動機や理由をより正しく理解できる。たとえば，一般に安価な商品を買う理由はケチな性格の表れと解釈されがちであるが，その個人が質素な生活を営むことを信条としていることを理解していれば別の説明が可能になる。

### ③行動の予測

　個人特性の把握により，将来の行動をより正確に予測できる。たとえばある個人が社会的承認欲求の強い人物であると知ることは，自動車の購買に際して国産車を買うか外車を買うかの予測をする上で役立つ。

### ④行動の制御

　個人特性の把握により，意図的に一定の行動を生じさせたり，逆に行動を抑制することができる。ある個人が特定の嗜好を持っているならば，その嗜好に合った商品を提供することで購買を誘発することができる。

## 3　個人特性を表す指標

　マーケティングの遂行という実務的な立場からは，マーケット・セグメンテーション（市場細分化）を実施するための個人差研究の必要性が指摘される。市場（消費者の集合体）を均質なものとするのではなく，それを形成している個人の特性を把握してグループ分け（細分化）することで，それぞれのグループ（セグメント）のニーズに応じた商品開発や，効果的で無駄のない広告戦略をすすめることが可能になる（1章参照）。

　マーケット・セグメンテーションを行うための基準（消費者をグループ分けする方法）としては，従来からデモグラフィック特性（人口統計学的特性）が用いられてきた。たとえば衣服は性別や年齢によって体型や嗜好が異なると仮定できるので，性別，年代に応じた衣服がデザインされ，生産されている。その一方で同一の性別・年齢集団内での価値観や嗜好の多様化および消費者が選択可能な商品の多様化が進み，消費傾向の差違を識別する他の指標が必要になっ

204

てきた。このことを目的として行われた個人特性に関する研究は膨大で多様を極めるが，これらの中に2つの大きな流れを見出すことができる。

　第一は，伝統的な心理学的研究や社会学的研究において定義されたパーソナリティ（性格）特性と行動様式との関連性について調べたものである。第二はいわゆるライフスタイル研究である。これは生活意識，生活行動，価値観や心理的変数（サイコグラフィックスと呼ばれる場合がある）に基づいて消費者を分類しようとするものである。以下ではこれらに含まれる代表的な研究を紹介した上で，消費者行動に特化した概念を用いた研究を取り上げて「個人としての消費者行動」を考えてみよう。

# 39　パーソナリティ特性と消費者行動

## 1　パーソナリティの理論と消費者行動

　消費者行動の個人差はどのような特性の差異によって生み出されるのか？

　この疑問に答えるための最初の取り組みは，心理学者や社会学者が定義したパーソナリティ概念を用いて個人差を説明しようとすることであった。パーソナリティという用語の定義は，「個人のうちにあって，その個人に特徴的な行動や思考を決定する心理物理的体系の力学的体制」とされる（Allport, 1943）。この概念は，同じく個人に特有の恒常的な行動傾向を表す用語である「性格（Character）」とほぼ同義に用いられるが，性格は変わりにくい個人的特徴を強調しているのに対し，パーソナリティという概念には環境への適応的な側面も含まれている。心理学研究の文脈の中ではこの概念が好んで用いられ，さまざまな理論が展開されてきた。

　心理学におけるパーソナリティ理論は一般に「類型論（typology）」と「特性論（trait theory）」に大別される。前者は一定の観点から人間についてのいくつかの典型的なタイプを想定し，それによってパーソナリティを分類し，それへの理解を深めるというものである。後者はパーソナリティを複数の基本的構成単位（特性）に分けて，それぞれの程度を量的に測定して，各単位の組み合わ

**205**

せによって個人のパーソナリティを記述しようとするものである。

消費者行動研究においては，古くから商品への嗜好や購買動機の差異をパーソナリティから説明しようとする試みがなされてきた。以下では社会学や精神分析学に関連するものも含めて代表的な研究例をいくつか紹介しよう。

## 2　類型論と消費者行動

これに属するものとしてリースマン（Riesman, 1950）の理論に関する研究が挙げられる。リースマンは，人間の社会的パーソナリティは3つのタイプに分類することができると考えた。第一のタイプは「伝統志向」であり，変化の遅さ，過去への指向を特徴とする。第二のタイプは「内部志向」である。これに属する個人は自分自身の生活を律しているという意識を持ち他者から影響されにくいという面を持つ。第三のタイプは「他者志向」である。これに属する個人は，他者とうまくやることが成功の鍵と考えており，その成功は他人が自己をどのように考えるかに依存している。

このような性格類型と広告内容の好みとの間に関連性があるという指摘（Kassarjian,1965, Woodside, 1968）や，いくつかの新製品の採用との関連性の指摘（Donnelly,1970）など，実証研究に基づく知見がある。

もう一つの類型論的アプローチは，ホーナイ（Horney, 1937）の理論を取り入れたものである。ホーナイは新フロイト派と呼ばれる精神分析学の一派に属する学者であり，人々は神経症的不安が生じた場合に「他者に対して依存し従順になる」「他者に対して攻撃的になる」，そして「他者から離れ孤立する」という3つの対処方略を取ると考えた。これらのうちいずれの方略を取るかについては個人差があり，いずれが優勢であるかによって個人は3つのタイプに分類されるとされる。コーエン（Cohen, 1967）は，これらの傾向が個人の消費行動に反映されると考えた。消費者を調査して各種商品の嗜好や使用状況とこのような性格類型との関係を分析したところ，（a）服従的な個人はそうでない個人に比べて，広告で対人関係に関する訴求をしている銘柄を好む，（b）攻撃的でない個人に比べると，攻撃的な個人の方がよくコロンを用いる，（c）孤立的な

個人は，そうでない個人に比べて紅茶をよく飲む，といったことが明らかになった。

## 3　特性論と消費者行動

　これに類する研究としてはEPPS（Edwards Personal Preference Schedule）性格検査を用いたものが代表例として挙げられるだろう。これは個人の持つ基本的欲求の傾向を，達成，服従，秩序，顕示性，自律性，社交性，分析，依存性，支配性，自己軽視，援助，変化，忍耐，異性愛，攻撃性という15の特性ではかる性格テストである（Edwards, 1954）。

　エバンス（Evans, 1959）は，これらの特性が消費者の商品選択とどのような関連性を持つかについて調べた。彼はフォードの乗用車とシボレーの乗用車の所有者の間に性格特性の間に違いが見られるか否かを検討した。この研究では，シボレーの所有者に比べてフォードの所有者は，「誇示性」や「優越性」がより高いといったように，いくつかの特性については差異が認められ，これを契機として心理学的なパーソナリティ変数と購買行動との関連性を分析した研究が数多く行われるようになった。たとえばフランクら（Frank, Massy & Lodahl, 1969）はEPPSにより測定されたパーソナリティ特性と食品の購買傾向との間に関連性がみられることを示している。

　また最近の研究としては原ら（2019）の研究が挙げられる。購買行動の傾向を測定する33個の項目と性格特性の基本次元を開放性，誠実性，協調性，外向性，精神不安定性の5つの尺度により測定するBig Five尺度（並川ら，2012）を100名の女子大学生に実施した。行動測定項目を因子分析にかけて「自己価値向上行動」「非節約的行動」「快楽的行動」の3因子を抽出し，これらの因子得点を基準変数，Big Five尺度の尺度得点を説明変数とする重回帰分析を行った。その結果，自己価値向上行動は外向性とのみ有意な関連性が示され，快楽的行動（インターネットでの衣服の購入やタクシーの利用など）に対して外向性が有意な正の関連性を示し，誠実性とは有意な負の関連性を示した。

　パーソナリティと消費者行動との関係を明らかにしようとした研究は，1960

Ⅳ部　消費者行動に影響する個人と外部環境要因

〜70年代の20年間だけで200件以上も報告されている。ただし結果は多種多様で，ある研究では関連性が見られるのに別の研究では見られないといったようにお互いに矛盾する場合も多く，一般化した事実を導き出すことは困難である。この理由として小嶋（1976）は，(a) 一般にパーソナリティテストは正常者と異常者を判別する目的が主で，正常者をタイプ分けするのに適していないこと，(b) 現実の購買行動では環境・状況要因などパーソナリティ以外の諸要因が影響を及ぼすので，一義的な関係を見出すことが困難である，といった指摘をしている。

# 40　ライフスタイルと消費者行動

## 1　ライフスタイル研究の意義

　心理学や社会学を基礎とするパーソナリティ概念に代わるものとして，消費者行動と関連が深いと想定される独自の特性次元を定義し，実際の消費者行動との関連性を検討する研究が数多くなされてきた。いわゆるライフスタイル研究はこの代表的なものである。消費者に関するライフスタイル研究の必要性は前述したマーケット・セグメンテーション（市場細分化）からも生じてきた。

　ライフスタイルの概念的定義は研究間で必ずしも一致しないが，端的に表現するならば「生活課題の解決および充足の仕方である」ということになるだろう（井関, 1979）。ライフスタイルによって消費者をグループ分けすれば，それぞれの消費者の嗜好や行動をかなり正確に予測することができるだろう。

　たとえば国生（2001）は16〜69歳の男女1,500名を対象にした質問紙調査を実施し，生活意識・価値観を捉えるための60項目を用いた測定を行った。これを因子分析により「おしゃれ（おしゃれ全般への関心）」「健全（健康維持や環境への志向）」「自信（自分自身の知識やセンスに対する自信）」「カルチャー（音楽や美術といった文化芸術活動への関心）」「努力（課題達成と目標達成への意欲）」「コミュニティ（人間関係の重視）」という6因子を抽出し，その因子得点に基づいてクラスター分析（個人間の類似性に基づいてグループ化するための統計的分析

10章　消費者の個人特性

**表10-1　ライフスタイルの類型**（国生，2001に基づいて作成）

| クラスターの名称 | ライフスタイルの特徴 | 属性の特徴 |
| --- | --- | --- |
| ファミリー | 健康や環境に配慮するなど「健全」の傾向が高く，人との付き合いや地縁など「コミュニティ」を重視している。何よりも"ファミリー"を大切にする人たち | 男性29%・女性71%<br>平均年齢49歳<br>主婦が多い |
| マイルド | 「おしゃれ」は高め，「自信」は平均的，「健全」「カルチャー」「努力」「コミュニティ」への傾向が低めである。生活全般へのこだわりがあまり強くない，ちょっと"マイルド"な人たち | 男性61%・女性39%<br>平均年齢39歳<br>勤め人が多い |
| チャレンジャー | 「自信」「努力」の傾向は高め，「おしゃれ」「健全」「コミュニティ」への傾向は低めである。自分の目標に向かって努力を惜しまない"チャレンジ"する人たち | 男性78%・女性22%<br>平均年齢34歳<br>勤め人・学生が多い |
| マイウェイ | 「自信」がとりわけ高く，「健全」「コミュニティ」への傾向は低め，人からどう見られるかを気にしない"マイウェイ"な人たち | 男性56%・女性44%<br>平均年齢44歳<br>自営・自由業が多い |
| エンジョイ | 「カルチャー」の傾向が高く，「健全」「自信」が低め。音楽や映画を楽しみ，外国での生活にあこがれるなど生活を"エンジョイ"している人たち | 男性35%・女性65%<br>平均年齢31歳<br>学生・主婦が多い |
| パワフル | 「健全」だけは平均的，他の「おしゃれ」「自信」「カルチャー」「努力」「コミュニティ」の傾向がすべて高めである。何ごとにも"パワフル"に取り組む人たち | 男性48%・女性52%<br>平均年齢35歳<br>学生が多い |

方法）を実施し6つのクラスター（消費者のグループ）を見出した。（表10-1）。

　ライフスタイル研究を広義にとらえると，かなり多様な内容が含まれる。これらのすべてを紹介することは困難なので，本節ではいくつかの研究上の視点やテーマを提示した上で，それに関連する研究を紹介していこう。

## 2　ライフスタイルの研究例

### a　AIOアプローチ

　AIOアプローチはライフスタイル研究の中で，1960年代に登場したものであり，消費者のライフスタイル特性を，A（Activity：活動性），I（Interest：関心），そしてO（Opinion：意見）という3つの次元でとらえようとするものである。サイコグラフィックスと呼ばれる場合もある。「活動性」とは労働と余暇の時間をどのように過ごしているか，「関心」とは生活環境の中で何に興味を持っているか，そして「意見」とは社会的問題および個人的問題についてどのような立場を取っているかということである。より具体的には表10-2に示した項

**209**

Ⅳ部　消費者行動に影響する個人と外部環境要因

表10-2　AIO分析の各次元に含まれる要素 (William et al.（1971）より作成)

| 活動性 (Activity) | 関心 (Interest) | 意見 (Opinion) |
|---|---|---|
| 仕事 | 家族 | 自分自身 |
| 趣味 | 家庭 | 社会問題 |
| 社会での出来事 | 仕事 | 政治 |
| 休暇 | 地域社会 | ビジネス |
| 娯楽 | レクリエーション | 経済 |
| クラブ参加 | ファッション | 教育 |
| 地域社会 | 食べ物 | 製品 |
| 買い物 | メディア | 将来 |
| スポーツ | 学業 | 文化 |

目がそれらの要素となり，これらについての個人的傾向に年齢，性，収入など
のデモグラフィック特性を加えて個人の特性をはかる。

### b　VALS（Values and Lifestyles System）

　VALSはSBI社（Strategic Business Insights）が作り出した消費者のセグメンテー
ションに関する方法である。最新版のVALS2は，35個の心理的特性および4個
のデモグラフィック特性からなる計39個の調査項目群を用いて，アメリカ人
成人を異なる特性を持った者のグループに分類した。

　個人のもつ資源（収入，教育，活動能力，購買の熱心さなどを含む）および自
己志向性（信念体系に基づいて購買決定をし，他者の視点に無関心であるという
「理想志向」，自分の友人達が自分の決定についてどのように考え，それらの選択が
どのように反映するかを考慮するという「達成志向」，そして購買の情緒的側面や製
品やサービスから個人的に受けた満足への関心という「自己表現志向」という3つの
基準）にしたがって対象者を，①革新を求める人（Innovators），②思考する人
（Thinkers），③達成を求める人（Achievers），④経験を好む人（Experiencer），⑤信
念をもった人（Believer），⑥努力する人（Striver），⑦つくる人（Makers），⑧奮闘
する人（Survivors）の8グループに分類した。

## 3　価値観アプローチ

　一般的なライフスタイル研究は，行動的変数を主に個人特性をはかろうとするが，これらをより内面で規定している価値観を測定することで個人を分類するという考え方である。古くは理論型，経済型，審美型，宗教型，権力型，社会型という6つの類型を定義したシュプランガー（Spranger, 1921）の理論に起源を認めることができる。

　マーケティング研究分野では，個人の価値観を「物質志向－脱物質志向」という次元でとらえるイングルハートのアプローチや，それに「権威主義－自由主義」という次元を加えた「2次元モデル」を提唱したフラナガンの理論が有名である。この経緯については飽戸（1987）に詳しい。

　電通総研（2021）は，同志社大学の池田謙一研究室と共同で，のべ100以上の国と地域を対象にした「世界価値観調査」（WVS: World Values Survey）について国際比較分析を行っている。世界価値観調査は，個人を対象に価値観を聞くもので，その設問の範囲は政治観，経済観，労働観，教育観，宗教観，家族観など290項目に及ぶ。同調査は1981年に開始され，第7回目の2021年に行われた調査の結果にもとづき諸外国と比較した場合の日本の9つの特徴を示している。

①仕事よりも余暇を重視する一方で，仕事の重要度は国際的に低い。

②「同性愛」への受容度は，ヨーロッパなどの先進国に次ぐ高い水準である。

③人生の自由度は低いと感じている。

④マスメディアを信頼している。新聞，テレビから「毎日情報を得る」が48か国中1位である。

⑤8割が「科学技術によってより大きな機会が次世代にもたらされる」と感じている。

⑥「政治」の重要度は高いが話題にしない。「国家」に安全を求めるが「権威」を嫌う。

⑦「環境保護」と「経済成長」との間で逡巡する人が多い。

⑧「家族」が重要で信用しているが，両親の長期介護への義務感は低い。

⑨ 子どもに身につけさせたい性質に「決断力」「想像力・創作力」を重視している。

これらは個人の消費者行動の規定要因または説明要因になり，日本における消費傾向の特徴を知ることの手がかりになると考える。

## 4 消費者行動に特化した研究の紹介

以上，代表的なパーソナリティ研究とライフスタイル研究を紹介してきた。個人差研究にはこれらに加えて消費者行動を直接的に規定する心理的変数や行動変数により個人特性を表すことを目的とした研究がある（第8章で紹介した「製品関与尺度」などもこれに該当する）。佐々木（1984）による購買態度の研究が代表的なものとして挙げられる。

消費者の行動を「価格が安かったので買った」「品質と機能が重要と考えて選んだ」といった「合理性」と「自分のセンスに合っていたので」「ついついその場の雰囲気につられて」といった「情緒性」の次元に規定されているとした上で，それらの次元上における個人の傾向を12個の項目により客観的に測定するための質問紙尺度である REC scale（レック・スケール：Rationality and Emotionality of Consumer scale）を作成した。

また個人差に関連する概念として「ブランド・パーソナリティ」がある。世の中にはさまざまなブランドが存在し，それは消費者の購買意思決定に大きな影響力を持つが，ブランド・イメージにはさまざまな要因が含まれるために，それを詳細に記述することは困難である。そこで個々のブランドのイメージを人間のパーソナリティ（人格）に当てはめて表現するという考え方である。ブランド・パーソナリティは特定のブランドを購入する消費者の個人特性を反映する可能性が高いので，個人差を理解する上での手がかりになると考える。

アーカー（Aaker, 1997）は，37の著名ブランドについて114のパーソナリティ特性を表す項目を用いて評定した結果を分析し，「誠実（sincerity）」，「刺激（excitement）」「能力（competence）」「洗練（sophistication）」「素朴（ruggedness）」の5つの因子を抽出した。世の中に存在するブランドの特徴をこれらの5つのパー

ソナリティ因子における高低の差として表すことができる。

このようなブランド・パーソナリティについて，利根川・白（2008）は定量的分析を行った。200名の調査協力者に2つの携帯電話会社についてアーカーが示した5つの因子に基づいた項目を用いて測定を行い，同時にそれぞれの電話を使用する場合の「機能的便益」，「情緒的便益」，「自己表現的便益」についての有無の回答の間で5因子における得点の差を調べたところ，「洗練」因子ではすべての便益との間に有意な関連性が示された。

近年の流通業界では商品購買時の情報を記録するPOSシステム（Point Of Sales）の利用が普及し，この記録を消費者が所有する特定企業・店舗のポイントカードに記録された個人情報と関連づけて分析を行うシステム（いわゆるID-POS）が広く利用されている。この分析により特定の属性を持った消費者の嗜好や購買パターンを把握している（トピックス⑩）。

## トピックス⑩　ID-POS を用いた購買行動の分析

マーケティングにおいてはデモグラフィック特性やライフスタイル特性といった指標により市場を細分化し，一定の特性を持った消費者の集まり（セグメント）にターゲットを絞り，その顧客グループが製品に対して持つニーズやイメージを把握した上で製品開発および販売促進を行うSTPマーケティング（Segmentation, Targeting, Positioning）が一般的である。このために購買履歴データとポイントカードに記録されている個人情報を結びつけたデータ（ID-POSデータ）用いた分析を行うことが普及している。

ID-POSのデータから，ある製品をどのような顧客がどれだけの頻度で購買するのか，高頻度で購入している消費者はどのような属性を持っているのか，などの推測が可能になる。さらにデータを時系列的に見ることで，リピート購買など個人の購買パターンも把握可能である（本藤・奥島, 2015）。

吉田ら（2020）はスーパーマーケットの会員カードを所有している顧客を対象にした調査を行った。まず月単位の購買金額に基づいて顧客を5つのカテゴ

リーに分類した。その上で菓子パン，バナナ，巻寿司，食パン，おにぎりなど食品の商品カテゴリーについて「見切り商品（賞味期限または消費期限が迫ってきたために値下げをした商品）」の購買記録を分析した。

食品カテゴリーごとの分析の結果，購買金額が異なる顧客グループは見切り品の購買量が異なる場合があり，また見切り品を購買する時間帯は18時が多く，年代は60代が最も多かった。さらにどのランクの消費者も見切り商品で購入するのは，惣菜やカット野菜，寿司のように調理の手間がかからないものが多かった。見切りだけでなく通常の値段で売れている場合も多く，菓子パンは開店直後に売れ，バナナは夕方に売れるので，その日に行う見切りのタイミングを遅らせることで，見切りではなく通常の値段で売れる商品が増加する可能性がある。

このようなID-POSを用いた分析により得られる情報は，営業時間内のどの時点で値下げを行うべきかの決定に利用される。このことは小売店の利益向上に寄与すると同時に，売れ残りを防いで食品ロスを防ぎ環境問題に寄与するというSDGsの課題解決にも貢献すると考える。 （永野光朗）

# 11章

# 状況要因と消費者行動

　消費者の購買意思決定やブランド選択，態度，感情などは，前章で示した個人要因のみならず，さまざまな状況要因からも大きく影響を受ける。たとえばスーパーマーケットで買い物をしている場面においても，ディスプレイや陳列，店内での広告，BGM，香り，照明などによって私たちの種々の行動は左右されるかもしれない。なお，状況要因にはさまざまなものがあるが，本章では，店舗内での購買状況を中心に検討していく。売り手側が個人特性を変容させるのは不可能であるが，状況要因はある程度コントロール可能であるため，状況のもたらす力を解明することはマーケティング戦略にも応用可能であり，実践的な意義を有していると言える。

## 41　店舗内購買行動における状況要因の重要性

　店舗内での状況要因の影響力を検討するにあたり，はじめに店舗内購買行動の基礎に触れ，なぜ状況要因が重要であるのか整理する。

### 1　消費者の非計画購買と計画購買の分類
　消費者の店舗内購買行動は，1980年代を中心にこれまでにも盛んに検討されてきた。従来から，店舗内において，非計画購買の割合はきわめて高いことが

**215**

たびたび指摘されてきた。非計画購買とは，来店時には意図していなかった商品の購入を店舗内で決定することである。青木（1989）は，非計画購買を次に示す4つに分類している。

①**想起購買**　来店前には購入予定でなかったが，店頭で商品や広告を見て，潜在的な商品の必要性が想起されて購買に至ることである。たとえば店頭で商品を視認することで，ストック切れだったことを（あるいは，切れる前に買っておこうと）思い出して手に取ることはこれにあたる。

②**関連購買**　関連購買とは，たとえば梅酒を手に取ったことで炭酸水も合わせて購入するというように，購入された他の商品との関連性から店舗内でその必要性が認識され，商品を購入することを指す。

③**条件購買**　来店時に明確な購入意図は持っていないが，漠然とした形で特定の商品の必要性を頭に描きつつ，たとえば値下げなど，条件が整えば購入しようとすることを条件購買という。

④**衝動購買**　上記の3つの分類のいずれにも属さないものを衝動購買と言い，商品の新奇性や希少性に起因する購買や真に衝動的な購買を指す。非計画購買イコール衝動購買と誤解されがちだが，実際には限定された意味を持つ。

その一方，入店前から何を買うか決めていることを「計画購買」という。この計画購買は，さらに「狭義の計画購買」「ブランド選択」「ブランド変更」の3つに下位分類される（青木, 1989）。

①**狭義の計画購買**　入店前の購買予定の商品を実際に購入することを指す。

②**ブランド選択**　入店前の計画が商品カテゴリーレベルのものであり，どのブランドを選択するかは店舗で行うというものである。ワインを買うことのみ決めて入店し，どのブランドを選択するかは店内で決定するという例はこれにあたる。

③**ブランド変更**　特定のブランドを買おうと思って入店したが，何らかの影響で別のブランドを最終的に選択することを示す。

**11 章 状況要因と消費者行動**

## 2 店舗内購買行動の現状

上記の非計画購買・計画購買の分類の中で,「狭義の計画購買」以外は,店内で購買意思決定が行われていると位置づけられる。では,実際に消費者は,店内でどのような購買行動を行っているのだろうか。

この点について,デュポン社の行った有名なPOPAI調査(Point of Purchase Advertising Institute, 1978)では,全体で実に64.8％もの購買が店内で決定されていることが明らかにされている。さらにデュポン社と同一の方法で検討した大槻(1986)や,青木(1989)では,それ以上の高い割合(9割程度)が示されており,わが国においてはよりいっそう店内での意思決定率が高いと言える(表11-1)。

購買意思決定の多くは店舗内で行われているのであれば,非計画購買をはじめとする店内購買意思決定を引き起こしうる状況・環境要因はきわめて重要である。たとえば労せず関連商品が手に取れる陳列は関連購買を引き起こしやすくさせるであろうし,POP広告(店頭・店内などの購買時点における広告; Point of Purchase)は店内で必要性を想起させたり安さをアピールしたりすることで想起購買や条件購買を高めることにもつながろう。このような種々の要因によって瞬時に商品を視認させたり,手に取ってもらいやすくさせたりするための方略を整理することは,店舗内での客単価を高めるという流通側からの観点でも,

**表11-1 計画・非計画購買の類型と割合**

| 分類 | POPAI 調査<br>(1978) | 大槻<br>(1986) | 青木<br>(1989) | |
|---|---|---|---|---|
| A. 計画購買 | | | | |
| A-1. 狭義の計画購買 | 35.2% | 13.0% | 11.0% | |
| A-2. ブランド選択 | 14.8% | 14.5% | 10.8% | |
| A-3. ブランド変更 | 3.2% | 0.9% | 2.1% | |
| B. 非計画購買 | 46.8% | 71.6% | 76.3% | 店舗内での意思決定 |
| B-1. 想起購買 | | | (27.8%) | |
| B-2. 関連購買 | | | (6.4%) | |
| B-3. 条件購買 | | | (26.8%) | |
| B-4. 衝動購買 | | | (15.3%) | |
| 店舗内での意思決定率 | 64.8% | 87.0% | 89.2% | |

**217**

特定のブランドの購買を促すという店頭マーケティングの観点でも重要な課題である。次節からは，消費者の意識・行動に影響を及ぼしうる状況要因を取り上げ，検討していく。なお，以下では店舗内購買行動の研究を多く引用するが，Webマーケティングに適用可能なものも多分に含まれている。

## 42　陳列やレイアウトがもたらす効果

　店舗内においてどのように陳列するかは，消費者の購買行動，特に非計画購買を規定する要因の一つになりうる。たとえば，機能的な陳列によって関連購買が生起したり，視認性を高めることで想起購買や衝動購買が増加したりするだろう。

### 1　陳列位置が非計画購買に及ぼす影響

　ドレーズら（Drèze et al., 1994）は，オーラル・ケア商品とランドリー・ケア商品を対象に，どのような商品を視認されやすい位置に陳列すべきかについて検討している。まず，オーラル・ケア商品では，歯磨き粉（2か月に1回程度の購入）の方が歯ブラシ（4～6か月に1回程度の購入）よりも回転数の早い主力商品であるということが前提である。直感では主力商品を目立つ位置に陳列すべきと考えるかもしれない。しかしながら，歯ブラシの棚は当初見えづらい高さ（72インチ；182センチ）に陳列されていたが，それを56インチ（142センチ）に変更した。この56インチとは，立った状態での目の高さに近く，視認されやすい位置である。その一方，歯磨き粉は，上段のあまり目立たない場所に割り当てた。こうした棚割りを変更した結果，歯磨き粉の売上は下がることなく，歯ブラシの売上が8％増加したことが認められた。なぜこのような結果が得られたのだろうか。歯磨き粉は，そもそも頻繁に購入される商品であるため，多少わかりにくい位置に陳列されていたとしても購入が抑制されることはなかった。その反面，歯ブラシを目につきやすい位置に陳列したことによって，非計画購買が増加したと考えられる。

また，ランドリー・ケア商品において，柔軟剤は洗濯用洗剤の65％程度しか購入されない回転数の遅い商品として位置づけられている。この柔軟剤を，パウダータイプとリキッドタイプの洗濯用洗剤の中間に配置し，いずれのタイプの洗剤を買いにきた消費者であっても柔軟剤を視認しやすいように配列した。その結果，柔軟剤の売上が4％向上したことが明らかにされた。

以上の結果は，視認されやすい場所への陳列が，関連購買や想起購買などの非計画購買を促進することを示唆している。

## 2　陳列位置による選択行動への影響

次に，陳列棚のどの位置に配置するかで選択行動が変化するか，具体的に，水平配置では左右のいずれの方が選択されやすいのであろうか，あるいは垂直位置ではどの高さへの配置が有効なのであろうかについて検討する。こうした陳列位置研究は，きわめて実践的であるため，マーケティング現場からの関心も高い。

まず，水平配置に関しては，右側に置かれた商品の方が左側より選ばれやすい（右側選択バイアス）という主張も見られる（大槻, 1986）。たとえばウィルソンとニスベット（Wilson & Nisbett, 1978）では，横に並べた4つのパンストの中から最も良いと感じたものを選択してもらったところ，選択率は左から順に12％，17％，31％，40％であり，右側に偏っていることが示されている。ただし，この右側の優位性は，売り場担当者の経験則に基づいて主張されている傾向にあり，実証研究では結果が一貫していない。右側選択バイアスの反証例として，アタレイら（Atalay et al., 2012）は，ビタミン剤などを対象に，3商品を横並びにした陳列棚の画像を提示し，選択行動に加えてアイカメラを用い，どの位置が注視されやすいか検討している。その結果，左右と比べ，中央に配置された場合に注視時間・注視回数ともに最もポジティブとなり，ブランド選択比率も高いことが示されている（図11-1）。加えて，水平配置においては，次に挙げるドレーズら（Drèze et al., 1994）のように，差異が見られないという知見も散見される。すなわち，水平配置に関しては，"右利きの人が多いから"や

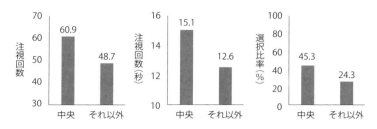

図11-1　Atalay et al.（2012）の実験結果

"中央は見られやすいから"のようなもっともらしい説明が後付けで行われ，概して安定した知見が得られていないと言える。

　その一方，垂直配置に関しては，ある一定の知見が得られている。ドレーズら（Drèze et al., 1994）は，鎮痛剤，瓶詰ジュース，缶スープなどの8カテゴリーで，棚の縦・横位置を操作した際の商品選択を比較検討している。その結果，棚の高さの要因が最も重要であり，床から51〜53インチ（130〜135センチ）の位置に配置した場合に売上が著しく上昇したことを明らかにしている。この高さは，視線の高さから少しだけ下の位置である。棚の垂直位置に関する検討は，わが国でも実施されており，たとえばアイカメラも併用して測定した守口（1989）でも，床から100センチ前後の高さがベストポジションであると結論づけられている。以上のように垂直位置に関しては，国内外で若干の高さの違いはあるものの，概ね視線の高さか，その少し下あたりが選択されやすいといえる。

## 43　店舗の雰囲気

　店舗の雰囲気は，消費者の興味を喚起させたり，店舗での滞在時間を長くさせたりして非計画購買を誘発することにつながる。こうした雰囲気とは，色彩や照明，音楽や香り，演出，さらには前節で示した店舗内での商品配置やディスプレイなど，多様な要因により形成される。

11章　状況要因と消費者行動

こうした五感に訴えかけるマーケティング戦略は，5章の感覚マーケティングでも触れており，そちらも参照されたいが，本節では店舗内の状況要因として比較的操作しやすい香り（嗅覚）や音楽（聴覚）を取り上げて検討していく。

## 1　店舗内での香り

店舗の雰囲気を構成する要因の一つに，香りが挙げられる。これまでの心理学分野でも，香りは認知や感情の多様な心的活動と密接に関わることが知られている。こうした基礎的な研究は消費場面にも応用され，好ましい香りは，売上や商品評価，満足度など，消費行動に影響を及ぼすことが明らかにされてきた。

たとえばスパンゲンバーグら（Spangenberg et al., 1996）は，ラベンダー，ジンジャー，スペアミント，オレンジの香りを嗅がせながら模擬店舗内で商品を探索させ，店や商品に対する評価を求めた。その結果，上記の好ましい香りのする場合，香りを提示しなかった模擬店舗の群と比べて，店舗そのものの印象に加えて商品までもポジティブに評価することが見出された。

また，香りと支払額の関連を見る研究も行われている。シュバら（Chebat et al., 2009）のフィールド実験によると，若年層に限った知見ではあるが，ショッピングモールにおいて柑橘系の香りを散布した場合，そうしなかった状況と比べ，モール内で費やす金額が高くなることが明らかにされている。さらに，ゲガンら（Gueguen & Petr, 2006）によると，ピザレストランの店内にラベンダーの香りを発散させると，よりいっそう客は長時間滞在し，多くのお金を使うという知見も得られている。

現実場面で"香りがまったくしない"という状況はありえないため，上記のフィールド実験は厳密に言えば不十分な統制である。しかしながら，香りという要因は，消費者の購買行動や意思決定に影響を及ぼす可能性が十分に示されていると言えよう。

**221**

Ⅳ部　消費者行動に影響する個人と外部環境要因

## 2　店舗内での音楽

音楽も，店内の雰囲気を構成する要因の一つである。BGMによって買い物中のポジティブムードや商品評価に差異をもたらすという知見も見られるが，次に挙げる研究のように，店舗内での滞在時間も左右しうることが知られている。

ミリマン（Milliman, 1982）は，音楽のテンポに着目して，店内のBGMがもたらす影響過程について検討している。具体的には，遅い（平均60BPM［Beat per Minutes]）BGMと速い（平均108BPM）BGMの状況下で，顧客の行動を観察している。その結果，BGMのない条件と比べ，速いテンポのBGMを流しているときは顧客の移動速度がより速く，遅いテンポのときはより遅くなることが認められた。この移動速度は，店内での滞在時間とも関わる。一般には滞在時間が長くなると，非計画購買は生じやすい。実際に，遅いテンポの音楽のときには，顧客1人当たりの売上も増加していたことが認められた。ただし，店内ではどのような音楽が流れていたかを質問したところ，認知率は低く，かつ条件間で差がない（9.72%～12.50%）ことが認められた。すなわち，店内の音楽がもたらす影響過程は，無意識下であると位置づけられよう。

また，スミスとカーナウ（Smith & Curnow, 1966）では，音楽の大きさに着目している。マーケットでのフィールド実験を行った結果，静かに音楽を流していた条件では店内の平均滞在時間は18.5分であった。その一方，大きな音の場合は平均17.6分であり，有意に短いことが示された。

上記の知見は，顧客を店舗内でゆっくり滞在させたい場合や，逆に，回転を高めたい場合に，音楽のテンポや音量の操作が有効であることを示唆している。

# 44　価格意識を左右する状況要因

購買行動において，価格はきわめて重要な要因である。店舗内では，価格によって，条件購買や衝動購買が引き起こされることもあろう。一般に消費者は，よりよい品質のものをより安く入手したいと動機づけられているため，当該商

11章 状況要因と消費者行動

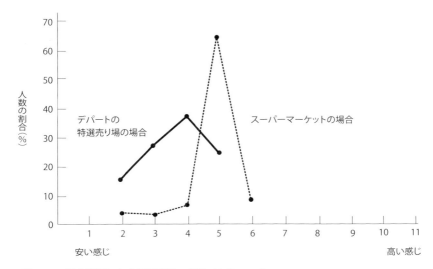

**図11-2　販売状況による価格意識の差異**（小嶋, 1986）

品・サービスの品質が価格に見合うかどうかを考慮し，購買意思決定を行う。ただし，ある価格を「安い」と感じるか「高い」と感じるかという価格意識は必ずしも合理的ではなく，状況依存的であることが知られている。たとえば小嶋（1986）では，同じ「1,000円の化粧クリーム」であったとしても，（より周りに高い製品の多い）デパートで売られていた場合の方が，（安い製品の多い）スーパーマーケットで売られていた場合と比べて安く感じられやすいことを明らかにしている（図11-2）。これは，同じ製品・価格であっても，販売状況によって相対的に判断するためである。

実際の店舗内でも，ほんのわずかな状況・環境の違いで，（ほぼ）同じ価格でも安く（高く）感じさせることは可能である。ここでは，そのいくつかについて検討していく。

## 1　セール表示

店頭で，「SALE」「大安売り」などの安さを強調するPOP広告を目にするこ

**223**

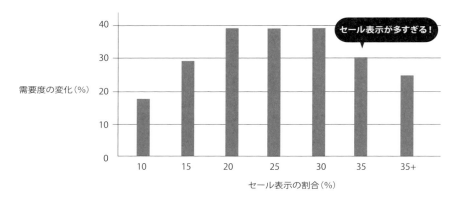

**図11-3　セール表示の割合が需要度に及ぼす影響**（Anderson & Simester, 2001）

とは多いのではないだろうか。ここではこれらをまとめて「セール表示」と称する。セール表示の効果検証として、アンダーソンとシミスター（Anderson & Simester, 2001）では、カタログに掲載されているドレスを対象に、同じ商品・同じ価格であってもセール表示を付けるかどうかで消費者の反応を比較している。その結果、セール表示がある場合はない場合と比べて、商品の需要度が57％増加することを明らかにしている。このことは、客観的な価格ではなく、消費者が主観的に安いと感じるかどうかが購買行動に直結することを示唆するものと言える。ただし、セール表示は次のような反作用もある。アンダーソンら（Anderson & Simester, 2001）は、冷凍ジュースを対象に、全商品中におけるセール品の割合について検討した結果、ある一定レベルまではセール品の割合が増加するにつれて需要度も高まるものの、20％程度で頭打ちとなり、さらに全商品の35％を超えると逆に需要度の低下が起こると結論づけている（図11-3）。これは、多くの消費者は価格と品質は対応しているという信念を持っているため、セール表示によって安さを意識させることで、品質がネガティブに判断された可能性を示唆するものである。

**表11-2　端数価格が購買行動に及ぼす影響**（Anderson & Simester, 2003）

| | 価格 | | | 売上数（端数群から見た割合） | | |
|---|---|---|---|---|---|---|
| | 低価群 | 端数群 | 高価群 | 低価群 | 端数群 | 高価群 |
| 商品1 | $34 | $39 | $44 | 16（76%） | 21 | 17（81%） |
| 商品2 | $44 | $49 | $54 | 10（71%） | 14 | 8（57%） |
| 商品3 | $54 | $59 | $64 | 6（86%） | 7 | 7（100%） |
| 商品4 | $74 | $79 | $84 | 15（63%） | 24 | 12（50%） |
| 全体 | | | | 47（71%） | 66 | 44（67%） |

## 2　端数価格

　たとえば¥10,000ではなく¥9,800と提示されたり，¥500ではなく¥498と提示されたりするように，キリのよい数字から少しだけ安く設定された価格もスーパーマーケット等でよく見かけるであろう。このような提示価格を「端数価格」という。この端数価格について，日本の場合は上述の例のように「8」で終わる数字が多用されるが，海外では「9」が一般的なようである（Anderson & Simester, 2003）。

　端数価格が多用されるのは，消費者に安く感じさせる効果を有するためである。アンダーソンとシミスター（Anderson & Simester, 2003）は，女性向けアパレルの通販カタログで販売されているドレスに対して，端数価格の効果を実証している。具体的には，端数価格を設定した群を基準に，5ドル減額した低価群，5ドル増額した高価群の3群を設定している。絶対的な価格が購買行動に直結するのであれば，最も安い価格である低価群が高い売上を示すと予想される。しかしながら，端数価格を設定している群は，高価群はおろか，低価群よりも高い売上数を示すことが明らかにされた（表11-2）。ではなぜ端数価格は安く感じさせるのであろうか。アンダーソンらは，その理由として，次の2つを挙げている。1つ目は，端数価格は消費者に対して可能な限り値引きを行っていることを伝達する情報提供機能を有しているためである。もう1つは，消費者は価格判断を行うとき，認知的負荷を軽減しようとして，右側の数値を切り捨て，左側の数値を重視するというものである。たとえば，¥4,980という価格

IV部　消費者行動に影響する個人と外部環境要因

は，¥4,900，あるいは極端に言えば¥4,000（台）と同等に感じるということである。

アンダーソンらはさらに，他のマーケティング変数の影響も加えて検討を行っている。具体的には，特に「新商品」の場合に端数価格は効果をよりいっそう高める一方で，前述のセール表示を併用した場合や，全商品が端数価格である場合では，効果が低減することを明らかにしている。これらはいずれも前述の情報提供機能の観点から説明できよう。すなわち，新商品は製品情報の伝播が十分ではないため，端数価格によって与えられる情報の価値が高く，結果的に影響力が強まると考えられる。また，セール表示は，それのみで十分に値引きを行っている情報を伝達することができるため，全商品が端数価格である場合は差別化が図れないためと推察される。

## 3　アンカリング

アンカリングとは，アンカー（錨）をおろした船がロープの範囲しか動けなくなるように，はじめに提示された情報（アンカー）に影響を受け，その後の意思決定が左右される現象を指す。アンカリングの初期の実験として，トゥベルスキーとカーネマン（Tversky & Kahneman, 1974）は，「アフリカ諸国の中で国連に加盟している割合」を推定するように求め，その推定の直前にルーレットで提示された偶然の値が回答結果に影響を及ぼすか検討している。実験の結果，ルーレットの値が「10」と小さい値だった実験参加者は，回答の中央値も「25％」と小さかったのに対し，ルーレットの値が「65」とより大きな値だった場合では，「45％」とより大きく見積もることが示された。当然ながら，「アフリカ諸国の中で国連に加盟している割合」と「ルーレットの値」は，直接関係のない数値であるはずである。しかしながら，正解とは無関係であるはずのルーレットの値がアンカーとなり，その後の推定に影響が及ぼされたと言える。

こうしたアンカリングは，消費者の価格判断にも起こることが知られている。そのことをアリエリーら（Ariely, Loewenstein, & Prelec, 2003）は，オークション実験により明らかにしている（表11-3）。まず，提示されたキーボードやワイン

226

**11章　状況要因と消費者行動**

表11-3　**アンカリングによる価格判断**（Ariely et al., 2003をもとに作成）

| | 社会保障番号の下2桁の数値 | | | | |
|---|---|---|---|---|---|
| | 00 ～ 19 | 20 ～ 39 | 40 ～ 59 | 60 ～ 79 | 80 ～ 99 |
| コードレスのトラックボール | $ 8.64 | $11.82 | $13.45 | $21.18 | $26.18 |
| コードレスのキーボード | $16.09 | $26.82 | $29.27 | $34.55 | $55.64 |
| デザイン関係の本 | $12.82 | $16.18 | $15.82 | $19.27 | $30.00 |
| ノイハウスのチョコレート | $ 9.55 | $10.64 | $12.45 | $13.27 | $20.64 |
| 1998年のコート・デュ・ローヌ | $ 8.64 | $14.45 | $12.55 | $15.45 | $27.91 |
| 1996年のエルミタージュ | $11.73 | $22.45 | $18.09 | $24.55 | $37.55 |

等の6種の製品に対して，自身の社会保障番号の下2桁の額で購入するかどうか回答を求めた（たとえば下2桁が42なら，$42で購入するかどうか）。その後，それぞれの製品についてオークションの入札金額（支払ってもよい最大金額）の回答を求めた。社会保障番号と入札金額は，関連するとは考えにくい。しかしながら，表11-3に示したように，社会保障番号の下2桁の数値が大きくなるにつれ，入札金額も大きくなることが見出された。この結果は，本来，価格判断とは無関係である社会保障番号の数値が不合理にも適正な価格判断の基準となったことを示唆するものである。

　アリエリーらの実験では，社会保障番号をアンカーとして機能させているが，現実場面では，アンカーとなりうるものはその他さまざまであり，マーケティング戦略としても応用可能である。たとえば，販売員が価格の高い商品から薦めることや，通販番組ではじめに高い価格を伝達した後に，「今だけ」の限定価格を提示することは，アンカリングの応用例と言える。これらは，はじめに提示された価格がアンカーとなり，その次に提示されるより安い価格に対して，いっそう安く感じられやすくなることを意味している。

## 45　多数の選択肢の中でのブランド選択

　実際の店舗では，たとえば缶コーヒー一つにしても，多数のブランドが存在

**227**

しており，私たちは複数の選択肢の中からブランド選択を行っている。本章の最後に，これら多数の選択肢が私たちの選択行動に及ぼす影響について概観していく。

## 1 ブランド選択における文脈効果

　消費者の合理的な選択行動として，2つの選択肢の選好順位は第三の選択肢が加わっても影響を受けない（不変性の原理）という前提がある。たとえばショートケーキの方がチーズケーキより選好度が高い人は，第三選択肢であるフルーツタルトを含めて順位付けをしたとしても，ショートケーキとチーズケーキの順序関係は維持される。しかしながら，第三選択肢が存在するある特定の文脈（状況）では，不変性の原理に反して当初の選好度が逆転することも起こり得る。これを文脈効果という。文脈効果にはいくつかの種類があるが，ここではその中でも有名な「魅力効果」「妥協効果」を取り上げて検討する。

　図11-4（左）において，まずXとYの選択肢について比較する。Xは価格が高いが品質は優れた選択肢であり，Yはそれと比べて安いが品質は劣る選択肢である。この2つは，一概にどちらが優位であるか言及できない。しかしながら，この状況下で，Yより価格も高くて品質も低い，すなわち，Yより確実に

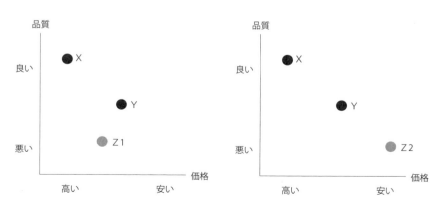

**図11-4　魅力効果（左）と妥協効果（右）のイメージ図**

劣った選択肢Z1（デコイ＝囮）を投入し，3つの選択肢で比較検討した場合，二者で比較していたときよりYの選択比率が上昇することが知られている（Huber et al., 1982）。この現象を魅力効果という。これは，Yより明らかに劣る選択肢Z1を加えることにより，このZ1がYの引き立て役となり，Yを魅力的に感じさせたために生じると考えられる。

次に，妥協効果とは，図11-4（右）における選択肢XとYの二者間で比較をしているときより，Yより長所も短所も顕著な選択肢Z2を加えることにより，Yの選択比率が上がる現象を指す（Simonson, 1989）。妥協効果の背景には，リスク回避の心理が働いている。例で示したX, Y, Z2は，価格と品質のバランスは同一であるため，三者間で優劣がつけることはできない。このような状況下では，極端な選択肢（上記の"高すぎるX"や"品質の劣るZ2"）を選択するリスクを避けようと熟考した結果，もっとも無難な中間選択肢が選択されやすくなる。

妥協効果は，タイムプレッシャーがあると生じにくくなる（Dhar et al., 2000）。その理由として，時間的制約があると熟考することができず，意思決定が省力化されるため，いずれかの優れた特徴を持つ選択肢（図11-4（右）を例に取ると，「一番品質の良いX」や「最も安いZ2」）に注目が集まるためである。また，どれも選択しないという「非選択選択肢」が加えられたときにも，妥協効果は生じにくくなる（Dhar & Simonson, 2003）。上記を鑑みると，妥協効果は特定の選択肢を好んで選んでいるというのではなく，熟考した上で最も間違いの起こりにくい選択肢を選択するといった消極的な選択であると考えられる。

実際のマーケティング現場では，図11-4のように単純ではなく，より複雑ではあるが，たとえばデコイを投入したり，あるいは，より極端な選択肢（品質に価格も高い商品）を陳列したりすることで，ターゲットとなるブランドの選択比率を向上させることは可能だろう。

## 2　選択のオーバーロード現象

消費者は，限られた選択肢の中から選ぶよりも，豊富に品揃えされた選択肢の多い状況を好むと一般に考えられている。その背景には，いわゆる「選ぶ楽

しみ」であったり，選択肢が多いほど自分の好みに合致する選択肢に出合える
という信念があろう。しかしながら，近年の研究によれば，選択肢が多すぎる
と，かえって購買行動や選択後の満足度が低下する可能性が示されている。こ
の現象は，「選択のオーバーロード現象」と呼ばれている。

　選択のオーバーロード現象において最も有名な研究は，アイエンガーら
（Iyengar & Lepper, 2000）のジャム売り場でのフィールド実験であろう。この実験
は，実際に高級ジャムを販売する際，試食できる数が6種類であるか，24種類
であるかによって，消費者の行動にどのような違いが生じるかを比較検討した
ものである。まず，試食をした人の割合は，6種類群（約40%）よりも24種類
群（約60%）の方が高くなった。この結果は，試食できる数が多いほど“選ぶ
楽しみ”があるため，注目を集めたことを示唆し，選択肢の多い状況を好むと
いう一般的信念と一致している。しかしながら，試食後に実際に購買した人の
割合は，6種類群は30%に対し，24種類群ではわずか3%であった。この購買行
動は，試食に対する満足度によってもたらされる差異と位置づけられる。つま
り，選択肢が多い24種類群ほど，試食に対する満足度が低下して購買行動が
抑制されることが明らかにされた。直感では，選択肢が多いほど，“本当に好
きな味”に出合い満足度も高くなりそうではあるが，なぜ，このような結果に
なったのだろうか。

　選択のオーバーロード現象が生起する背景の一つは，認知的過負荷が挙げら
れる。つまり，あまりにもたくさんの選択肢を提示されることで，選択に伴う労
力が増し，選択への動機づけが低下し，結果的に選択結果への満足度が低下す
るということである。もう一つの理由として，機会コストの高まりが挙げられる。
機会コストとは，別のオプションを選んでいれば手に入ったはずの機会を失う
というコストを指す。たとえばスイーツの選択場面でミルクレープとモンブラ
ンで悩み，ミルクレープを選択することは，モンブランを味わう機会を捨てる
というコストの発生を意味する。この機会コストは，「選ばなかった選択肢の方
がよかったかもしれない」という後悔と密接な関係にある。選択肢数が増加す
るということは，選ばなかった選択肢の増加につながるため，選択結果に後悔

しやすく，満足度が低下すると考えられる。

　今日の消費社会では，何か一つの商品を選ぶにも，きわめて多数の選択肢に溢れかえっている。そうした状況の中で，多数の選択肢がかえって選択を阻害する可能性があることについては，留意しておく必要があろう。ただし，この選択のオーバーロード現象は，再現性が安定しておらず，メタ分析の結果でも疑問視されている（Scheibehenne et al., 2010）。今後，さらなる研究の蓄積が求められている。

## トピックス⑪　店舗内における販売促進のための陳列技術

　スーパーマーケットやコンビニエンスストアにおける販売は，基本的に店員が直接に顧客に働きかけるという対面推奨販売ではなく，人を介さずに消費者に働きかけるという無人推奨販売の形態がとられる。したがって店舗内における物理的環境によって，消費者の意図や行動をコントロールして購買を誘発させるための工夫（陳列技術）が必要である。これに関連して大槻（1986, 1991）は，売上の増大を図るための陳列方法を以下のように解説している。

　(a) パワー品目の活用：パワー品目とは，顧客を引きつける力が強いという意味で，肉類，野菜，鮮魚，卵，牛乳などがそれに該当する。これらの品目を店舗内に分散して配置することで顧客の回遊性を高め，さらにその品目の回りを「衝動買い品目」で取り囲めば売上を増大させることができる。

　(b) 大量陳列：とりたてて値引きのされていない商品であっても，売り場内に大量に積み上げておくだけで売上が増大することが経験的にわかっている。

　(c) 右側優位の原則の利用：人間の中では「右利き」の人が多数派を占めており，また人間の視線が左から右に流れるという習性があるためか左側に比べて右側のものの方が1.5〜2倍も選択されやすいことが明らかになっている。したがって，利益率の高い商品や，同じ商品でも容量の大きいものを優先して右側に置くという方策が考えられる。

　(d) バーチカル（垂直）陳列：同一銘柄の同一品目を上中下段すべてタテに統

一して陳列すること。この陳列の良さは，消費者によって銘柄間の比較がしやすいこと，歩行中の消費者の目の流れをタテの線で区切るので目に留まりやすいことなどである。

（e）エンド陳列：商品を置く棚の位置によって売上は一様ではなく，一般にエンド（端）の部分に置かれた商品は消費者の目に留まりやすくよく売れる。一般に，中通路のエンドはあまり効果的ではなく，奥のメイン通路に面したエンドが最も効果的であり，レジ前のエンドがこれに次ぐとされている。

（f）関連陳列：もともとカテゴリーが異なるが，使用状況や使用目的が同じ商品を並べて陳列する手法。冷凍エビとエビチリソース，イチゴと練乳，焼肉とタレなどの組み合わせが考えられる。

（永野光朗）

# 12章

# 対人・集団の要因と消費者行動

> 新しい洋服や腕時計を購入するとき，記念日を祝うレストランを選ぶとき，消費者はどのようなことを考えて意思決定をするだろうか。広告を参照したり，店頭で商品を試着して，自分一人で気に入ったものを選ぶこともあるだろう。しかし，多くの場合において，消費者は，様々な形で他者から影響を受けて意思決定を行っている。たとえば，インターネット上の「口コミ」を読んだり，友人や家族の間での評判などを参考にしながら判断を下す。本章では，私たちの購買意思決定は，どのように他者あるいは集団から影響を受けているのかについて考える。

## 46 口コミと消費者行動

### 1 口コミ (Word-of-Mouth Communication) とは何か

ある製品やサービスに関して，消費者同士で交わされる対人コミュニケーションのことを「口コミ（クチコミ）」と呼ぶ。かつては，口コミといえば家族や友人といった既知の人間関係の中で，口伝え（verbally）で交わされる会話が想定されていたが，現在では，オンラインで交わされる文字ベースのコミュニケーション，あるいは，写真や動画を用いたコミュニケーションの効果も，口コミの効果として注目されるようになっている（Berger, 2014; Chen & Yuan, 2020）。オンラインのコミュニケーションの相手は，友人や家族などの既存の

身近な対人関係には限られず，不特定多数の未知の他者であったり，居住エリアが遠く離れた知人ということもありえる。したがってオンラインの口コミは，地域や言語，職業，年齢などの属性を超えて拡散される可能性があり，マーケティングにおいて大きな影響力をもたらす。本書では，既知の人間関係における口伝えの会話に限らず，製品やサービスに関する消費者間の対人コミュニケーション全般のことを指して，「口コミ」と呼ぶ。

　私たちは日頃，広告あるいは口コミを通じて，新しい製品やサービスの存在を知ることが多い。口コミは，広告や広報などの他のマーケティング・コミュニケーションと比較すると，企業から消費者へ向けられた公式の（formal）メッセージではなく，消費者個人の間で自然に発生した非公式な（informal）コミュニケーションであるという特徴がある。つまり口コミには，消費者に製品やサービスを買わせようとする説得意図がないため，私たちの消費生活において，いわば「第三者の評価」としての意味づけを持っている。利害関係がないコミュニケーションであるからこそ，見ず知らずの他者の口コミであっても，私たちはある程度の信憑性があると感じ，参考にすることができる。

## 2　人はなぜ口コミをするのか

### a　受け手の動機

　消費者が口コミを受け手（receiver）として利用する一番の理由は，より良い製品やサービスを選択するために，購買経験者や商品知識が豊富な者の意見を参考にしようとするからである。特に目的もなく単なる楽しみとして口コミサイトを訪れる人もいるが，消費者が口コミを読む動機としてよく挙がる理由は，「買って失敗するリスクを低減したい」「情報探索のための時間を節約したい」「製品の使用方法を知りたい」「他人の製品評価が自分と同じかを確認したい」などである（Hennig-Thurau et.al., 2003; Kim et al., 2011）。

　ブラックウェル，ミニアードとエンゲル（Blackwell, Miniard, & Engel, 2006）によれば，①消費者が商品について十分な知識を持っていない，②消費者が良い商品かどうかを判断する知識や能力を持っていない，③商品を評価する客観的

基準がない，④他の情報源（例：広告）が信頼できない，⑤商品が他者から見えるものであるときなどに，消費者は口コミをよく利用する。初心者がパソコンを買いに行く場面を想像してもらうとわかりやすいだろう。パソコンにはどんな種類や機能があるのかまったくわからない上，販売店で店員にていねいに説明してもらっても，その意味さえよくわからない。そもそも店員の説明は信頼して大丈夫なのかも不安である（売れ残りを薦められているかもしれない）。このような状況において，消費者はより良い商品を選ぶための手がかりを口コミに求める傾向が強まる。

### b　発信者の動機

口コミを発信する側（sender）がなぜ口コミをするのかについては，受け手よりも複雑な動機が存在すると考えられている（e.g., Berger, 2014; Chung & Darke, 2006; Ho & Dempsey, 2010）。

**①返報性や利他行動**　他者がより良い商品やサービスを購入できるために役立ちたいという動機。以前，自分が誰かの口コミを参考にして良い買い物ができたという経験があると，人は恩返しとして自分も情報提供をしたいと感じる（返報性の動機づけ）。あるいは，そのような経験がなくとも純粋に自分の経験が誰かの役に立てばうれしいと考え口コミを行う人もいる（利他行動）。

**②自己表現や集団内地位の向上**　口コミはこれから製品を購入する他者のためだけに行われるのではない。むしろ多くの口コミ発信者は，自己表現や印象管理のために口コミを発信している。たとえば，口コミをすることで自分自身がどんな人間かを他者に伝えたい（アイデンティティの訴求），周囲の注目を集めたい，自分の行動が正しかったという確証を持ちたい，知識があることを示したり他者の購買行動に影響を及ぼすことによって集団における自分の地位を高めたい（自己高揚），という動機で口コミが行われることも多い。

**③感情の制御**　消費者は，購入した製品に高い満足感を覚えたときには，うれしいという感情を表出したいという動機から口コミを発信する。逆に，購入を後悔するような経験があった場合には，自分の負の感情を発散したり鎮める

Ⅳ部　消費者行動に影響する個人と外部環境要因

表12-1　購買後の感情と悪い口コミの発信動機 （Wetzer et al., 2007をもとに作成）

| 製品の購入後に経験した感情 | 悪い口コミをする動機 |
| --- | --- |
| 落胆，疑念 | ・他者からの支持や理解を得て心を落ち着かせる<br>・助言を求める |
| 後悔 | ・友人や家族との心のつながり（social bonds）を求める<br>・会話相手を楽しませたり，驚かそうとする<br>・自己イメージをコントロールしようとする |
| 後悔と落胆 | ・他の消費者に警告をする |
| 怒り | ・怒りの感情を表現することで発散しようとする<br>・復讐として，ブランドや企業を傷つけようとする |

ために，あるいは他者にサポートを求めるために口コミを発信する。

**④他者との関係性強化**　私たちは製品やサービスについての情報提供をしたり，自分の立場を向上させようというような目的を持たずに，単に会話のきっかけとして口コミをする。たとえば，寂しさを紛らわすため，他者から共感を得ることを主目的として口コミを発信する。

## 3　悪い口コミの発信動機

　自己表現を目的とした口コミは肯定的な内容が多いが，消費者は購入した製品やサービスに強い不満を覚えて状況を改善したいという意図を持ったとき，口コミを発信しようと強く動機づけられる。どのような口コミを発信するかは，商品を購入した後に経験した感情によって異なるとされる（Wetzer et al., 2007; 表12.1）。後悔や落胆であれば，自分を慰めたり，他に同じ思いをする人がいないように警告するといったような前向きな動機づけを持って口コミが行われるが，怒りを経験した消費者は企業やブランドを傷つけようと攻撃的な口コミを行う。

## 4　口コミにはどんな効果があるか

### a　広告と口コミ

消費者が製品を選択する上で参考にする情報として，代表的なものに広告が

ある。では，広告と口コミではどちらの方が効果的なのであろうか。従来は，広告は製品やブランドの存在を知らせたり，魅力を増加させたりするのに有効であるとされた。一方で，口コミは製品やブランドを評価したり，購買意思決定を下す際に効果を発揮すると言われてきたが，オンラインでは口コミをきっかけとして製品が高い認知度を得るに至った事例も少なくない。

広告はテレビなどのマスメディアによって消費者に届けられるため，短期間で非常に多くの消費者の目に触れることになる。また，広告は企業（売り手）によって製品やサービスをより良く見せるよう意図して作られているため，その製品の良さを確認するのには有効である。このため，広告は本来まだその商品を持っていない人に向けて作られたものであるにもかかわらず，すでに商品を購入した消費者も「買って良かった」と確信するために広告をよく見ている。このプロセスは，認知的不協和理論（Festinger, 1957）によって説明できる。購入した製品が，あまり満足のいく製品ではなかったという事実は，消費者にとっては認知的不協和を生じるので，不協和を低減するために，広告を見て製品をいいものであったと思いこもうとする。

### b　口コミの影響力

口コミは広告のような「買わせよう」という意図がない分だけメッセージが信頼できる上，購入経験者の体験談であるために消費者にとってはリスク低減の好材料となり，商品を買うかどうかの最終判断で背中をひと押しするような効果を持っている。とりわけ親しい他者や，高く評価されたい相手からの口コミの場合には効果が高い。たとえその製品自体を良いと思えない場合でも，重要な他者との良好な関係性維持を主目的として，購買が促されることもある（Berger, 2014）。

一つの口コミがどれくらいの影響力を持つのかを決定する要因としては，以下の5つが指摘されている（De Bruyn & Lilien, 2008）。

①**対人関係の強さ**　付き合いが長く，親密で，お互いに助け合うような強い絆のある相手からの口コミは影響力が強い。

②**態度やライフスタイルの類似性**　価値観や好みやこれまでの経験が，自分と似ていると感じる相手からの口コミは影響力が強い。

③**人口統計学的類似性**　年齢，性別，職業，学歴などが自分と共通する相手からの口コミは影響力が強い。

④**専門性**　それぞれの製品やサービスについて，専門的な知識を持っている人からの口コミは影響力が強い。

### c　悪い口コミの影響力

　良い口コミに比較して，悪い口コミはより影響力が強いと考えられてきた（Arndt, 1967; Mizerski, 1982; Herr, Kardes, & Kim, 1991）。一般に世の中には良い口コミの方が悪い口コミより多いため，悪い口コミは目立ちやすく，情報としての価値が高いと思われやすい（Hoyer & Macinnis, 2010）。口コミに限らず，そもそも人間は進化的に悪い情報に注意を向け記憶に残そうとする傾向があることが知られている（negativity bias; ネガティビティ・バイアス; Baumeister et al., 2001; Rozin & Royzman, 2001）。

　一方で，良い口コミの方が悪い口コミと同等かそれ以上に効果的と主張する研究もある（East, Hammond & Lomax, 2008）。たとえば，悪い口コミは，商品やサービス自体に問題があると原因帰属（causal attribution）された場合に最もダメージが大きくなるが，悪い口コミをした人の方にこそ問題がある，あるいは，たまたまその商品だけに欠陥が生じたにすぎない，と原因が推測された場合には，そのダメージは小さくなる（Laczniak et al., 2001）。また，製品やブランドに関して熟知している場合，感情的な思い入れ（愛着感）が強い場合，商品の使用経験がある場合などにも，悪い口コミのダメージは小さくなる（杉谷, 2016; Sundaram & Webster, 1999）。とりわけ強い思い入れのあるブランドに対する悪い口コミを読んだ場合には，ブランドを守ろうという心理が働き，悪い口コミによってむしろブランドへの好意度が高まることもある（Wilson, Giebelhausen & Brady, 2017）。

## 47 情報の広がりと消費者行動

### 1 情報の流れにおけるリーダー

#### a マス・コミュニケーションの研究

情報がどのように世間に広がっていくのかについての研究は，20世紀初頭，新聞・雑誌やラジオの普及とともに始まった（田崎・児島, 1992）。当初はマスメディアの情報は強大な影響力を持つという説が主流であり，代表的な研究として，キャントリル（Cantrill, 1940）の「火星からの侵入」が挙げられる。これは，1938年，アメリカのあるラジオ局が火星人が地球に侵攻してきたという内容のドラマを放送したところ，それを真実であると勘違いした聴衆がパニックを起こしたという事件の調査報告である。この頃の研究が提唱した「マスメディアは人に対して直接的な影響力を持つ」という考え方は，「弾丸モデル」や「皮下注射モデル」と呼ばれている（図12-1）。

しかし，その後ラザースフェルド（Lazarsfeld）などの研究をきっかけに，マスメディアは個人の行動を決定づけるほどの直接的影響力は持たないという説が主流になっていった。なぜならば，一連の調査研究によって，①人はマスメディアの情報を受け取る前から自分自身の考えを持っており，それが強ければマスメディアの情報によって考えを変えないこともあること，②人には自分の考えに合った報道ばかりに耳を傾ける傾向（選択的接触［selective exposure］）が

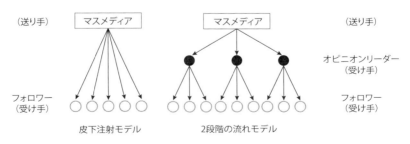

図12-1　コミュニケーションの流れに関するモデル

あること，③マスメディアの影響力を規定するオピニオンリーダーと呼ばれる
人々の存在などが指摘されたからである（田崎・児島, 1992）。この頃の研究は
「限定効果論」と呼ばれ，代表的なものに「コミュニケーションの2段階流れ
（two-step flow of communication）仮説」（Kats & Lazarsfeld, 1955）がある（図12-1）。

　1960年代後半に入ると，テレビが普及してマスメディアの中心となったこ
とから，新聞・雑誌・ラジオを中心としたこれまでの研究は修正を余儀なくさ
れた。そして，再びマス・コミュニケーションが強力な効果を有するという主
張（強力効果論）が主流となっていく。本書の目的からはそれるので詳しくは
省略するが，「議題設定機能」（McCombs & Shaw, 1972）や「メディアシステム
依存理論」（Defleur & Ball-Rokeach, 1989）などが提唱され，人々がマスメディア
を通して，社会状況の意味づけや解釈をしている様子が指摘された。

### b　コミュニケーションの2段階流れ仮説

　コミュニケーションの2段階流れ仮説は，もともとはマス・コミュニケー
ションが人々にどのように影響を与えるかについての研究から提唱されたモデ
ルであるが，企業が発信する広告や新商品情報がどのように一般の消費者に届
くのか，オンライン上で口コミがどのように拡散されるかを説明する上でも有
効な考え方である。

　かつては企業からの情報は，皮下注射モデルが示すように，消費者一人ひと
りに直接届き，購買行動に影響を与えると捉えられていた。しかし，コミュニ
ケーションの2段階流れ仮説は，消費者は情報をマスメディアから直接受け取
るばかりではなく，それを他者に伝えることによって購買行動に影響を与える
ことがあり，実はこのような対人的コミュニケーション（パーソナル・コミュ
ニケーション）の方が，マス・コミュニケーションよりも大きな説得力をもつ
ことが指摘された。このパーソナル・コミュニケーションにおいて影響力を持
つ人物のことをオピニオンリーダー（opinion leader）と呼び，影響を受ける側の
人々をフォロワー（follower）と呼ぶ。

### c　オピニオンリーダーとは

　今どんなファッションが流行っているのかについて知りたいとき，あなたは誰にアドバイスを求めるだろうか。この人に聞けば間違いないと，周囲から信頼されている人はいるだろうか。あるいは新しいパソコンを買いたいとき，ぜひアドバイスをもらいたいという人はいるだろうか。今あなたが思い浮かべた人々は，おそらくオピニオンリーダーである。

　オピニオンリーダーは，他者の態度や行動にしばしば影響を与える人物と定義されているが，さまざまな研究によって以下のような特徴を持つこともわかっている（e.g. Blackwell et al., 2006; Evans, Jamal, & Foxall, 2009）。

・特定領域の商品カテゴリーやブランドについて詳しく，それに関するマスメディア情報や他者の意見などを積極的に収集している。
・オピニオンリーダーとその影響を受ける人は，人口学的特徴（性別，年齢，職業など）や考え方・信念において，似通っていることが多い。
・性格的には，自信家で社交的な人が多い。
・新商品を発売間もない時期に購入することで，フォロワーに情報提供を行う。

### d　市場の達人（market maven）

　オピニオンリーダーは「領域特定」という特徴を持つと述べたが，周囲から頼りにされているオピニオンリーダーと思しき人の中には，商品カテゴリーにかかわらず情報通であるという人も少なくない。フェイクとプライス（Feick & Price, 1987）は，消費者に影響を与える人物には，領域の限られた「オピニオンリーダー」と，領域にかかわらず影響力を発揮するタイプのリーダーがいることを突き止め，後者を「市場の達人」と名付けた。市場の達人は，「複数の商品カテゴリー，小売店などについて熟知し，話を自ら主導すると同時に，人から情報源として頼りにされている消費者」と定義される（Feick & Price, 1987）。彼らは，商品自体の特徴，価格，どこで売っているかなどさまざまなことを知っているが，自分では商品を買ったことがなかったりする。つまり，消費に

Ⅳ部　消費者行動に影響する個人と外部環境要因

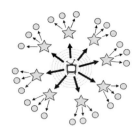 

**図12-2　情報の流れに関する従来の考え方（左）と近年の考え方（右）**
（Watts & Dodds, 2007）

まつわる情報を収集し，それを広めることで，他の消費者の助けになることを楽しんで行っている人々である（Walsh, Gwinner, & Swanson, 2004）。

### e　ソーシャル・ネットワーキングとインフルエンサー

　テレビCMや雑誌広告などマスメディアを主な媒体としてマーケティング活動が展開されていた1990年代までと異なり，インターネット・コミュニケーションの普及に伴って，オピニオンリーダーの影響過程はコミュニケーションの2段階流れ仮説が示すほど単純ではなくなった。コミュニケーションは，オピニオンリーダーからフォロワーへと一方向的に流れるものではなく，オピニオンリーダーとフォロワー，フォロワー同士が活発にコミュニケーションを交わすことで相乗効果が生まれ，ますますパーソナル・コミュニケーションの影響力が高まっている（Watts & Dodds, 2007; 図12-2）。

　「インフルエンサー」は，ソーシャル・ネットワーキング・サービス（SNS）などを通じて他者に多大な影響を与える人物の一般呼称であり，学術的には「オピニオンリーダー」とほぼ同義で扱われている。ただし，その中にはフォロアー数が数百万を超え，企業から依頼を受けて宣伝活動を担うなど，「インフルエンサー」を職業とする者も出てきており，単に身の回りで少し影響力の大きな人物をも含んだ「オピニオンリーダー」の枠組みではとらえきれない，強大なマーケティング効果（売上の向上）をもたらす存在である。

インフルエンサーは，フォロアーのブランド態度や製品の購買意図に影響を与えるが，とりわけたくさんのフォロアーを魅了する「インフルエンサー」は，次のような特徴を備えていることがわかっている（Vrontis et al., 2021）。

・フォロアーとさまざまな特徴や価値観において類似性が高い
・話に説得力があり，専門知識があり，信頼に値する
・推奨している製品やブランドとインフルエンサー自身が適合している
・身体的な魅力が高い／憧れの存在である
・オリジナリティが高く，独自性がある
・フォロアーと交流を持ち，感情的なつながりを築いている
・もともと人気があり，たくさんのファンがいる

## 2　消費者のネットワーク

### a　「弱い紐帯の強さ」

インターネット上のコミュニティを視覚化すると，図12-3に示したようなネットワーク図が描ける。ここでは議論をわかりやすくするため簡略化して描いているが，たとえば，実際のSNS上の対人関係を同じように視覚化していくと，目に見えないほど密で細かい線で消費者同士は結ばれる。このような社会的ネットワークの全体構造をマイクローマクロな視点から論じようとした最初の研究がグラノベッター（Granovetter, M.）の「弱い紐帯の強さ」（strength of weak tie; Granovetter, 1973）研究である（池田, 2010）。図中で消費者と消費者をつないでいる線は「紐帯（ちゅうたい; tie）」と呼ばれ，同一コミュニティに所属する家族や親友のような親密な対人関係は「強い紐帯（strong tie）」，さほど親しくなく，コミュニケーションの頻度が低い対人関係は「弱い紐帯（weak tie）」と定義される。前者（例：仲の良い親友同士）では，コミュニケーション頻度が高いので，情報が伝わるのが早く（Hoyer & Macinnis, 2010），購買意思決定において相手の口コミを参考にする傾向が強い（Brown & Reingen, 1987）。ところが，口コミが広がる範囲という観点から見ると，むしろ弱い紐帯（例：疎遠な従兄）の方が有利である。図12-3で，二重線で囲まれた「消費者」に注目して

**243**

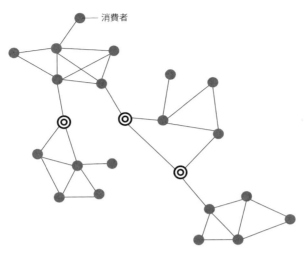

**図12-3　消費者のネットワーク**

いただきたい。彼らは強い紐帯を持たない代わりにコミュニティの橋渡し役（Bridge）としての弱い紐帯を持っており，彼らを通じて，情報はあるコミュニティから他のコミュニティへと伝えられていく（Brown & Reingen, 1987）。「ブランドAは大変良い」という情報が，高い影響力を持ちつつも，あるコミュニティ内にとどまってしまうことは企業から見れば望ましいことではない。口コミが集団を超えて世間に広まりヒットにつながることこそ重要であると考えれば，「弱い紐帯」が「強い」のである。SNSは，遠隔地に住む人や，対面のコミュニティでは決して出会えなかった人との「弱い紐帯」を拡大することに貢献し，口コミの影響力を増大させたと考えることができる。

b　「スモールワールド（世間は狭い）」理論

　人と人をつなぐネットワークがいかに密であり，世界は意外にも狭い（スモールワールド）ことを証明した有名な研究がある。それは，1960年代にアメリカのある都市で行われた実験である。実験参加者達は，ある人物のプロフィールを提示され，その人物を知っていそうな知人のネットワークを通じて

手紙をリレーし，その人物まで届けてほしいと依頼される。実験の結果は，驚くべきものであった。手紙は平均してたった6人の人物を介して到達しており（「六次の隔たり（Six Degrees）」と呼ばれる），最短のケースでは4日しかかからなかった（Milgram, 1967）。インターネットを用いて行われた研究でも，ほぼ同様の結果を得ている（Dodds et al., 2003）。

## 3 新商品の普及とイノベーター

### a イノベーションとは

イノベーション（innovation）とは，「従来とは性質の異なる考えや行動や物事」を意味し，消費者行動におけるイノベーションとは，「新しい製品やサービスが市場に導入されるプロセス」のことを指す（Hauser et al., 2006; Hoyer & Macinnis, 2010）。たとえば，従来は対面で口伝えでしか行えなかった「会話」は，固定電話の登場によって遠隔地にいる人とも話せるようになり，携帯電話によって外出先でも遠隔地にいる人と会話が可能になった。さらには，スマートフォンの登場により，映像付きで会話をすることも可能となった。これらはすべて，人と人の会話をめぐる「イノベーション」である。

しかし，すべてのイノベーションが受け入れられ，普及するわけではない。イノベーションが普及するには，以下の5つの条件を満たすことが重要であるとされている（Rogers, 1962; Blackwell et al., 2006; Solomon & Russell, 2024）。

①**相対的優位性**（relative advantage） 既存の製品と比較して明らかな便益があるか。

②**両立性**（compatibility） 消費者が従来使用していた製品や生活スタイルと共存できるか，および，消費者の価値観やニーズと合致しているかどうか。新しいパソコンを買ったら以前使っていたソフトが全部使えなくなるようでは，そのパソコンは採用されない。

③**複雑性**（complexity） 使用方法が難しいかどうか。当然，複雑性の高い新製品は採用されにくい。

④**試用可能性**（trialability） 経済的損失をこうむることなく試してみること

IV部　消費者行動に影響する個人と外部環境要因

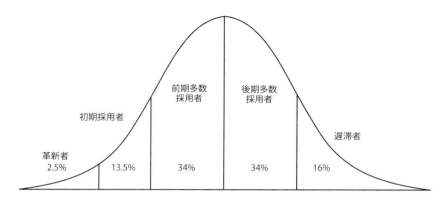

**図12-4　イノベーション普及モデル**（Rogers, 1962より作成）

ができるかどうか。サンプルの配布などによってこれを高めることができる。

⑤**観察可能性**（observability）　新製品を使用した結果が目に見えるかどうか。周囲からはっきりと結果が見えるイノベーションは採用されやすい。

b　イノベーションの普及過程

消費者の中には，新しいもの好きで新発売と言われれば試さずにはいられないという人もいれば，保守的で昔から使っているものを好む人もいる。ロジャーズ（Rogers, 1962）は，新商品やサービスなどのイノベーションを採用する早さによって消費者を以下の5つのカテゴリーに分け，時間の流れとともに新商品が世間に普及していく過程をモデル化した。（図12-4）

①**革新者；Innovator（イノベーター）**　イノベーションを最初に採用する人々。製品カテゴリーによって異なる人がイノベーターであることが多い。冒険好きで，社会経済的地位が高く，情報通である。周囲には変わり者と思われている。

②**初期採用者；Early Adopter（アーリーアダプター）**　イノベーターの次に採用する人々。オピニオンリーダーに多い。イノベーターと異なり，社交的

で流行に敏感な人という印象を持たれる。

③**前期多数採用者；Early Majority（アーリー・マジョリティ）** 慎重だが平均よりは早く採用する人々。

④**後期多数採用者；Late Majority（レイト・マジョリティ）** 新しいものに懐疑的で平均より遅く採用する人々。

⑤**ラガード；Laggard（遅滞者）** 一番遅れて採用する人々であるが，新しいものを受け入れない（最後まで採用しない）人も含まれる。友人ネットワークが狭い人が多い。

　このモデルにおいて重要な点は，イノベーターや初期採用者と呼ばれる全体の16％ほどの人々がイノベーションを採用することで，そのメリット・デメリットが明らかにされ，前期多数採用者をはじめとした大多数（80％超）の消費者がそれに続くという指摘である。つまりイノベーターや初期採用者はイノベーション採用のリスクを低減させる役割を担っているため，彼らが採用しなければ，それ以外の人が採用してくれるということは見込めない。したがって新商品をヒットさせるには，イノベーターや初期採用者を見つけ出し，彼らに採用してもらうことが不可欠であることが示唆される。

# 48　集団の影響と消費者行動

## 1　社会規範の影響

### a　社会規範とは

　進学や就職などの節目において，新しい環境で新しい仲間と生活をスタートさせるとき，私たちは戸惑うことがある。どのような服装が望ましいか，どのようなふるまいをすれば周囲から好かれるのか，まだよくわからないためである。しかし，新しい環境にしばらく身を置くことで，「多くの人が実際にどうしているか」を観察しながら，どのような行動・態度が受け入れられやすいのかを知り，同じ行動を取ることによって，私たちは集団で受け入れられ，自分の居場所を得ることができる。

IV部　消費者行動に影響する個人と外部環境要因

　このように，私たちの社会には「周囲から好意的に受け入れられる行動，態度，価値観に関する暗黙のルール」が存在しており，このルールのことを，「社会規範（social norm）」と呼ぶ（Deutsch & Gerard, 1955）。社会規範には，命令的規範（injunctive norms）と記述的規範（descriptive norms）がある。命令的規範とは，各集団における「〜すべき」「〜が望ましい」という共通認識であり（例：「職場ではスーツを着用すべき」），記述的規範とは，それが良いことか悪いことかにかかわらず，実際にその集団の多数派の人たちがどうしているか（例：「その職場でスーツを着ている人が多いか」）を意味する。

### b　なぜ社会規範にしたがうのか

　私たちは，自らの生きる社会の中で「認められたい」「受け入れられたい」「人から好かれたい」という強い動機を持つ（所属欲求：Need to belong; Baumeister & Leary, 1995）。したがって，集団に好意的に受け入れられようと望み，その集団の命令的規範を侵害しないように行動する。たとえば，ある会社では，会議開始時刻の10分前までに集合することが暗黙のルール（命令的規範）であったとする。この場合，開始時刻1分前に会議室に入ることは，たとえ会議開始に間に合ったとしても，社会規範を侵す行為となる。そのような人物はあまり高くは評価されないだろう。

　同僚や友人に好かれるために，流行のファッションや行動様式を取り入れることも，社会規範への同調ととらえることができる。たとえば友人サークルなどの自由な場では，「このような服装をするべき」という命令的規範は多くの場合，存在していない。しかし，「この集団では今，多くの人がこのようなファッションを取り入れている」という記述的規範が働く。人は，多くの人が取り入れている行動様式を，「多くの人がそうしているのだから，そうするのが妥当なのだろう」と判断し，真似をするようになる（Cialdini, Reno, Kallgren, 1990）。こうして集団への同調反応としての消費行動が生じる。人は，周囲の人と同じものを買い求めようと動機づけられ，多くの人が同じものを買うほどに，その製品やブランドが流行する。

**248**

### c 社会規範の効果

　日本人は集団主義であり同調圧力に弱いとしばしば論じられるが，同調を求める社会規範の影響力については，日本人に限らず報告されている。社会規範の影響を実証した古典的研究として，アッシュ（1955）が米国の大学で実施した実験がよく知られている。アッシュは7～9名の大学生に2つのカード（図12-5）を見せて，左のカードの線と同じ長さの線を右のカードの1～3番の中から1つ選択するように求めた。正解は明らかに「2」である。しかし，実験に参加している大学生グループのうち，1名を除いて全員がサクラであった。サクラは誤答をするようにアッシュから事前にこっそり頼まれており，彼らは順に「3だと思う」と答えていく。真の被験者である学生は，本当は2が正解だと思いつつも，3と答えるべきか迷う。同様の試行を何度か繰り返す実験を，多数の学生を対象として実施した。その結果，1人で考えればほぼ100％正解できる線の長さの判断課題の誤答率が36.8％となった。一切サクラに同調せず正答を答え続ける学生も1/4ほどいたが，大多数の学生が，すべての課題あるいは一部の課題で，誤答と知りつつも，他の学生に同調する姿勢を示した。

　社会規範は，集団圧力となって時には人を不本意な方向に導いてしまうこともある一方で，人々を向社会的行動に動機づけることもできる。たとえば，多くの消費者が，リサイクル活動や倫理的商品の購入など，消費活動においてもっと地球環境に積極的に配慮すべきであると自覚しながら，なかなか行動にうつせないでいる。このような場合，「あなたの周りの多くの人が環境配慮型

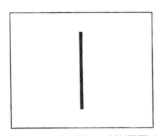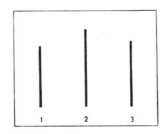

**図12-5　線の長さの判断課題**（Asch, 1955）

の行動を取っている」という記述的規範を示すことで，人々を強制することなく，環境配慮に導くことができる。ゴールドスタイン（Goldstein, N. J.）らは，ホテルを連泊する客にバスタオルの再利用を促すメッセージカードを設置する実験を行った。その際，メッセージカードに「75％のお客様がタオルを再利用されています」と記して記述的規範を訴求すると，地球環境へ配慮することの重要性を記したもう一つのメッセージカードと比べて，タオルの再利用への協力率が向上した（Goldstein, et al., 2008）。

以上のように，消費者は，多くの人が取っている行動を妥当な選択であり，集団で受け入れられるために必要なもの，と考えて同調する。企業やブランドにとって，高い認知率を得ることが重要であるのは，「多くの人が知っている（受け入れている）」「多くの人が実際に使っている」ということが，記述的規範となり，消費者に購入を促す力を持つためでもある。

## 2 準拠集団と購買意思決定

### a 準拠集団とは

消費者の意思決定は，集団の社会規範によって影響を受けるが，その影響力の大きさは一様ではない。たとえば，努力して入学した憧れの大学で，多くの学生が大学のロゴマークの入ったトレーナーを着て授業を受けていたら，あなたもそのトレーナーを購入して彼らとの一体感を得たいと思うだろう。しかし，不本意ながら入会することになったグループや，単に一時的に所属しているだけの集団では，メンバーの行動に同調しようとは思わないだろう。

私たちは，普段から交流が多く，身近で，自らの生活を左右するような重要な集団（たとえば親しい友人グループ，家族，職場，学校のクラスやサークルなど）では，そのメンバーの様子に注意深くなり，メンバーがどのような行動や判断をしているかを重要な判断材料として用いる。一方で，自らの生活にとってあまり重要ではない集団については，その社会規範に同調する必要はなく，時に規範を逸脱した行動を取ることもある。前者のように，私たちの行動や判断に大きな影響を与える重要な集団のことを「準拠集団」（reference group; Bearden &

Etzel, 1982）と呼ぶ。消費者行動における集団の影響を考える上では，各集団がその消費者にとっての準拠集団であるか，そうでないかによって大きく影響力が異なることを理解する必要がある。

### b 社会的アイデンティティと購買

人は誰でも，自らが所属する集団において肯定的な評価を得たいという動機づけを持つため，集団に同一化したり同調したりする（Cialdini & Goldstein, 2004）。たとえば友人と一体感を得ようと仲間内で流行っているファッションを取り入れたり，職場の上司の意見にたとえ不本意でも声高に賛成を叫んだりするのは，このような行動によって，集団内での自らの存在価値を高め，個人としての自らの価値をも高く感じたいためである。

自分自身に関する個人的な定義（私はこんな人間であるという認識）を「個人アイデンティティ」（personal identity）と呼ぶが（Baumeister, 1998），上述の例のように，集団の一員としての自分自身によって規定されるアイデンティティの側面を「社会的アイデンティティ」（social identity）と呼ぶ（Ellemers et al., 2002; Tajfel, 1978; Tajfel & Turner, 1979）。人はさまざまな集団の一員である。職場や学校，居住する国や地域などのように，所属しているかどうかの実態が明確な集団もあれば，親しい友人グループや趣味のサークル，あるブランドのファンのように，誰が所属しているか明確でない集団もある。そして，一人の人間が複数の集団のメンバーであることが一般的である（たとえば，「私は，医師であり，母であり，妻であり，ワイン愛好家であり，ブランドAのユーザーである」というように）。このように，所属集団によってアイデンティティの一部が決定されるという考え方を「社会的アイデンティティ理論（social identity theory）」と呼ぶ。

社会的アイデンティティ理論では，人の行動は集団（特に準拠集団）の規範によって決定されるものの，その影響力は，その人が集団にどれくらい同一化（identify）しているかによって変わると予測する。たとえば，所属する大学を準拠集団として強く意識している（集団に同一化している）学生は，その大学の多くの学生が日焼け止めを塗っていると知らされると同調して自らも日焼け

**251**

Ⅳ部　消費者行動に影響する個人と外部環境要因

止めを採用したが，大学に対して同一化程度の低い学生では，その傾向は見られなかった（Terry & Hogg, 1996）。また，人は複数の準拠集団を持つ場合も少なくないが，その場合には，一時的に「顕現化」されている（意識されやすい状態になっている）準拠集団の影響を強く受ける。たとえば，アメリカ中西部の大学で行われた研究では，ヒスパニック系の学生を対象として，一時的にヒスパニックの文化，あるいは，アメリカの文化を強く意識させた後，アパレルブランドの選択をさせた。ヒスパニック系の学生は，自身の出身地と所属大学の2つの準拠集団を持つと考えられるが，実験の結果，一時的に意識させられた集団（ヒスパニックあるいはアメリカ）を象徴するアパレルブランドを選択しやすかった（Chattaraman et al., 2010）。

　以上のように，消費者の購買行動やブランド選択は，準拠集団およびその規範によって強く影響を受けている。

## トピックス⑫　「持続可能」な消費者行動

　地球温暖化をはじめとするさまざまな環境問題が叫ばれて久しいが，その影響の範囲や大きさは，年々深刻さを増している。生活のあらゆる場面で環境保護を意識した行動を取ることは，国や文化を超えて，すべての人類にとって喫緊の課題である。企業活動においても，「持続可能性」（サステナビリティ：sustainability）を意識した経営が世界的に求められるようになった。

　一方で，消費者一人ひとりの購買行動に焦点を当てると，環境保護が製品やサービスを選択する際の最優先事項になっているとは言えない。環境負荷の低い原材料や製法を採用した「エシカル製品」の購買意向は，一般的には高いものの，やはり消費者は価格や機能性の方を優先して選んでいる実態がある（消費者庁，2020）。誰もが環境対策は急務だとわかっているのに，具体的行動につながりにくいのは，なぜであろうか。

　それは環境保護という問題が，「集合的行動（collective action）」であるためである（Fritsche et al., 2018）。消費者の購買行動は，多くの場合，個人的意思決定であ

**252**

る。たとえばリサイクル素材のバッグと皮革製のバッグを比較し，どちらを購入するかを決め，それを使用するのは個人である。しかし，環境問題の解決は，たった一人の行動だけでは達成できない。地球上に住む人間の多くが協力するのか，しないのかということが，一人ひとりの行動の成果に直結する。したがって，「集団行動」として消費者行動をとらえる視点が必要となる。

　自らが所属する社会集団によって自己のアイデンティティの一側面が規定されるという考え方を「社会的アイデンティティ理論（social identity theory）」という（48-2参照）。社会的アイデンティティを顕現化すること，すなわち，「私（I）」ではなく「私たち（we）」の視点で考えるようになることで，倫理的な消費行動を促進することが可能である。

　人が個人としてのアイデンティティに加えて，社会的アイデンティティを持つのはなぜであろうか。それは，集団の一員であることによって，自らの生存確率を高め，幸福感や精神的健康を手に入れようとしているためであると考えられている。すなわち，人は社会的アイデンティティを持つことで，（1）「自分は何者か」という不確実で不安定な状況を脱したい（Hogg, 2010），（2）自らの所属集団を地位の低い集団と比較することで自己の価値を高めたい（Tajfel & Turner, 1979），（3）所属集団における自己の存在感によって，自らがいつか死によって消え去る存在であるという恐怖を緩和したい（存在管理脅威理論, Castano et al., 2002）という，人としての根源的な欲求を満たしている。

　集団規範（group norms）は，その集団でどんな行動が望ましいとされるか，多くの人はどうしているかをシグナルする集団の不文律である（本章参照）。人は上述した3つの基本的欲求を満たすために，社会的アイデンティティのよりどころとなっている所属集団の規範に対しては，誰に強制されることもなく，自律的に従う。したがって，消費者が，自分の所属集団が環境保護の活動に積極的な集団であると認識し（集団規範），かつ，自らをその所属集団の一員であると強く意識していれば（集団同一化），法律や規制で環境保護を義務化することをせずとも，倫理的消費を普及させることが可能である。　　　　　　　（杉谷陽子）

# 13 章

# 文化の要因と消費者行動

　「文化」の定義は様々だが，心理学者トリアンディス（Triandis, 1995）は，「ことばや人々の間で共有される信念・態度・規範・役割・価値」（神山訳, p. 4）や，子孫へと伝えられていく道具を構成要素とする語として，このことばを説明している。また消費者行動研究では，ソロモン（Solomon, 2010）が，「文化」を「社会のパーソナリティ」（大竹訳, p.710）として比喩的に定義し，「文化」に含まれるものとして，価値観，衣食住に関係する物品やサービス，芸術等を挙げている。本章でもこれらの意味を持つ語として「文化」をとらえる。

　以下では，消費者行動に影響を及ぼす文化の要因について概説する。関連するトピックとして，サブカルチャー，グローバル・マーケティング，ダイバーシティも取り上げる。

## 49　消費者行動の文化的意味

### 1　商品・消費行為が持つ文化的意味

　商品・サービスやそれらの使用・利用といった行為には，しばしば文化的意味が伴っている。たとえば，高級車や高級な住宅はステイタス・シンボルとして機能することがあるだろう。流行の最先端を行く商品を身に着けることは，着用する人が流行に敏感であることを示すかもしれない。また，伝統行事に特

化して用いられる商品は，それぞれの行事と結びつく象徴的意味を持っていると考えられる。商品以外の事物の象徴性を取り入れた商品も存在する。例として，売上が日本一であることを，パッケージに描かれた富士山によって象徴的に示している商品（牧野，2023）をあげることができる。商品の文化的意味を知ることは，消費者の態度や行動に影響を及ぼす可能性がある。

## 2　商品・消費行為の文化的意味に関する理論的説明

商品や消費行為の文化的意味については，以前から理論的説明が試みられてきた。以下では，代表的な考え方として，「意味の移動モデル」「文化の生産プロセス」「消費者文化理論」（CCT,「消費文化理論」とも訳される）の3つを紹介する。

### a　マクラッケンの意味の移動モデル

マクラッケン（McCracken, 1986, 1988）は，商品や消費の文化的意味に関するモデルとして「意味の移動モデル」を掲げた（図13-1）。

このモデルは，消費財に何らかの文化的意味が付与されて市場に出されてから，それらが個々の消費者に受け止められるまでの流れ，すなわち「意味の移動」を説明するためのモデルである。このモデルでは，私たちは「文化的に構成された世界」に住んでいることが想定されている。この世界からファッション・システムと広告によって消費財に文化的意味が付与され，それらの意味は，

| | 文化的意味の位置 | 各位置において生じる現象 |
|---|---|---|
| 文化的意味の流れ | 文化的に構成された世界 | 文化的意味の生成 |
| | ↓ | 広告／ファッション・システムによる消費財への文化的意味の付与 |
| | 消費財 | 文化的意味の実体化 |
| | ↓ | 所有の儀式，手入れの儀式等 |
| | 個々の消費者 | 文化的意味の移動の終了 |

**図13-1　文化的意味の位置と各位置において生じる現象**
（マクラッケン，1986, 1988の図を筆者が改変）

**255**

「所有儀式」「交換儀式」「手入れ儀式」「剥奪儀式」を通して，個々の消費者に伝達される。なお，ファッション・システムは，ファッション・ジャーナリストとして広告と同様に意味を伝える場合と，ファッション・デザイナーとして意味を創り出したり改変したりする場合があるとされる。そして，意味を伝える場合には，「ゲートキーパー」の役割を果たすという。マクラッケンは，この役割について，大量に発生する美的，社会的，文化的革新の中から取捨選択を行い，選ばれたものを広めると説明している。

　もっとも，このモデルにおけるゲートキーパーということばの用い方はマスコミ研究において既に用いられていたものであり，マクラッケンはそれらの用法をふまえている。また，ここで言う儀式とは，文化的意味を確かめたり付与したりするための象徴的な行為のことである。マクラッケンは交換儀式の例としてギフトのやりとりを挙げている。また，所有儀式の一例として，新しい所有物を見せびらかすことを，手入れ儀式の一例として，あるヘアスタイルを維持することを，剥奪儀式の一例として，その前に所有者があった家を買ったときに飾りをつけ直すことを，それぞれあげている。

　またマクラッケン（1986, 1988）は，意味の軸となるものとして「文化カテゴリー」という概念を掲げている。このカテゴリーが，現象世界を体系化する区別のシステムを創り出しているという。マクラッケンは，例として，階級や年齢の区分を挙げている。ただし，文化カテゴリーは絶えず変化しているとも論じている。これは，意味の移動について考える際に見落としてはならない点であろう。

### b　ソロモンの「文化の生産プロセス」

　ソロモン（Solomon, 2010）が掲げている「文化の生産プロセス」も文化的意味の流れを説明するモデルである。このモデルは，マクラッケン（1986）の研究等をふまえて掲げられた「文化のソーティング・プロセス」（Solomon, 1988）を前身としている。「文化のソーティング・プロセス」では以下の流れが想定されている。

まず，私たちの生活世界には数多くの文化的なシンボルが存在している。文化的なシンボルは，文化の創造サブシステムへと送り込まれ，製品とともに伝達サブシステムを経て市場へと送り出される。しかし，消費者は市場に出された製品すべてを比較検討するわけではない。キャスティング・ディレクターや小売店のバイヤー等の「イメージのゲートキーパー」の役割を果たす存在によって選別されたものだけが，個々の消費者による考慮の対象になる。

後に掲げられた「文化の生産プロセス」のモデルでは，消費者側からシンボルが生み出されるルートも追加されている。消費者は，文化的製品および文化的シンボルの受け手であるだけでなく，生産にも積極的に関わる存在であるということが示されるようになったのである。

### c　アーノルドとトンプソンの「消費者文化理論（CCT）」

アーノルドとトンプソン（Arnould & Thompson, 2005）は，消費者文化理論（Consumer Culture Theory, CCT,「消費文化理論」とも訳される）を掲げた。彼らは，消費者文化理論によって検討される問題を4つの研究プログラムというかたちで示している。

第一は，消費者のアイデンティティに関する研究プログラムである。消費者文化理論では，市場に出された商品は，シンボリックな意味を持つことによって，個々のアイデンティティ構築に活かされると考えられている。第二は，市場文化に関する研究プログラムである。このプログラムにおいては，消費者は文化の生産者としてとらえられる。第三は，消費の社会歴史的構造に関する研究プログラムである。このプログラムでは，消費に影響を及ぼす制度的・社会的構造が研究される。第四は，市場のイデオロギーの伝達とそれに対する消費者の解釈の方略に関する研究プログラムである。このプログラムにおいては，マスメディアに描かれているような理想像を受け入れる消費者だけでなく，市場のイデオロギーから意識的に逸脱しようとする消費者の存在も想定されている。

**257**

#### d 理論的説明の性質

ここで概観してきたように，商品や消費の文化的意味に関する理論的説明は，要因間の因果関係や法則性を厳密に示すものではない。そのため，理論の妥当性を量的データによって実証することは難しいだろう。しかし，概念枠組みや研究の方向性を示すことによって，商品や消費行為の文化的意味研究の体系化に貢献していると言える。

## 3 商品・消費行為の文化的意味とその伝播・変容

商品や消費行為の文化的意味については以前からさまざまな研究が行われてきた。商品や消費行為を研究対象としてそれらの文化的意味を解釈する研究もあれば，文化的意味を研究対象としてその意味を表す商品や消費行為を明らかにする研究もある。前者の例としては，クリスマスや感謝祭における商品や広告，消費行為の意味解釈研究（e.g., Wallendorf & Arnould, 1991）をあげることができる。後者の例としては，北米における「家庭らしさ」（homeyness）を感じさせるものの性質に関する研究（McCracken, 1989）を挙げることができる。

文化の伝播および変容を明らかにしようとする研究もある（トピックス⑬）。アカカら（Akaka et al., 2022）は，サーフィンをするという行為に着目し，この行為が世界各地にどのように広まっていったのかを調べた。

この研究によると，現代のサーフィンの原型はハワイやタヒチなどのポリネシアの島々で行われていた行為であり，精神的な意味も備えていた。だが植民地時代の探検家や宣教師によって西洋の人々に知られるようになり，もとの文脈から切り離されたという。20世紀になると，カリフォルニアが現代のサーフィン文化の発祥の地となり，1960年代半ばには，サーフィン文化は消費のサブカルチャーになったということである。ただし，受け入れ先において，サブカルチャーとして位置づけられるにとどまらず，文化変容をもたらすこともあるという。

アカカらは，サーフィン文化の受容を，サーフィンと結びつきやすい行為が受け入れ先の文化にもともと存在していること（practice alignment）と，受け入

れ先の文化に深く埋め込まれること（practice embeddedness）の二次元によって説明している。そして，どちらも高ければ文化変容が生じると考察している。

この研究から得られた知見は，文化の伝播に関する研究のみならず，サブカルチャー研究（50）にとっても重要と思われる。

# 50　サブカルチャーにおける消費者行動

## 1　消費者行動研究における「サブカルチャー」の概念

49においては，社会における支配的な文化について，商品や消費行為の意味研究の観点から説明した。しかしながら，文化の担い手は決して均質ではない。一つの社会の中に，さまざまな共通属性やライフスタイルを持った数多くの集団がある。これらの集団が固有の文化を持っていれば，それは「サブカルチャー」（「マイクロカルチャー」と呼ばれることもある）と言える。ただし，消費者行動研究では，アニメやゲームなどの「オタク」と呼ばれる人々が生み出す文化を指すことは稀である。消費者行動研究における「サブカルチャー」を理解するためには，社会学における「サブカルチャー」の元来の定義，および，消費者行動研究における「マーケット・セグメンテーション」（1章**3**参照）との共通点と相違点をおさえておく必要があるだろう。

### a　社会学における「サブカルチャー」との共通点と相違点

社会学では，「サブカルチャー」は，ある社会の支配的文化の中に存在し，「ある集団に特有の価値基準によって形成された文化」（高田, 1988a, p. 337）と定義される。1950年代後半の少年非行研究で用いられたのが最初だが，支配的文化に反対する「対抗文化」とは概念的に区別される必要があると高田（1988a）は説明している。それは，高田（1988b）によれば，サブカルチャーが支配的文化の一部を成すのに対し，対抗文化は支配的文化に取って代わる可能性があるからである。

消費者行動研究における「サブカルチャー」は，基本的には社会学における

**259**

この定義に基づいていると考えてよいだろう。しかし，「対抗文化」の概念との区別はなされていないようである。消費者行動研究で取り上げられるサブカルチャーの中には，支配的文化に対する反抗的な姿勢を持つものもあれば，そうした姿勢を持たないものもある。

### b 「マーケット・セグメンテーション」との共通点と相違点

消費者行動研究の分野では，何らかの共通属性や共通の価値観・関心・行動パターン等を持つ集団がサブカルチャーの定義として示されることがある。だが，集団自体はサブカルチャーの担い手である。共通属性などによって消費者を分類するのは「マーケット・セグメンテーション」であり，これはサブカルチャーと同義ではない。

たとえば，若者サブカルチャーというものは存在する。しかし，乳幼児のサブカルチャーは存在しない。それは，若者集団が，若者特有の価値観や関心を共有していると考えられるのに対し，乳幼児集団にはそうした現象を認めることができないからである。

もっとも，サブカルチャーと呼べるかどうかが変化する可能性はある。冷え性という体質を例にとって考えてみたい。冷え性であることに基づくセグメンテーションはあり得る。実際，冬場には冷え性の消費者をターゲットとしてさまざまな商品が売り出されている。一方，冷え性のサブカルチャーはない。

しかし今後，冷え性の消費者が冷え性ならではのライフスタイルや行動パターンなどを生み出し，それが冷え性の消費者の間で伝えられ広まっていくならば，冷え性のサブカルチャーが誕生するかもしれない。

## 2 サブカルチャーの構造研究

消費者行動研究においては，サブカルチャーの発生や広がりに関する理論は打ち出されていない。だが近年は，サブカルチャーの構造に関する研究が行われている。

たとえば，ウルソイとフィラット（Ulsoy & Firat, 2018）は，音楽サブカル

チャーの断片化現象に着目してインタビュー調査を行い，以下の結論を導いている。第一に，主流文化に対する反抗心と，サブカルチャーのアイデンティティ・ポリティクス（この論文では，集合レベルでは主流文化に反抗するものの，個人レベルでは個人的アイデンティティと集合的アイデンティティを構築・維持すべく，サブカルチャーを消費しているということを意味する）が，主流文化からサブカルチャーへの（into）断片化の要因になる。第二に，主流文化から受ける種々の圧迫に対して，サブカルチャーごとに異なる逃避の場を提供してくれる。これはサブカルチャー内での（within）断片化を育む。このように，サブカルチャーにおいては，断片化された「サブーサブカルチャー」があるという。ウルソイとフィラットが調査の対象とした音楽サブカルチャーでは，ジャンル別のサブカルチャーが「サブーサブカルチャー」に該当する。

スギハータティ（Sugihartati, 2020）の研究も，サブカルチャーの構造を検討したものである。スギハータティは，インドネシアにおけるあるグローバル・ポピュラーカルチャー作品の若年ファン層に着目し，デプスインタビュー，チャットのテクスト分析などを行った。その結果，ファンたちは受け身の存在であるだけではなく，インターネット上でコンテンツを創り出す存在でもあることが示された。たとえば，映画の結末はファンたちが予想していたものとは違ったが，ファンたちの期待に合った新たな文化的文脈が生み出され，グッズやテレビシリーズまで生まれたという。

スギハータティによれば，カルチュラル・スタディーズの見方からは，若年ファンたちは，反抗のサブカルチャーと自己アイデンティティを成長させていると言えるということである。だがこの研究では，文化産業の力によって構築された状況下で生じている準・反抗にすぎないことが示されたという。そしてスギハータティは，若年ファンの批判的態度は文化産業の力によって組み立てられたわなから逃れることができないという結論を導いている。

このように，サブカルチャーの構造に関する研究が増えていくことは，今後の消費者行動研究におけるサブカルチャー研究の体系化や理論構築に貢献するだろう。

## 3　サブカルチャー特有の消費者行動とその意味

　サブカルチャー特有の消費者行動については，文化的意味（㊾）を解釈する立場から，これまでにさまざまな研究が行われてきた。

　ショータンとマックアレキサンダー（Shouten & McAlexander, 1995）は，ハーレーダビッドソンのバイカー集団に着目し，3年にわたるフィールドワークを行った。そして，バイカーたちにとって最も中心的な価値とされる事柄が，個人的な自由，愛国心と伝統尊重の精神，男らしさの3つであることを見出した。このうち個人的な自由はバイクという商品自体に象徴されていたという。自動車が内に閉じこもる構造になっているのに対し，バイクは開放的な構造だからである。また愛国心は，バイカーたちがバイクにつけるプレートや，彼らが着用する洋服に示されていたという。国産品に固執するバイカーが多いということも，愛国心の表れとして解釈された。さらに，毛皮や重いブーツに男らしさが示されていたということである。

　近年は，音楽への選好に基づくサブカルチャーの研究が多く行われているようである。一例として，シャニーとゴールディング（Chaney & Goulding, 2016）の研究を紹介する。シャニーとゴールディングは，ヘビー・メタル・ロック・フェスティバル（以下では「フェスティバル」と表記）に参加する人々を対象として，フランスとスイスで，参加者の装いに関する参与観察とインタビュー調査を行った。

　調査の結果，フェスティバル参加者たちの装いは，黒い服，装飾の施されたTシャツ，粗野なメーキャップ，ブレスレットなどといった特徴を持つことが明らかになった。また参加者たちにとっては，この視覚的な変換が，日常から逃避してフェスティバルのコミュニティに入っていく手段になっていることも示された。フェスティバル期間中に，服装によって匿名性が保証されていることも明らかになった。匿名性についてシャニーとゴールディングは，歴史上の過去の時代のカーニバルと仮面舞踏会に通じるところがあるとらえている。

　消費者行動研究におけるサブカルチャー研究では，次世代への継承（Triandis, 1995）や積み重ね（Solomon, 2010）はこれまでほとんど検討されてこなかっ

たようだが，シャニーとゴールディングの研究は，サブカルチャーにも，時代を超える要素が含まれていることを示唆していると考えられる（トピックス⑬）。

# 51　グローバル・マーケティングと消費者行動

## 1　グローバル・マーケティングの考え方

49では，商品や消費行為に文化的意味があることを説明した。この問題は，消費者にとっても重要だが，企業が海外に進出する際に，とりわけ重要になってくる。というのも，同じ商品を同じ販売戦略で市場に送り出しても，文化が異なれば意味が異なる可能性があり，消費者の反応も異なってくる可能性があるためである。また，商品の種類によっては，そもそもどのようなものかが理解されないということもあるだろう。

三浦（2017）によれば，国を越えたマーケティングは1950年代にアメリカで始められたということである。当初は「輸出マーケティング」であったが，1970年代には多数の国に拠点を構える「国際マーケティング」になり，さらに1990年代には全地球的視野で調整や統合を考える「グローバル・マーケティング」が展開されるようになった（三浦，2017）。

企業は，海外市場への進出を考える際に，現地の消費者の価値観やライフスタイル，伝統や習慣などをあらかじめ十分に検討しておく必要がある。企業が海外進出する際の戦略として考えられてきたのは，現地化（「現地適応化」，「ローカル化」とも言う）と，標準化（「グローバル標準化」とも言う）である。

現地化とは，進出先国の価値観や風習に合うように，商品や広告を変えて市場に提供することである。標準化とは，進出先国がどこであるかによらず，商品や広告を世界標準に合わせることである。広告研究においては，ダイバーシティの問題と合わせて，使用言語を標準化するか現地化するかという問題を検討しているものもある（52）。

もっとも，グローバル化が進むと，文化を越えて共有される部分も生じてくる。特に，「エリート」と呼ばれる消費者層や「ティーンエイジャー」に属す

Ⅳ部　消費者行動に影響する個人と外部環境要因

る消費者層は，欲求やライフスタイルが文化を越えて共通していると言われている（e.g., Hassan & Katsanis, 1991）。

　50では，サブカルチャーを支配的文化内の集団が持つ文化であると説明したが，エリートのサブカルチャーや若者サブカルチャー，あるいは，共通の趣味に基づくサブカルチャーなどは，それぞれの支配的文化の枠を超えてつながっていく可能性がある。

## 2　消費者によるグローバルネスの知覚

　個々の消費者は，増えつつあるグローバル・マーケティングをどのようにとらえているのだろうか。この点を知る手がかりになる概念に，「知覚されたブランド・グローバルネス」（Steenkamp et al., 2003, 以下では「グローバルネス知覚」と表記）がある。グローバルネス知覚は，当該ブランドが多数の国で販売されていると消費者が信じており，それらの国において，グローバルであると認識されている場合にのみ，生じるとされている（Steenkamp et al., 2003）。

　スティーンカンプら（Steenkamp et al., 2003）は，グローバルネス知覚について，アメリカと韓国の消費者を対象とした調査を行った。グローバルネス知覚を測定するにあたっては，「私にとっては，これはグローバル・ブランドである」「私は，海外の消費者はこのブランドを買うと思う」「このブランドは世界中で販売されている」という項目が用いられた。いずれの項目についても，有無が問われたのではなく，思う程度が尋ねられた。

　その結果，グローバルネス知覚は，品質知覚とプレステージ知覚の程度を高めることによって，購買可能性に正の影響を及ぼすということが示された。ただし，消費者エスノセントリズム（既存の尺度に基づき，「外国の製品を買うことは，自国のビジネスを傷つけ，非雇用の原因となるため，買うべきではない」などの項目によって測定された）が強い消費者にとっては，この関係が弱いということも示された。

　グローバルネス知覚の概念を用いた研究はその後も多数行われている。その中の一つとして，ダヴィタスら（Davvetas et al., 2015）の実験研究を挙げること

ができる。ダヴィタスらは，グローバルネスの異なる架空のブランドや実際の
ブランドの印刷広告を実験参加者に提示し，グローバルネス知覚，購買意図，
支払意思（いくらまでなら支払おうと思うか）等を尋ねた。架空のブランドのグ
ローバルネスは，世界中で入手できるかどうか等に関する説明を変えることに
よって操作された。

　架空のブランドを用いた実験では，グローバルネス知覚は，ブランドに対す
る態度を媒介変数として支払意思に正の影響を及ぼしていることがわかった。
実際のブランドを用いた実験では，グローバルネス知覚は，品質知覚を媒介変
数として購買意図に影響を及ぼしていることと，プレステージ知覚を媒介変数
として支払意思に影響を及ぼしていることがわかった。

　ブールダンら（Bourdin et al., 2021）の研究も，消費者のグローバルネス知覚
を検討した研究である。ブールダンらは，ブランドのグローバルネス／ローカ
ルネス知覚と原産国ステレオタイプが消費者の態度に及ぼす影響を明らかにす
るためにオンライン調査を行った。

　この調査の回答者は，オーストリア在住の一般消費者259人と，アメリカ中
西部の大学のMBAの学生158人だった。この調査では，ドイツのアディダス
のスポーツウェアやスウェーデンのイケアの家具等のブランドが刺激として用
いられ，各ブランドに対する態度と購買意図，各ブランドのグローバルネス／
ローカルネス知覚，ステレオタイプ的な連想等が測定された。

　ステレオタイプ的な連想は，「能力」の次元と「あたたかさ」の次元からな
ることが想定されていた。これは，社会心理学における「ステレオタイプ内容
モデル」（Fisike et al., 2002）に基づく考え方である。ブールダンらの調査では，
「能力」は，「能力がある」「効率が良い」等の項目によって測定され，「あたた
かさ」は，「フレンドリー」「温厚」等の項目によって測定された。これらの質
問のほかに，消費者エスノセントリズム（スティーンカンプらの研究と同様に，
既存の尺度に基づく）や各ブランドに対する熟知度等も測定された。

　変数間の関係の分析から，ブランドのグローバルネス知覚もローカルネス知
覚も，ブランド態度を介して購買意図に正の影響を及ぼしていることが示され

Ⅳ部　消費者行動に影響する個人と外部環境要因

た。あたたかさ知覚より能力知覚の方が，購買意図に大きな影響を及ぼすことも示された。

さらに，アメリカから得られたデータでは，あたたかさ知覚の程度が高い場合に，グローバルネス知覚がブランドに対する態度をより好意的にすることが示された。また同じくアメリカから得られたデータにおいて，能力知覚の程度が低い場合に，ローカルネス知覚がブランドに対する態度をより好意的にすることが示された。これらの結果から，グローバルネス知覚とあたたかさ知覚，ローカルネス知覚と能力知覚が，それぞれ補完関係にあることを部分的に確認できたという。

このように，グローバルネス知覚は，グローバル・マーケティングが消費者の心理に与える影響を説明するための重要な要因になっていると考えられる。

## 52　ダイバーシティと消費者行動

### 1　消費者行動研究における「ダイバーシティ」のとらえ方

「ダイバーシティ」ということばがさまざまな場で聞かれるようになって久しい。消費者行動研究においては，アーセルら（Arsel et al., 2022）が「人々の身体的あるいは社会文化的な差異およびこれらの差異の表象」（p. 920）として定義している。ここで言う差異には，実際の差異だけでなく知覚された差異も含まれる。昨今は，この語はしばしば「衡平」（「エクイティ」だが，「ブランド・エクイティ」の「エクイティ」とは意味が異なる）および「インクルージョン」という語と組み合わされ，"DEI" として用いられている。「衡平」は機会および結果における公正を意味しており，「インクルージョン」は，帰属意識を育み，多様な集団を組み入れることを意味する（Arsel et al., 2022）。

アーセルらは，消費者行動研究の雑誌 *Journal of Consumer Research* 誌に掲載されてきたダイバーシティ関連の論文を4つの軸に沿って整理した。第一は，ジェンダー，年齢，身体である。第二は，人種とエスニシティである。第三は，社会階級と社会的地位である。第四は，宗教と文化的アイデンティティである。

**266**

またDEIの特徴をとらえる役割を果たすものとして，市場側のレンズと消費者側のレンズがあると考えた。もっとも実際には多くの論文がこれらの軸のうちの一つではなく複数の軸上に位置づけられるということである。

本章の視点からこれらの軸をとらえると，ダイバーシティは，サブカルチャー（**50**）とも，グローバル・マーケティング（**51**）とも，大きく関わっていると言える。

## 2 ダイバーシティをテーマとする消費者行動研究

消費者行動研究の分野においてダイバーシティをテーマとする研究は比較的新しい。そのため研究動向を整理することは難しいが，以下では，a）企業の構成員等のダイバーシティに対する消費者の反応の研究，b）製品の文化的ダイバーシティに対する消費者の態度の研究，c）広告表現におけるダイバーシティに対する消費者の反応の研究の3つを取り上げる。

### a 企業の構成員等のダイバーシティに対する消費者の反応の研究

企業の構成員等のダイバーシティに関しては，ハンとカルラ（Khan & Kalra, 2022）が研究を行っている。ハンとカルラは6つの実験を行っているが，そのうちの一つは，新型コロナ感染症のワクチン研究に取り組む医療チームの写真を提示し，チームの協調性の知覚や道徳的行動の知覚について回答してもらう実験だった。単一の国からなる条件（以下では「均質条件」と表記）と，複数の国からなる条件（以下では「ダイバーシティ条件」と表記）が設けられた。実際には同じ4人からなるチームだが，均質条件では4人ともドイツと表示されており，「ダイバーシティ条件」では，それぞれ，ドイツ，フランス，オーストラリア，スペインと表示されていた。実験参加者はアメリカ在住者であり，回答不備者などを除く136人の回答が分析対象とされた。

分析の結果，ダイバーシティ条件の方が均質条件より，コロナワクチン研究の成果に関する独占的な権利を大手の製薬会社に売らずに，無償で広く一般に公開しそうであると知覚されていることが示された。しかし，メンバー同士の

**267**

協調の程度に関しては，条件間に有意な差は見られなかった。また，ダイバーシティ条件の方が均質条件より，お互いに他のメンバーにどのように思われているかを気にしていないと知覚されていることが示された。これは，ハンとカルラの予想とは異なる結果であった。ハンとカルラは，ダイバーシティ条件の方が均質条件より，各メンバーが自身のイメージの維持に関心を持っていると考えていたためである。

### b　製品の文化的ダイバーシティに対する消費者の態度の研究

バルティコウスキとウォールシュ（Bartikowski & Walsh, 2015）は，消費者のグローバル・アイデンティティ（世界に属する人として自分をカテゴライズすること）とナショナル・アイデンティティ（自国に属する人として自分をカテゴライズすること）が，文化的ダイバーシティに対する態度を媒介変数として，外国製品を買おうと思わないことに影響を及ぼしていると考えた。彼らは，この関係を確認するために，中国，ドイツ，フランス等，合計21か国にわたる669人の大学卒業生および大学院生に対してオンライン調査を実施した。

分析の結果，ナショナル・アイデンティティが強い場合に，文化的ダイバーシティに対する態度が媒介変数として作用し，外国製品を買いたくないと思う程度が高くなることが示された。グローバル・アイデンティティが強い場合にも，文化的ダイバーシティに対する態度は媒介変数として作用するが，外国製品を買いたくないと思う程度が必ずしも低くなるわけではないことが示された。変数間のこの関係は，消費者のグローバル・コンシューマー・セグメント（先行研究に基づく概念であり，エスニック・アイデンティティとコスモポリタニズムによって定められる）によらず成り立っていた。

これらの結果からバルティコウスキとウォールシュは，文化的ダイバーシティに対する消費者の態度が，外国製品を買いたくないと思うことの強固な予測変数になっていると論じている。

### c 広告表現におけるダイバーシティに対する消費者の反応の研究

アイゼンドら（Eisend et al., 2022）は，広告研究においては，ダイバーシティとインクルージョンのトピックは1970年代から取り上げられていたと指摘している。

しかし，広告におけるダイバーシティに対する消費者の反応は十分明らかになっているとは言えないようである。ロスナーら（Rößner et al., 2017）は，エスニック・マイノリティが登場する広告の効果は不明瞭であると指摘している。エスニック・マイノリティが登場する広告はマイノリティの消費者から肯定的に受け止められると考えられているものの，ステレオタイプを描いて否定的な反応を生じるというリスクがあるためであるという。そこでロスナーらは，エスニック・マイノリティが登場する広告にユーモアを加える実験を行い，ユーモアを加えると消費者の反応が良くなることを見出している。

広告に用いられる言語の多様性に関する研究もある。ホルニクスら（Hornikx et al., 2010）は，イギリスの自動車広告を素材とし，スローガン（ここでは，広告のヘッドラインを指す）の言語（英語かオランダ語か）とスローガンの英語の難しさ（難・易）を組み合わせた実験を行った。実験参加者はオランダの120人の社会人だった。実験参加者内計画であったため，各参加者がすべての条件について回答したことになる。

分析の結果，理解しやすい英語スローガンが用いられている広告は，そのスローガンがオランダ語で示されている広告より好まれることがわかった。このことからホルニクスらは，英語を用いた国際広告に対する選好においては，現地の人々にとっての理解のしやすさが重要な役割を担っているという結論を導いている。

このように，消費者行動研究の分野では，企業等の構成員，製品，広告等におけるダイバーシティに対する消費者の反応が研究されている。しかし，多様にすればするほど好意的に受け止められるというようなシンプルな結果が示されているわけではない。多様性に対する消費者の心理的反応については，今後さらに研究を深めていく必要があるだろう。

## トピックス⑬　消費者行動研究における文化研究の課題 —— 受け継がれる要素の解明

　　第13章では消費者行動研究における文化の研究について概説した。そこで，消費者行動研究における文化研究の今後の課題について考えてみたい。

　文化の要因に関する研究というと，とかく文化的な差異に目が行きがちである。様々な文化に属する消費者からデータを集め，異文化比較を行うといった研究が，多々行われてきた。だが，特定の文化内で歴史を遡り，変わらない部分を突き止めようとする研究は，あまり行われていないように思われる。

　図1は江戸時代後期の浮世絵師，歌川広重の《高輪廿六夜待遊興之図》である。ここに描かれているのは，夜半過ぎにならないと出ない二十六夜の月を待っている人々の様子である。汁粉やだんごの屋台が並び，楽器を抱えて移動する人々がいる。何かのパフォーマンスか宣伝のためかもしれないが，タコの着ぐるみで身を包んだ人もいる。海上には花火が上がっている。賑やかで楽しそうな様子が伝わってくるのではないだろうか。

　この作品からは，現代日本の消費者行動との文化的なつながりも読み取ることができるだろう。現代では，月の行事と言えば十五夜以外よく知らないとい

図　歌川広重（1841-1842頃）『東都名所』《高輪廿六夜待遊興之図》（神奈川県立歴史博物館所蔵）

う人が多いかもしれないが，浮かれ気分で祭りに繰り出す，屋台で飲食すると
いった行動は珍しくない。つまり，この現象を支える精神は時代を越えて受け
継がれていると考えられる。

　この例以外にも，江戸時代には，さまざまな番付が発表されたり，歌舞伎役
者に商品の宣伝をしてもらったりしていたことが知られている。昨今の各種の
ランキングやタレント広告に通じる要素が垣間見える。

　今日，情報環境はめまぐるしく変化しており，国や地域の固有の消費者行動
も，その影響を受けている。しかし，そうした行動を生じる心理の根底には，
長い年月を経てもさほど変わらない要素があるだろう。異文化間の差異の解明
は重要だが，一つの文化の中で継承されている要素を明らかにすることもまた，
消費者行動研究における文化研究の課題になると思われる。　　　　　（牧野圭子）

# 引用・参考文献

## ■ 1章

青木幸弘（編著）（2011）．価値共創時代のブランド戦略——脱コモディティ化への挑戦　ミネルヴァ書房

Brignull, H.（2023）. *Deceptive patterns: Exposing the tricks tech companies use to control you.* Testimonium.［長谷川敦士（監修）高瀬みどり（訳）（2024）．ダークパターン——人を欺くデザインの手口と対策　ビー・エヌ・エヌ］

Drucker, P. F.（1973, 1974）. *Management : Tasks, responsibilities, practices.* Harper Business．［上田淳生（訳）（2001）．マネジメント【エッセンシャル版】——基本と原則　ダイヤモンド社］

Hallsworth, M. & Kirkman, E.（2020）. *Behavioral insights.* The MIT Press.［星野崇宏（監訳）亀濱香（訳）（2023）．人を動かす仕組みの科学　ニュートンプレス］

池尾恭一（2010）．現代マーケティングと市場志向　池尾恭一・青木幸弘・南智恵子・井上哲浩（著）マーケティング（pp. 2-21）　有斐閣

Kahneman, D. & Tversky, A.（1979）. Prospect theory: An analysis of decision underrisk. *Econometrica, 47*, 263-291.

Kotler, P. & Keller, K. L.（2006）. *Marketing management*（12th ed.）. Pearson Education.［恩蔵直人（監修）月谷真紀（訳）（2008）．コトラー＆ケラーのマーケティング・マネジメント 12 版　ピアソン桐原］

Krishna, A.（2012）. An integrative review of sensory marketing: Engaging the senses to affect perception, judgment and behavior. *Journal of Consumer Psychology, 22*(3), 332-351.

長野経済研究所（2024）．国内主要耐久消費財の普及率の推移（二人以上の世帯）　図表で見る長野県の姿　長野経済研究所

内閣府（2011）．主要耐久消費財等の長期時系列表（http://www.esri.cao.go.jp/jp/stat/shouhi/shouhi.html）

Perreault, W. D. Jr. & McCarthy, E .J.（2005）. *Basic marketing: A global managerial approach*（15th ed.）. McGraw-Hill / Irwin.

Thaler, R. & Sunstein, C. R.（2021）. *Nudge: The final edition.* Penguin Books.［遠藤真美（訳）（2022）．NUDGE ——実践 行動経済学 完全版　日経 BP］

## ■ 2章

阿部周造（1978）．消費者行動——計量モデル——　千倉書房

Bettman, J. R.（1979）. *An Information Processing Theory of Consumer Choice.* Addison-Wesley.

Blackwell, R. D., Miniard, P. W., & Engel, J. F.（2006）. *Consumer Behavior*（10th ed.）. Thomson.

Howard, J. A. & Sheth. J. N.（1969）. *The Theory of Buyer Behavior.* Wiley & Sons.

Kahneman, D. & Tversky, A.（1979）. Prospect theory: An analysis of decision under risk. *Econometrica, 47*, 263-292.

小嶋外弘（1964）．消費者心理の研究　日本生産性本部

小嶋外弘（1972）．新・消費者心理の研究　日本生産性本部

小嶋外弘（1986）．価格の心理——消費者は何を購入決定の"モノサシ"にするのか　ダイヤモンド社

クルーグマン，P. & ウェルス，R.（著）大山道広・石橋孝次・塩澤修平・白井義昌・大東一郎・玉田康成・蓬田守弘（訳）（2007）．ミクロ経済学　東洋経済新報社

Loken, B.（2006）．Consumer psychology: Categorization, inference, affect, and persuasion. *Annual review of Psychology, 57*, 453-485.

Münsterberg, H.（1913）．*Psychology and industrial efficiency.* Houghton, Mifflin and Company.［鈴木久蔵（訳）（1915）．実業能率増進の心理　二松堂書店］

中西正雄（編著）（1984）．消費者行動分析のニュー・フロンティア——多属性分析を中心に　誠文堂新光社

仁科貞文・田中　洋・丸岡吉人（2007）．広告心理　電通

Open Science Collaboration（2015）．Estimating the reproducibility of psychological science. Science, *349*. https://www.science.org/doi/10.1126/science.aac4716

佐々木土師二（1988）．購買態度の構造分析　関西大学出版会

Scott, W. D.（1903）．*The theory of advertising.* Small, Maynard & Co.

Scott, W. D.（1908）．*The psychology of advertising: A simple exposition of the principles of psychology in their relation to successful advertising.* Small, Maynard & Company.［佐々木十九（訳）（1915）．広告心理学　透泉閣書房］

Solomon, M. R.（2020）．*Consumer Behavior: buying, having, and being* (13th ed). Pearson Education.

スティグリッツ，J. E. & ウォルシュ，C. E.（著）薮下史郎・秋山太郎・蟻川靖浩・大阿久博・木立　力・清野一治・宮田　亮（訳）（2005）．スティグリッツ入門経済学 第3版　東洋経済新報社

杉本徹雄（2022）．消費者行動研究の30年——心理学の視点から　消費者行動研究, *28*, 29-38.

和田充夫（1984）．ブランド・ロイヤルティ・マネジメント　同文館出版

# ■3章

Bettman, J. R.（1979）．*An Information Processing Theory of Consumer Choice.* Addison-Wesley.

Engel, J. F., Kollat, D. T. & Blackwell, R. D.（1968）．*Consumer Behavior.* Holt, Rinehartand Winston.

McClure, S. M., Li, J., Tomlin, D., Cypert, K. S., Montague, L. M. & Montague, P. M.（2004）．Neural Correlates of Behavioral Preference for Culturally Familiar Drinks. *Neuron, 44*, 379–387.

杉本徹雄（1982）．消費者情報処理に関する実験的研究　広告科学 , *8*, 1-14.

Takemura, K.（2019）．*Foundations of economic psychology: A behavioral and mathematical approach.* Tokyo and New York: Springer Nature.

Takemura, K.（2021a）．*Behavioral decision theory: Psychological and mathematical descriptions of human choice behavior,* 2nd ed. Singapore: Springer Nature.

Takemura, K. Tamari, Y & Ideno, T.（2023）．Avoiding worst decisions: A simulation and experiment. *Mathematics, 11*(5), 1165. https://doi.org/10.3390/math11051165

竹村和久（2009）．行動意思決定論——経済行動の心理学　日本評論社

竹村和久・井出野尚・大久保重孝・松井博史（2008）．神経経済学と前頭葉　分子精神医学 , *8*, 35-40.

引用・参考文献

# ■ 4 章

Abelson, R. P. & Levi, A.（1985）. Decision making and decision theory. In G. Lindzey & E. Aronson（Eds.）, *The handbook of social psychology, Vol. 1*（3rd ed.）. Random House, 231-309.

Beach, L. R. & Mitchell, T. R.（1978）. A contingency model for the selection of decision strategies. *Academy of Management Review, 3*, 439-449.

Bettman, J.（1979）. *An information processing theory of consumer choice.* Addison-Wesley.

Bettman, J., Johnson. E. J. & Payne, J. W.（1991）. Consumer decision making. In T. S. Robertson & H. H.Kassarjian（Eds）, *Handbook of consumer behavior.* Prentice Hall, pp. 50-84.

Cohen, J. B. & Areni, C. S.（1991）. Affect and consumer behavior. In T. S. Robertson & H. H. Kassarjian（Eds）, *Handbook of consumer behavior*（pp. 188-240）. Prentice Hall,.

O'Doharty, J. P.（2004）. Reward representations and reward-related learning in the human brain: insights from neuroimaging, *Current Opinion in Neurobiology, 14*, 769–776.

Engel, J. F., Blackwell, R. D. & Miniard, P. W.（1993）. *Consumer behavior*（7th ed.）. Dryden Press.

Fugate, D. L.（2007）. Neuromarketing: a layman's look at neuroscience and its potential application to marketing practice. *Journal of Consumer Marketing, 24*, 385–394.

Hilton, D. J.（1995）. The social context of reasoning: Conversational inference and rational judgment. *Psychological Bulletin, 118,* 248-271.

Hirschman, E. C. & Holbrook, M. B.（1992）. *Postmodern consumer research: The study of consumption as text.* Sage.

Holdbrook, M. B. & Hirschman, E. C.（1993）. *The semiotics of consumption: Interpreting symbolic consumer behavior in popular culture and work of art.* Mouton de Gruyter.

Hubert, M. & Kenningy, P.（2008）. A current overview of consumer neuroscience. *Journal of Consumer Behaviour, 7,* 272–292.

Isen, A. M. and Means, B.（1983）. The influence of positive affect on decision making strategy. *Social Cognition, 2*, 18-31.

Kahneman, D. & Tversky, A.（1979）. Prospect theory: An analysis of decision underrisk. *Econometrica, 47*, 263-291.

小嶋外弘（1964）. 消費者心理の研究　日本生産性本部

小嶋外弘（1986）. 価格の心理──消費者は何を購入決定の "モノサシ" にするのか　ダイヤモンド社

小嶋外弘・赤松　潤・濱　保久（1983）. 心理的財布──その理論と実証　DIAMOND ハーバードビジネス , *8,* 19-28.

Kojima, S.（1994）. Psychological approach to consumer buying decisions: Analysis of the psychological purse and psychology of price. *Japanese Psychological Research, 36*, 10-19.

Lee, N., Broderick, A. J. & Chamberlain, L（2007）. What is 'neuromarketing'? A discussion and agenda for future research, *International Journal of Psychophysiology, 63*, 199–204.

Payne, J. W., Bettman, J. R., & Johnson, E. J.（1993）. *The adaptive decision maker.* Cambridge University Press.

Takemura, K.（2001）: Contingent decision making in the social world. In C. M. Allwood & M. Selart(Eds.), *Decision making: Social and creative dimensions*（pp.153-173）. Dordrecht, The Netherlands:

Kluwer Academic,.

Takemura, K.（2019）. *Foundations of economic psychology: A behavioral and mathematical approach.* Tokyo and New York: Springer Nature.

Takemura, K.（2021a）. *Behavioral decision theory: Psychological and mathematical descriptions of human choice behavior*, 2nd ed. Singapore: Springer Nature.

Takemura, K.（2021b）. *Escaping from bad decisions: A behavioral decision theoretic approach.* London, UK: Academic Press, An imprint of Elsevier.

Takemura, K. Tamari, Y & Ideno, T.（2023）. Avoiding worst decisions: A simulation and experiment. *Mathematics, 11*(5), 1165. https://doi.org/10.3390/math11051165

竹村和久（1994）. フレーミング効果の理論的説明——リスク下での意思決定の状況依存的焦点モデル　心理学評論　37(3),270-193.

竹村和久（1996）. 意思決定の心理——その過程の研究　福村出版

竹村和久（2009）. 行動意思決定論——経済行動の心理学　日本評論社

竹村和久・井出野　尚・大久保重孝・松井博史（2008）. 神経経済学と前頭葉　分子精神医学 , 8, 35-40.

竹村和久・井出野　尚・大久保重孝・小高文總・高橋英彦（2009）. 消費者の選好に関する神経経済学的研究——認知反応と脳画像解析　日本消費者行動研究学会第 39 回消費者行動研究コンファレンス要旨集 , 33-36.

Thaler, R. H.（1985）. Mental accounting and consumer choice. *Marketing Science, 4*, 199-214.

Thaler, R. H.（1999）. Mental accounting matters. *Jouranal of Behavioral Decision Making, 12*, 183-206.

Tversky, A. & Kahneman, D.（1981）. The framing decisions and the psychology of choice. *Science, 211*, 453-458.

Tversky, A & Kahneman, D.（1992）. Advances in prospect theory: Cunmulative representation of uncertainty. *Jouranal of Risk and Uncertainty, 5*, 297-323.

# ■5章

Areni, C. S., & Kim, D.（1993）. The influence of background music on shopping behavior: Classical versus top-forty music in a wine store. *Advances in Consumer Research,* 20(1), 336.

Carrasco, M.（2011）. Visual attention: The past 25 years. *Vision Research, 51*, 1484–1525.

De Luca, R., & Botelho, D.（2021）. The unconscious perception of smells as a driver of consumer responses: A framework integrating the emotion-cognition approach to scent marketing. *AMS Review, 11*(1), 145-161.

Duff, B. R. L., & Faber, R. J.（2011）. Missing the mark: Advertising avoidance and distractor devaluation. *Journal of Advertising, 40*, 51–62.

Gibson J. J.（1979）. *The ecological approach to visual perception.* Boston, MA: Houghton Mifflin.

Jacoby, L. L., & Kelley, C. M.（1987）. Unconscious influences of memory for a prior event. *Personality and Social Psychology Bulletin, 13*, 314–336.

Knoeferle, K., & Spence, C.（2021）. Sound in the Context of (Multi) Sensory Marketing. *The Oxford Handbook of Music and Advertising.*

Krishna, A.（2012）. An integrative review of sensory marketing: Engaging the senses to affect perception, judgment and behavior. *Journal of Consumer Psychology, 22*(3), 332-351.

Kunst-Wilson, W. R., & Zajonc, R. B. (1980). Affective discrimination of stimuli that cannot be recognized. *Science, 207*, 557–558.

Labrecque, L. I., & Milne, G. R. (2012). Exciting red and competent blue: the importance of color in marketing. *Journal of the Academy of Marketing Science, 40*(5), 711-727.

Leigh, R., & Zee, D. (1999). *The neurology of eye movements*. New York, NY: Oxford University Press.

松田　憲（2019）．見れば見るほど好きになる――単純接触効果　三浦佳世・河原純一郎（編）　美しさと魅力の心理（pp.4–5）　ミネルヴァ書房

Mattila, A. S., & Wirtz, J. (2001). Congruency of scent and music as a driver of in-store evaluations and behavior. *Journal of Retailing, 77*(2), 273–289.

McEvoy, S. P., Stevenson, M. R., McCartt, A. T., Woodward, M., Haworth, C., Palamara, P., & Cercarelli, R. (2005). Role of mobile phones in motor vehicle crashes resulting in hospital attendance: A case-crossover study. *British Medical Journal, 331*, 428–430.

Motoki, K., Spence, C., & Velasco, C. (2023). When visual cues influence taste/flavour perception: A systematic review and the critical appraisal of multisensory flavour perception. *Food Quality and Preference*, 104996.

Palmer, S. E., & Schloss, K. B. (2010). An ecological valence theory of human color preference. *Proceedings of the National Academy of Sciences, 107*(19), 8877-8882.

Peck, J. & Childers, T. L. (2003). Individual differences in haptic information processing: The "Need for Touch" scale. *Journal of Consumer Research*, 30, 430-442.

Peck, J. & Shu, S. B. (2009). The effect of mere touch on perceived ownership. *Journal of Consumer Research*, 36, 434-447.

Posner, M. I. (1980). Orienting of attention. *Quarterly Journal of Experimental Psychology, 32*, 3–25.

Raymond, J. E., Fenske, M. J., & Tavassoli, N. T. (2003). Selective attention determines emotional responses to novel visual stimuli. *Psychological Science, 14*, 537–542.

Reinoso-Carvalho, F., Dakduk, S., Wagemans, J., & Spence, C. (2019). Not just another pint! The role of emotion induced by music on the consumer's tasting experience. *Multisensory Research, 32*(4-5), 367-400.

Rensink, R. A., O'Regan, J. K., & Clark, J. J. (1997). To see or not to see: The need for attention to perceive changes in scenes. *Psychological Science, 8*, 368–373.

Sample, K. L., Hagtvedt, H., & Brasel, S. A. (2020). Components of visual perception in marketing contexts: A conceptual framework and review. *Journal of the Academy of Marketing Science, 48*(3), 405-421.

Schifferstein, H. N. (2006). The perceived importance of sensory modalities in product usage: A study of self-reports. *Acta Psychologica, 121*(1), 41-64.

Shimojo, S., Simion, C., Shimojo, E., & Scheier, C. (2003). Gaze bias both reflects and influences preference. *Nature Neuroscience, 6*, 1317–1322.

Simons, D. J., & Chabris, C. F. (1999). Gorillas in our midst: Sustained inattentional blindness for dynamic events. *Perception, 28*, 1059–1074.

Spangenberg, E. R., Grohmann, B., & Sprott, D. E. (2005). It's beginning to smell (and sound) a lot like Christmas: the interactive effects of ambient scent and music in a retail setting. *Journal of Business Research, 58*(11), 1583-1589.

Treisman, A. M., & Gelade, G. (1980). A feature-integration theory of attention. *Cognitive Psychology,*

*12*, 97–136.

Yagi, Y., Ikoma, S., & Kikuchi, T.（2009）. Attentional modulation of the mere exposure effect. *Journal of Experimental Psychology: Learning, Memory, and Cognition, 35*, 1403–1410.

Zajonc, R. B.（1968）. Attitudinal effects of mere exposure. *Journal of Personality and Social Psychology, 9*, 1–27.

## ■6章

阿部　誠（2019）. 東大教授が教えるヤバいマーケティング　KADOKAWA

Annese J, Schenker-Ahmed NM, Bartsch H, Maechler P, Sheh C, Thomas N, Kayano J, Ghatan A, Bresler N, Frosch MP, Klaming R, Corkin S.（2014）. Postmortem examination of patient H.M.'s brain based on histological sectioning and digital 3D reconstruction. *Nature Communications, 5*: 3122.

Atkinson, R. C., & Shiffrin, R. M.（1971）. The control of short-term memory. *Scientific American, 225*(2), 82–90.

Baddeley, A. D.（1986）. *Working memory*. New York: Oxford University Press.

Baddeley, A. D.（2000）. The episodic buffer: A new component for working memory? *Trends in Cognitive Science, 4*, 417-423.

Baddeley, A. D., & Hitch, G.（1974）. Working memory. In G.H. Bower（Ed.）, *The psychology of learning and motivation: Advances in research and theory*, 8, 47–89. New York: Academic Press.

Baldwin, M., Biernat, M., & Landau, M. J.（2015）. Remembering the real me: Nostalgia offers a window to the intrinsic self. *Journal of Personality and Social Psychology, 108*, 128-147.

Bays, P. M.（2018）. Failure of self-consistency in the discrete resource model of visual working memory. *Cognitive Psychology, 105*, 1–8.

Beatty, W. W., and Shavalia, D. A.（1980）. Spatial memory in rats : Time course of working memory and effects of anestlletics. *Behavioral aud Neured Biology, 28*, 454-462.

Berlyne, D. E.（1970）. Novelty, complexity, and hedonic value. *Perception & Psychophysics, 8*(5A), 279–286.

Bliss, T. V. P., & Gardner-Medwin, A. R.（1973）. Long-lasting potentiation of synaptic transmission in the dentate area of unanaesthetized rabbit following stimulation of the perforant path. *The Journal of Physiology, 233*, 357–374.

Bliss, T. V. P., & Lømo, T.（1973）. Long-lasting potentiation of synaptic transmission in the dentate area of anaesthetized rabbit following stimulation of the perforant path. *The Journal of Physiology, 233*, 331–356.

Bower, G.H.（1981）. Mood and memory. *American Psychologist, 99*, 229-246.

Bowers, J.S., & Schacter, D.L.（1990）. Implicit memory and test awareness. *Journal of Experimental Psychology: Learning, Memory, and Cognition, 16*,404-416.

Bowers, J.S., & Schacter, D.L.（1990）. Implicit memory and test awareness. *Journal of Experimental Psychology: Learning, Memory, and Cognition, 16*,404-416.

Bransford, J. D., & Johnson, M. K.（1972）. Contextual prerequisites for understanding: Some investigations of comprehension and recall. *Journal of Verbal Learning and Verbal Behavior, 11*(6), 717-726.

Brown, S., Kozinets, R.V., & Sherry, J.F. Jr.（2003）. Teaching old brands new tricks: retro branding and the revival of brand meaning. *Journal of Marketing, 67*, 19–33.

Bruce, D., & Fagan, R. L.（1970）. More on the recognition and free recall of organized lists. *Journal of Experimental Psychology*, 85(1), 153–154.

Bruner, J., Goodnow, J., & Austin, A.（1956）. *A Study of Thinking*. New York: Wiley.

Carstensen, L. L.（1992）. Motivation for social contact across the life span: A theory of socioemotional selectivity. *Nebraska Symposium on Motivation*, 40, 209–54.

Chu, S., & Downes, J. J.（2000）. Odour-evoked autobiographical memories: Psychological investigations of proustian phenomena. *Chemical Senses*, 25, 111-116.

Collins, A. M., & Loftus, E. F.（1975）. A spreading-activation theory of semantic processing. *Psychological Review*, 82(6), 407–428.

Collins, A. M., & Quillian, M. R.（1969）. Retrieval time from semantic memory. *Journal of Verbal Learning* & Verbal Behavior, 8(2), 240–247.

Conway, M. A.（1990）. *Autobiographical memory. An Introduction*. Philadelphia, Open University Press.

Conway, M. A.（1992）. A structural model of autobiographical memory. In M. A. Conway, D. C. Rubin, H. Spinnler, & W. A. Wagenaar（Eds.), *Theoretical perspectives on autobiographical memory*. Dordrecht, The Netherlands: Kluwer Academic Publishers.

Conway, M. A., & Pleydell-Pearce, C. W.（2000）. The construction of autobiographical memories in the self-memory system. *Psychological Review*, 107, 261-288.

Cowan N.（2001）. The magical number 4 in short-term memory: A reconsideration of mental storage capacity. Behavioral and *Brain Sciences*, 24, 87–114.

Craik, F. I. M., & Lockhart, R. S.（1972）. Levels of processing: A framework for memory research. *Journal of Verbal Learning and Verbal Behavior*, 11, 671-684.

Craik, F. I. M., & Tulving, E.（1975）. Depth of processing and the retention of words in episodic memory. *Journal of Experimental Psychology: General*, 104, 268-294.

Craver-Lemley, C., & Bornstein, R. F.（2006）. Self generated visual imagery alters the mere exposure effect. *Psychonomic Bulletin & Review*, 13, 1056-1060.

Daneman, M., & Carpenter, P. A.（1980）. Individual differences in working memory and reading. *Journal of Verbal Learning and Verbal Behavior*, 19, 450-466.

Ebbinghaus, H.（1964）. *Memory: A contribution to experimental psychology*（H. A. Ruger, & C. E. Bussenius Trans.). New York: Dover.（Original work published 1885）.

Einstein, G. O., & Hunt, R. R.（1980）. Levels of processing and organization: Additive effects of individual-item and relational processing. *Journal of Experimental Psychology: Human Learning & Memory*, 6, 588-598.

藤田哲也（1999）. 潜在記憶の測定法　心理学評論, 42, 107-125.

Gardiner, J. M.（1988）. Functional aspects of recollective experience. *Memory & Cognition*, 16, 309-313.

Glanzer, M., & Cunitz, A. R.（1966）. Two Storage Mechanisms in Free Recall. *Journal of Verbal Learning and Verbal Behavior*, 5, 351-360.

Godden, D. R., & Baddeley, A. D.（1975）. Context-dependent memory in two natural environments: On land and underwater. *British Journal of Psychology*, 66(3), 325–331.

Hebb, D. O.（1949）. *The organization of behavior; a neuropsychological theory*. Wiley.

Hepner, C. R., & Nozari, N.（2019）. Resource allocation in phonological working memory: same or different principles from vision? *Journal of Memory and Language*, 106, 172–188.

Hepper, E. G., Wildschut, T., Sedikides, C., Ritche, T. D., Yung, Y. F., Hansen, N., Abakoumkin, G., Arikan, G., Cisek, S. Z., Demassosso, D. B., Gebauer, J. E., Gerber, J. P., González, R., Kusumi, T., Misra, G., Rusu, M., Ryan, O., Stephan, E., Vingerhoets, A. J. J., & Zhou, X.（2014）. Pancultural nostalgia: Prototypical conceptions across cultures. *Emotion, 14,* 733–747.

Holbrook, M. B.（1993）. Nostalgia and consumption preference: Some emerging patterns of consumer tastes. *Journal of Consumer Research, 20,* 245-256.

Hovland, C. I., & Weiss, W.（1951）. The influence of source credibility on communication effectiveness. *Public Opinion Quarterly, 15,* 635–650.

Hunt, R. R., & Einstein, G. O.（1981）. Relational and item-specific information in memory. *Journal of Verbal Learning and Verbal Behavior, 20,* 497-514.

Hunt, R. R., Ausley, J. A., & Schultz, E. E.（1986）. Shared and item-specific information in memory for event descriptions. *Memory & Cognition, 14,* 49-54.

Ito, M., Sakurai, M., & Tongroach, P.（1982）. Climbing fiber induced depression of both mossy fiber responsiveness and glutamate sensitivity of cerebellar Purkinje cells. *Journal of Physiology, 324,* 113–134.

Jacoby, L. L.（1991）. A process dissociation frame work: Separating automatic and intentional uses of memory. *Journal of Memory and Language, 30,* 513-541.

Jacoby, L. L., Craik, F. I. M., & Begg, I.（1979）. Effects of decision difficulty on recognition and recall. *Journal of Verbal Learning & Verbal Behavior, 18,* 585-600.

Johnson, M. K., Hashtroudi, S., & Lindsay, D. S.（1993）. *Source monitoring. Psychological Bulletin, 114*(1), 3–28.

Kajiwara, R., Takashima, I., Mimura, Y., Witter, M. P., & Iijima, T.（2003）. Amygdala input promotes spread of excitatory neural activity from perirhinal cortex to the entorhinal-hippocampal circuit. *Journal of Neurophysiology, 89,* 2176–2184.

河西春朗（2022）. 文系のためのめっちゃやさしい脳　ニュートンプレス

Kawaguchi, J., Nakamura, H., & Suzuki, A.（2018）. Remembering episodic memory with nostalgia influences delay discounting. Poster presented at the 3rd Psychonomics International meeting.

河原哲雄（2001）. 概念の構造と処理　人工知能学会誌 *, 16,* 435-440.

Kintsch, W.（1968）. Recognition and free recall of organized lists. *Journal of Experimental Psychology, 78*(3, Pt.1), 481–487.

Kitamura T., Saitoh Y., Takashima N., Murayama A., Niibori Y., Ageta H., Sekiguchi M., Sugiyama H., & Inokuchi K.（2009）. Adult neurogenesis modulates the hippocampus-dependent period of associative fear memory. *Cell, 139,* 814-827.

Komatsu, S., & Ohta, N.（1984）. Priming effect in word-fragment completion for short- and long-term retention intervals. *Japanese Psychological Reserch, 26,* 191-200.

小谷　恵・楠見　孝（2021）. 飲料によるなつかしさの喚起が感情と社会的サポート感に及ぼす効果　*Journal of Health Psychology Research, 33,* 163-171.

楠見　孝（2014）. なつかしさの心理学——記憶と感情，その意義　日本心理学会（監修）楠見孝（編）なつかしさの心理学——思い出と感情　誠信書房

楠見　孝（2018）. 加齢によるポジティブな時間的展望となつかしさの増大. 日本発達心理学会第 29 回大会, P1-22.

楠見　孝（2021）. なつかしさの認知：感情的基盤と機能——個人差と年齢変化　心理学評論 *, 64*(1), 5-28.

Kusumi, T., Matsuda, K., & Sugimori, E.（2010）．The effects of aging on nostalgia in consumers' advertisement processing. *Japanese Psychological Research*, *52*, 150-162.

Loftus, E. F., & Palmer, J. C.（1974）．Reconstruction of automobile destruction: An example of the interaction between language and memory. *Journal of Verbal Learning & Verbal Behavior*, *13*(5), 585–589.

Ma, W. J., Husain, M., & Bays, P. M.（2014）Changing concepts of working memory. *Nature Neuroscience*, *17*, 347-356.

松田　憲・太田信夫・楠見　孝（2003）．偶発学習による潜在記憶の長期的レミニッセンス効果　認知科学, *10*(2), 207-222.

Matsuda, K. & Kusumi, T.（2001）．Scene typicality influences the mere exposure effect in affective judgments. Paper presented at 42nd Annual Meeting of the Psychonomic Society. Orlando, FL.

Matsuda, K. & Kusumi, T.（2006）．Effect of the correlational attributes on mere exposure in concept formation. In R. Sun, & N. Miyake（Eds.), *Proceedings of the 28th Annual Conference of the Cognitive Science Society*（p.2555）．NJ: Lawrence Erlbaum Association.

Medin, D. L., & Schaffer, M. M.（1978）．Context theory of classification learning. *Psychological Review*, *85*, 207-238.

Meyers-Levy, J. and Tybout, A.M.（1989）．Schema Congruity as a Basis for Product Evaluation. *Journal of Consumer Research*, *16*, 39-54.

Miller, G. A.（1956）．The magical number seven, plus or minus two: Some limits on our capacity for processing information. *Psychological Review*, *63*, 81-97.

宮地弥生・山　祐嗣（2002）．高い確率で虚記憶を生成する DRM パラダイムのための日本語リストの作成　基礎心理学研究, *21*, 21-26.

森口佑介（2008）．就学前期における実行機能の発達　心理学評論, *51*, 447-459.

Morita, N., Ishihara, T., Hillman, H. C., & Kamijo, K.（2024）．Movement boosts memory: investigating the effects of acute exercise on episodic long-term memory. *Journal of science and medicine in sport, 10*, 1016.

Muehling, D. D. & Sprott, D. E.（2004）．The power of reflection: An empirical examination of nostalgia advertising effects. *Journal of Advertising*, *33*, 25-35.

長峯聖人・外山美樹（2016）．日本人はノスタルジアを経験しうるか？――ノスタルジアの"bittersweet"な側面に着目して　感情心理学研究, *24*, 1-11.

Nosofsky, R. M.（1988）．Exemplar-based approach to relations between classification, recognition, and typicality. *Journal of Experimental Psychology: Learning, Memory and Cognition*, *14*, 700-708.

Nosofsky, R. M.（1992）．Exemplar-based approach to relating categorization, identification, and recognition, In F. G. Ashby（Ed.), *Multidimensional Models of Perception and Cognition*, Hillsdale, NJ: Erlbaum. pp. 363-393.

Oba, K., Noriuchi, M., Atomi, T., Moriguchi, Y., & Kikuchi, Y.（2016）．Memory and reward systems coproduce 'nostalgic' experiences in the brain. *Social Cognitive and Affective Neuroscience*, *11*, 1069-1077.

太田信夫（1985）．選択的記銘事態におけるプライミング効果　日本心理学会第 49 回大会発表論文集, 399.

太田信夫（1986）．記憶のパラドックス――プライミングに関して　日本心理学会第 50 回大会発表論文集, 208.

太田信夫（1992）．手続き記憶　箱田裕司（編）認知科学のフロンティア II　サイエンス社,

92-119.

太田信夫・原　聡（1980）．処理水準の検討　筑波心理学研究, 2, 99-109.

Roediger, H.L., Weldon, M.S., Stadler, M.A., & Riegler, G.L.（1992）．Direct comparison of word fragment and word stem completion. *Journal of Experimental Psychology: Learning, Memory, and Cognition*, *18*,1251-1269.

Rogers, T. B., Kuiper, N. A., & Kirker, W. S.（1977）．Self-reference and the encoding of personal information. *Journal of Personality and Social Psychology*, *35*(9), 677–688.

Rosch, E.（1975）．Cognitive representation of semantic categories. *Journal of Experimental Psychology: General*, *104*, 192-233.

Rosch, E., & Mervis, C. B.（1975）．Family resemblance: Studies in internal structure of categories. *Cognitive Psychology*, *7*, 573-605.

Rundus, D.（1971）．Analysis of rehearsal processes in free recall. *Journal of Experimental Psychology*, *89*, 63-77.

Sakaki, M.（2007）．Mood and recall of autobiographical memory: The effect of focus of self-knowledge. *Journal of Personality*, *75*, 421-450.

Salimpoor, V. N., Benovoy, M., Larcher, K., Dagher, A., & Zatorre, R.J.（2011）．Anatomically distinct dopamine release during anticipation and experience of peak emotion to music. *Nature Neuroscience*, *14*, 257–262.

Schacter, D. L.（1990）．Introduction to "Implicit memory: Multiple perspectives". *Bulletin of the Psychonomic Society*, *28*, 338-340.

Schank, R. C.（1975）．*Conceptual Information Processing*. North-Holand, Amsterdam, The Netherlands.

Schooler, J. W., & Engstler-Schooler, T. Y.（1990）．Verbal overshadowing of visual memories: Some things are better left unsaid. *Cognitive Psychology*, *22*(1), 36–71.

Scoville, W. B., & Milner, B.（1957）．Loss of recent memory after bilateral hippocampal lesions. *Journal of Neurology, Neurosurgery & Psychiatry*, *20*, 11–21.

Sedikides, C., Wildschut, T., Arndt, J., & Routledge, C.（2008）．Nostalgia past, present, and future. *Current Directions in Psychological Science*, *17*, 304–307.

Sloman, S. A., Hayman, G., Law, J., Ohta, N. & Tulving, E.（1988）．Forgetting in primed fragment completion. *Journal of Experimental Psychology: Learning, Memory, and Cognition*, *14*, 223-239.

Speer, M. E., Bhanji, J. P., & Delgado, M. R.（2014）．Savoring the past: Positive memories evoke value representations in the striatum. *Neuron*, *84*, 847-856.

Sperling, G.（1960）．The Information Available in Brief Visual Presentations. *Psychological Monographs*, *74*, 1-29.

Stern, B.（1992）．Historical and personal nostalgia in advertising text: The Fin de Siecle Effect. *Journal of Advertising*, *n21*, 11-22.

瀧川真也・仲真紀子（2011）．懐かしさ感情が自伝的記憶の想起に及ぼす影響――反応時間を指標として　認知心理学研究, 9, 65-73.

豊田弘司（1987）．記憶における精緻化（elaboration）研究の展望　心理学評論, 30, 402-422.

Toyota, H.（1997）．Effects of between-item, within-item, and autobiographical elaboration on incidental free recall. *Perceptual and Motor Skills*, *85*, 1279-1287.

筒井美加（1997）．自己関連語における気分一致効果　心理学研究, 68, 25-35.

Tulving, E.（1985a）．How many memory systems are there? *American Psychologist*, *40*,385-398.

Tulving, E.（1985b）. Memory and consciousness. *Canadian Psychologist, 26*, 1-12.

Tulving, E.（2005）. Episodic memory and autonoesis: Uniquely human? In H. S. Terrace & J. Metcalfe（Eds.）, *The missing link in cognition: Origins of self-reflective consciousness*（pp.3-56）. Oxford: Oxford University Press.

Tulving, E., Schacter, D. L., & Stark, H. A.（1982）. Priming effects in word-fragment completion are independent of recognition memory. *Journal of Experimental Psychology: Learning, Memory, and Cognition*, 8, 336-342.

Verplanken, B.（2012）. When bittersweet turns sour: Adverse effects of nostalgia on habitual worriers. *European Journal of Social Psychology, 42*, 285–289.

Wang C. et al.（2020）. Microglia mediate forgetting via complement-dependent synaptic elimination. *Science, 367*, 6478, 688–694.

Watkins, M. J., & Peynrcoğlu, Z. F.（1983）. Three recency effects at the same time. *Journal of Verbal Learning and Verbal Behavior, 22*(4), 375–384.

Wollen, K. A., & Cox, S. D.（1981a）. The bizarreness effect in a multitrial intentional learning task. *Bulletin of the Psychonomic Society, 18*, 296-298.

Wollen, K. A., & Cox, S. D.（1981b）. Sentence cuing and the effectiveness of bizarre imagery . *Journal of Experimental Psychology: Human Learning and Memory, 7*, 386-392.

Wulf, F.（1922）. Uber die veranderung von vorstellungen. *Psychologische Forschung, 1*, 333-373.

山本晃輔（2006）. におい手がかりによる自伝的記憶の想起に感情が及ぼす影響　日本認知心理学会第 4 回大会発表論文集 , 94.

山本晃輔（2008）. においによる自伝的記憶の無意図的想起の特性――プルースト現象の日誌法的検討　認知心理学研究 , *6*(1), 65-73.

Zajonc, R. B.（1968）. Attitudinal effects of mere exposure. *Journal of Personality and Social Psychology Monograph, 9*, 1-27.

Zhou, X., Sedikides, C., Wildschut, C., & Gao, D. G.（2008）. Counteracting loneliness: On the restorative function of nostalgia. *Psychological Science, 19*, 1023–1029.

Zhou, X., Wildschut, T., Sedikides, C., Shi, K., & Feng, C.（2012）. Nostalgia: The gift that keeps on giving. *Journal of Consumer Research, 39*, 39–50.


# ■ 7 章

阿部周造（1984）. 消費者情報処理理論　中西正雄（編著）消費者行動分析のニューフロンティア――多属性分析を中心に（pp. 119-163）　誠文堂新光社

Ajzen, I.（1991）. The theory of planned behavior. *Organizational Behavior and Human Decision Processes, 50*, 179-211.

Ajzen, I., & Fishbein, M.（1970）. The prediction of behavior from attitudinal and normative variables. *Journal of Experimental Social Psychology, 6*, 466-487.

Ajzen, I.（2019）. Constructing a theory of planned behavior questionnaire. https://people.umass.edu/aizen/pdf/tpb.measurement.pdf

Bandura, A.（1977）. Self-efficacy: Toward a unifying theory of behavioral change. *Psychological Review, 84*, 191-215.

Bass, F. M. & Talarzyk, W. W.（1972）. An attitudinal model for the study of brand preference. *Journal of Marketing Research, 9*, 93-96.

Berger, J.（2014）．Word of mouth and interpersonal communication: A review and directions for future research. *Journal of consumer psychology, 24*(4), 586-607.

Berger, J., & Iyengar, R.（2013）．Communication channels and word of mouth: How the medium shapes the message. *Journal of Consumer Research, 40*(3), 567–579.

Belch, G. E.（1982）．The effects of television commercial repetition on cognitive response and message acceptance. *Journal of Consumer Research, 9*, 56-65.

Brehm, J. W.（1956）．Post-decision changes in the desirability of alternatives. *Journal of Abnormal and Social Psychology, 52*, 384-389.

Brehm, J. W.（1966）．*A theory of psychological reactance.* Academic Press.

Canova, L., & Manganelli, A. M.（2020）．Energy-Saving Behaviours in Workplaces: Application of an Extended Model of the Theory of Planned Behaviour. *Europe's Journal of Psychology, 16*(3), 384-400.

Chaiken, S.（1980）．Heuristic versus systematic information processing and the use of source versus message cues in persuasion *Journal of personality and social psychology, 39*, 752-766.

Cohen, J.B., Fishbein, M., & Ahtola, O. T.（1972）．The nature and use of Expectancy-value models in consumer attitude research. *Journal of Marketing Research, 9*, 456-460.

Fazio, R. H.（1990）．Multiple processes by which attitudes guide behavior: The MODE model as an integrative framework. *Advances in Experimental Social Psychology, 23*, 75-109.

Fazio, R. H., Jackson, J. R., & Dunton, B. C., Williams, C. J.（1995）．Variability in automatic activation as an unobtrusive measure of racial attitudes: A bona fide pipeline? *Journal of Personality and Social Psychology, 69*, 1013-1027.

Festinger, L.（1957）．*A theory of cognitive dissonance.* Stanford University Press.

Fishbein, M.（1963）．An investigation of the relationships between beliefs about an object and the attitude toward that object. *Human Relations, 16*, 233-240.

Fishbein, M., & Ajzen, I.（1972）．Attitudes and opinions. *Annual Review of Psychology, 23*, 487- 544.

Fishbein, M., & Ajzen, I.（1975）．*Belief, attitude, intention, and behavior: An introduction to theory and research.* Addison-Wesley.

深田博巳（編著）（2002）．説得心理学ハンドブック——説得コミュニケーション研究の最前線　北大路書房

Gardner, D.（1970）．The distraction hypothesis in Marketing. *Journal of Advertising Research, 10*, 25-30.

Greenwald, A. G. & McGhee, D. E., & Schwartz, J. L. K.（1998）．Measuring individual differences in implicit cognition: The implicit association test. *Journal of Personality and Social Psychology, 74*, 1464-1480.

Heider, F.（1958）．*The psychology of interpersonal relations.* New York: John Wiley & Sons.

Hovland, C. I.& Weiss, W.（1951）The influence of source credibility on communication effectiveness. *Public Opinion Quarterly, 15*, 635-650.

Hovland, C. I., Janis, I. L., & Kelley, H. H.（1953）．*Communication and Persuasion: Psychological studies of opinion change.* Yale University Press.［辻正三・今井省吾（訳）（1960）．コミュニケーションと説得　誠信書房］

Hovland, C. I., Lumsdaine, A. A., & Sheffield, F. D.（1949）．*Experiments on Mass Communication.* Princeton: Princeton Univ. Press.

Jackson, L. A., Hunter, J. E., & Hodge, C. N.（1995）．Physical attractiveness and intellectual competence: A meta-analytic review. *Social Psychology Quarterly*, *58*, 108-122.

Jones, C. R. M.& Fazio, R. H.（2008）．Associative strength and consumer choice behavior. In Haugtvedt, C. P., Herr, P. M., & Kardes, F. R.（Eds.), *Handbook of Consumer Psychology* (pp. 119-163). Routledge.

Katz, D.（1960）．The functional approach to the study of attitudes. *Public Opinion Quarterly*, *24*, 163-204.

小島健司（1984）．多属性型態度と行動意図モデル　中西正雄（編著）消費者行動分析のニューフロンティア ―― 多属性分析を中心に（pp. 27-76）　誠文堂新光社

Reid, L. N. & Soley, L. C.（1983）．Decorative models and the readership of magazine ads. *Journal of Advertising Research*, *12*, 27-32.

Leventhal, H.（1970）．Findings and theory in the study of fear communication. In L. Berkowitz（Ed.）*Advances in experimental social psychology* (pp. 119-186). Academic Press.

Lumsdain, A. A., & Janis., I.L.（1953）．Resistance to "counter-propaganda" produced by a one-sided versus a two-sided "propaganda" presentation. *Public Opinion Quarterly*, *17*, 311-318.

Petty, R. E., & Cacioppo, J. T.（1986）．*Communication and Persuasion: Central and Peripheral Routes to Attitude Change*. New York: Springer-Verlag.

Rosenberg, M. J.（1956）．Cognitive structure and attidudinal affect. *Journal of Abnormal and Social Psychology*, *53*, 367-372.

Solomon, M. R.（2020）．*Consumer Behavior: buying, having, and being* (13th ed). Pearson Education.

杉本徹雄（1982）．多属性態度モデルの妥当性研究　実験社会心理学研究，*22*（1），37-48.

Wicker, A. W.（1969）．Attitudes versus actions: The relationship of verbal and overt behavioral responses to attitude objects. *Journal of Social Issues*, *25*, 41-78.

Weinberger, M. G., & Campbell, L.（1991）．The use and impact of humor in radio advertising. *Journal of Advertising Research*, *31*, 44-52.

Zajonc, R. B.（1968）．Attitudinal effects of mere exposure. *Journal of Personality* and *Social Psychology*, *9*, 1-27.

## ■8章

Assael, H.（2004）．*Consumer behavior: A strategic approach*. Houghton Mifflin.

Batra, R. & Ray, M. L.（1986）．Situational effects of advertising repetition: The moderating influence of motivation, ability, and opportunity to respond. *Journal of Consumer Research*, *12*, 432-445.

Blackwell, R. D., Miniard, P. W., & Engel, J. F.（2006）．*Consumer behavior*（10th ed.）．Thomson South-Western.

Dwyer, S.（1993）．C-store merchandising: For candy consumers, seeing is buying. *National Petroleum News*, September, 50-52.

小嶋外弘・杉本徹雄・永野光朗（1985）．製品関与と広告コミュニケーション効果　広告科学，*11*, 34-44.

Krugman, H. E.（1965）．The impact of television advertising: Learning without involvement. *Public Opinion Quarterly*, *29*, 349-356.

Krugman, H. E.（1977）．Memory without recall, exposure without perception. *Journal of Advertising Research*, *17*, 7-12.

Laurent, G. & Kapferer, J. N.（1985）．Measuring consumer involvement profiles. *Journal of Marketing Research*, *22* (February), 41-53.

Lloyd, D. W., & Clancy, K. J.（1991）．CPMs versus CPMIs: Implications for media planning. *Journal of Advertising Research*, *31*(4), 34–44.

中川秀和（1994）．購買行動と関与　飽戸　弘（編）消費者行動の社会心理学（pp. 120-151）福村出版

大槻　博（1986）．店頭マーケティング──メーカーの〈量販店〉演出法　中央経済社

Peter, J. P. & Olson, J. C.（2010）．*Consumer behavior and marketing strategy.* McGraw-Hill.

Petty, R. E., Cacioppo, J. T., & Schumann, D.（1983）．Central and peripheral routes to advertising effectiveness: The moderating role of involvement. *Journal of Consumer Research*, *10*, 135-146.

Sherif, M. & Hovland, C. I.（1961）．*Social judgment: Assimilation and contrast effects in communication and attitude change.* Yale University Press.

Simonson, I.（1990）．The Effect of Purchase Quantity and Timing on Variety-Seeking Behavior. *Journal of Marketing Research, 27*(2), 150-162.

Solomon, M. R.（2002）．*Consumer behavior: Buying, having, and being* (5th ed.)．Prentice Hall.

Underwood, R. L., Klein, N. M., & Burke, R. R.（2001）．Packaging communication: attentional effects of product imagery. *Journal of Product & Brand Management*, *10*, 403-422.

Zaichkowsky, J. L.（1985）．Measuring the involvement construct. *Journal of Consumer Research*, *12* (December), 341-352.

Zaichkowsky, J. L.（1986）．Conceptualizing involvement, *Journal of Advertising*, *15*(2), 4-14, 34.

# ■ 9章

Adaval, R.（2003）．How good gets better and bad gets worse: Understanding the impact of affect on evaluations of known brands. *Journal of Consumer Research*, *30*(3), 352–367.

Adaval, R., & Galli, M.（2022）．The interplay of affect and cognition: A review of how feelings guide consumer behavior. In L. R. Kahle, T. M. Lowrey, & J. Huber (Eds.), *APA Handbook of Consumer Psychology* (pp. 581–607). Washington, D.C.:American Psychological Association.

Andrade, E. B.（2015）．Consumer emotions. In M. I. Norton, D. D. Rucker, & C. Lamberton (Eds.), *The Cambridge handbook of consumer psychology* (pp. 90–121). New York: Cambridge University Press.

Bodenhausen, G. V., Sheppard, L. A., & Kramer, G. P.（1994）．Negative affect and social judgment: The differential impact of anger and sadness. *European Journal of Social Psychology*, *24*(1), 45–62.

Buechel, E. C., Zhang, J., & Morewedge, C. K.（2017）．Impact bias or underestimation? Outcome specifications predict the direction of affective forecasting errors. *Journal of Experimental Psychology: General*, *146*(5), 746-761.

Carmon, Z., Wertenbroch, K., & Zeelenberg, M.（2003）．Option attachment: When deliberating makes choosing feel like losing. *Journal of Consumer research*, *30*(1), 15–29.

Cohen, J. B., Pham, M. T., & Andrade, E. B.（2008）．The nature and role of affect in consumer behavior. In C. P. Haugtvedt, P. Herr, & F. Kardes (Eds.), *Handbook of Consumer Psychology* (pp. 297–348). New York: Lawrence Erlbaum Associates.

Damasio, A.（1994）．Descartes' error: Emotion, rationality and the human brain. *New York: Putnam.*

［田中三男（訳）デカルトの誤り——情動、理性、人間の脳　筑摩書房］

Ditto, P. H., Pizarro, D. A., Epstein, E. B., Jacobson, J. A., & MacDonald, T. K.（2006）. Visceral influences on risk-taking behavior. *Journal of Behavioral Decision Making, 19*(2), 99–113.

Dukes, D., Abrams, K., Adolphs, R., Ahmed, M. E., Beatty, A., Berridge, K. C., Broomhall, S., Brosch, T., Campos, J. J., Clay, Z., Clément, F., Cunningham, W. A., Damasio, A., Damasio, H., D'Arms, J., Davidson, J. W., de Gelder, B., Deonna, J., de Sousa, R., .Sander, D.（2021）. The rise of affectivism. *Nature Human Behaviour, 5*(7), 816-820.

Ekman, P.（1992）. An argument for basic emotions. *Cognition and Emotion, 6*(3-4), 169–200.

Gorn, G. J., Goldberg, M. E., & Basu, K.（1993）. Mood, awareness, and product evaluation. *Journal of Consumer Psychology, 2*(3), 237–256.

Haire, M.（1950）. Projective techniques in marketing research. *Journal of Marketing, 14*(5), 649–652.

Hsee, C. K., & Rottenstreich, Y.（2004）. Music, pandas, and muggers: On the affective psychology of value. *Journal of Experimental Psychology: General, 133*(1), 23–30.

今田　寛（2022）. 生理心理学，情動の心理学研究の近年の'姿'を探る　エモーション・スタディーズ, *8*(1), 105-117.

Iyengar, S. S., & Lepper, M. R.（2000）. When choice is demotivating: Can one desire too much of a good thing *Journal of Personality and Social Psychology, 79*(6), 995–1006.

井上哲浩（2010）. 消費者行動把握における定性調査法　池尾恭一・青木幸弘・南知恵子・井上哲浩（著）マーケティング　有斐閣

Kahneman, D., Fredrickson, B. L., Schreiber, C. A., & Redelmeier, D. A.（1993）. When more pain is preferred to less: Adding a better end. *Psychological Science, 4*(6), 401–405.

Kahneman, D., & Thaler, R. H.（2006）. Anomalies: Utility maximization and experienced utility. *Journal of Economic Perspectives, 20*(1), 221–234.

河合伊六（1981）. 動物の行動と動機　吉田正昭・祐宗省三（編）動機づけ・情緒（心理学3）　有斐閣

Kemp, E., & Kopp, S. W.（2011）. Emotion regulation consumption: When feeling better is the aim. *Journal of Consumer Behaviour, 10*(1), 1-7.

小嶋外弘（1972）. 新・消費者心理の研究　日本生産性本部

Lempert, K. M., & Phelps, E. A.（2016）. Affect in economic decision making. In L. F. Barrett, M. Lewis, & J. M. Haviland-Jones (Eds.), *Handbook of Emotions,* 4th ed. (pp. 98-112). New York: Guilford Press.

Lerner, J. S., & Keltner, D.（2000）. Beyond valence: Toward a model of emotion-specific influences on judgement and choice. *Cognition & Emotion, 14*(4), 473-493.

Lerner, J. S., & Keltner, D.（2001）. Fear, anger, and risk. *Journal of Personality and Social Psychology, 81*(1), 146.

Lerner, J. S., Li, Y., Valdesolo, P., & Kassam, K. S.（2015）. Emotion and decision making. *Annual Review of Psychology, 66*, 799-823.

Lewin, K.（1935）. A dynamic theory of personality. McGraw-Hill.［相良守次・小川　隆（訳）（1957）. パーソナリティの力学説　岩波書店］

Loewenstein, G. F., Weber, E. U., Hsee, C. K., & Welch, N.（2001）. Risk as feelings. *Psychological Bulletin, 127*(2), 267–286.

Maslow, A. H.（1970）. *Motivation and personality.*（2nd ed.）. Harper & Low.［小口忠彦（訳）（1971）. 人間性の心理学——モチベーションとパーソナリティ　産能大学出版会）

牧田　亮（1994）．消費者行動の定性的アプローチ　飽戸　弘（編）消費行動の社会心理学　福村出版

丸岡吉人（2000）．消費者の価値意識——マクロとミクロの視点から　高木　修（監修）竹村和久（編）消費行動の社会心理学——消費する人間のこころと行動　北大路書房

松山義則（1967）．モチベーションの心理　誠信書房

南知恵子・小川孔輔（2010）．日本版顧客満足度指数（JCSI）のモデル開発とその理論的な基礎　季刊マーケティングジャーナル, *30*(1), 4-19.

村田光二（2010）．感情予測　村田光二（編）社会と感情　北大路書房

中谷内一也（2003）．環境リスク心理学　ナカニシヤ出版

大平英樹（2014）．感情的意思決定を支える脳と身体の機能的関連　心理学評論, *57*（1），98-123.

大平英樹（2019）．感情科学の展開——内受容感覚の予測的符号化と感情経験の創発　日本感情心理学会（企画）内山伊知郎（監修）感情心理学ハンドブック　北大路書房

Öhman, A., Flykt, A., & Esteves, F.（2001). Emotion drives attention: detecting the snake in the grass. *Journal of Experimental Psychology: General, 130*(3), 466-478.

Parasuraman, A., Zeithaml, V. A., & Berry, L. L.（1988). SERVQUAL: A multiple-item scale for measuring consumer perceptions of service quality. *Journal of Retailing, 64*(1), 12–40.

Pham, M. T.（2007). Emotion and rationality: A critical review and interpretation of empirical evidence. *Review of General Psychology, 11*(2), 155–178.

Pham, M. T., Cohen, J. B., Pracejus, J., & Hughes, G. D.（2001). Affect monitoring and the primacy of feelings in judgment. *Journal of Consumer Research, 28*(2), 167–188.

Raghunathan, R., & Irwin, J.（2001). Walking the hedonic product treadmill: Default contrast and mood-based assimilation in judgments of predicted happiness with a target product. *Journal of Consumer Research, 28*(3), 355–368.

Reynolds, T. J., & Gutman, J.（1988). Laddering theory, method, analysis, and interpretation. *Journal of Advertising Research, 28*(1), 11–31.

Rick, S., & Loewenstein, G.（2008). The role of emotion in economic behavior. In M. Lewis, J. M. Haviland-Jones, & L. F. Barrett (Eds.), *Handbook of Emotions,* 3rd ed.（pp. 138–156). New York: Guilford Press.

Russell, J. A.（1980). A circumplex model of affect. *Journal of Personality and Social Psychology, 39*(6), 1161–1178.

佐藤　徳・安田朝子（2001）．日本語版 PANAS の作成　性格心理学研究, *9*(2), 138–139.

Schwarz, N.（1990). Feelings as information: Informational and motivational functions of affective states In E. T. Higgins & R. M. Sorrentino (Eds.), *Handbook of motivation and cognition: Foundations of social behavior* (Vol. 2, pp. 527–561). New York: Guilford Press.

Schwarz, N., & Clore, G. L.（1988). How do I feel about it? Information function of affective states. In K. Fiedler & J. Forgas (Eds.), *Affect, cognition and social behavior* (pp. 44-62). Toronto: Hogrefe International.

Shampanier, K., Mazar, N., & Ariely, D.（2007). Zero as a special price: The true value of free products. *Marketing Science, 26*(6), 742–757.

Shiv, B., & Fedorikhin, A.（1999). Heart and mind in conflict: The interplay of affect and cognition in consumer decision making. *Journal of Consumer Research*, 26(3), 278–292.

引用・参考文献

鈴木直人（2019）．感情研究の潮流　日本感情心理学会（企画）内山伊知郎（監修）感情心理学ハンドブック　北大路書房

田中知恵（2022）．消費行動と感情制御　有光興記（監修）感情制御ハンドブック――基礎から応用そして実践へ　北大路書房

田中　洋（2008）．消費者行動論体系　中央経済社

田尾雅夫（1993）．モチベーション入門　日本経済新聞社

Watson, D., Clark, L. A., & Tellegen, A.（1988）．Development and validation of brief measures of positive and negative affect: The PANAS scales. *Journal of Personality and Social Psychology*, *54*(6), 1063–1070.

Wilson, T. D., & Gilbert, D. T.（2003）．Affective Forecasting. In M. P. Zanma (Ed.), *Advances in experimental social psychology* (Vol. 35, pp. 345–411). San Diego, CA: Academic Press.

Wilson, T. D., Meyers, J., & Gilbert, D. T.（2003）．"How happy was I, anyway?" A retrospective impact bias. *Social Cognition*, *21*(6), 421–446.

# ■ 10章

Aaker, D. A.（1996）．*Building strong brands*. Free Press.［陶山計介・小林　哲・梅本春夫・石井智徳（訳）（1997）．ブランド優位の戦略――顧客を創造する BI の開発と実践　ダイヤモンド社］

飽戸　弘（1987）．新しい消費者のパラダイム　中央経済社

Allport, G. W.（1943）．The ego in contemporary psychology. *Psychological Review*, *50*, 451-478.

Cohen, J. B.（1967）．An interpersonal orientation to the study of consumer behavior. *Journal of Marketing Research*, *4*, 270-278.

電通総研（2021）．世界価値観調査・国際比較リリース　Retrieved February 27, 2023 from https://institute.dentsu.com/articles/1706/

Donnelly, J. H.（1970）．Social character and acceptance of new products. *Journal of Marketing Research*, *7*, 111-113.

Edwards, A. L.（1954）．*Edwards Personal Preference Schedule Manual*. New York: Psychological Corporation.

Evans, F. B.（1959）．Psychological and objective factors in the prediction of brand choice: Ford versus Chevrolet. *Journal of Business*, *32*, 340-369.

Frank, R. E., Massy, W. L. & Lodahl, T. M.（1969）．Purchasing behavior and personal attitudes. *Journal of Advertising Research*, *9*, Pp. 15-24.

原　志織・水津奈々子・分部利紘（2019）．購買行動を規定する性格特性の検討　福岡女学院大学紀要人間関係学部編，*20*, 61-64.

Horney, K.（1937）．*Neurotic Personality in Our Times*. New York: Norton.

井関利明（1979）．ライフスタイル概念とライフスタイル分析の展開　ライフスタイル全書――理論・技法・応用　ダイヤモンド社

Kassarjian, H. H.（1965）．Social character and differntial prefernce for mass communication. *Journal of Marketing Research*, *2*, Pp. 146-153.

小嶋外弘（1976）．マーケット・セグメンテーションの展開と戦略上の問題点　小嶋外弘・村田昭治（編）マーケット・セグメンテーションの新展開――市場再開発の理論と戦略

ダイヤモンド社

国生理枝子（2001）．ライフスタイルと広告・プロモーションへの態度によるコンシューマ・インサイト——首都圏の消費者調査オリコム SCR2000 より　日経広告研究所報, *195*, 25-31.

Lewin, K.（1935）．*A dynamic theory of personality*. New York: McGraw-Hill.

本藤貴康・奥島晶子（2015）．ID-POS マーケティング——顧客 ID 付き購買データで商品・ブランド・売り場を伸ばす　英治出版

並川　努・谷　伊織・脇田貴文・熊谷龍一・中根　愛（2012）．Big Five 尺度短縮版の開発と信頼性と妥当性の検討　心理学研究, *83*(2), 91-99.

Riesman, D.（1950）．*The Lonely Crowd*. Yale University Press.［加藤秀俊（訳）（1964/2013）．孤独な群衆　みすず書房］

佐々木土師二（1984）．消費者購買態度の合理性と情緒性の測定—— REC scale の確定的構成とその妥当性分析　関西大学社会学部紀要, *16*(1) 1-26.

Spranger, E.（1921）．*Lebensformen: Geisteswissenschaftliche Psychologie und Ethik der Pers nlichkeit, 2. Aufl*. Tu bingen: Max Niemeyer.［伊勢田耀子（訳）（1961）．文化と性格の諸類型〈第 2〉　明治図書］

利根川孝一・白　静儀（2008）．ブランド・パーソナリティを用いた定量的分析の提案　政策科学（立命館大学）, 第 15 巻第 2 号, 13-23.

William, D. W. & Douglas, J. T.（1971）．Activities, Interests, and Opinions. *Journal of Advertising Research*, *11*, 27-35.

Woodside, A. G.（1968）．Social character, product use and advertising appeals. *Journal of Advertising Research*, *8*, 31-35.

吉田結花・吉野　孝・貴志祥江・松山浩士・大西　剛（2020）．POS データを用いた見切り商品を購入する消費者の分析　情報処理学会研究報告　研究報告デジタルコンテンツクリエーション（DCC）, 1-6.

# ■ 11 章

Anderson, E. T. & Simester, D. I.（2001）．Are sale signs less effective when more products have them? *Marketing Science*, *20*(2), 121-142.

Anderson, E. T. & Simester, D. I.（2003）．Effects of $9 price endings on retail sales: Evidence from field experiments. *Quantitative Marketing and Economics*, *1*, 93-110.

青木幸弘（1989）．店頭研究の展開方向と店舗内購買行動分析　田島義博・青木幸弘（編著）店頭研究と消費者行動分析——店舗内購買行動とその周辺　誠文堂新光社.

Ariely, D., Loewenstein, G., & Prelec, D.（2003）．"Coherent arbitrariness": Stable demand curves without stable preferences. *Quarterly Journal of Economics*, *118*(1), 73-105.

Atalay, A. S., Bodur, H. O., & Rasolofoarison, D.（2012）．Shining in the center: Central gaze cascade effect on product choice. *Journal of Consumer Research*, *39*, 848-866.

Chebat, J. C., Morrin, M., & Chebat, D. R.（2009）．Does age attenuate the impact of pleasant ambient scent on consumer response? *Environment and Behavior*, *41*(2), 258-67.

Dhar, R., Nowlis, S. M., & Sherman, S. J.（2000）．Trying hard or hardly trying: An analysis of context effects in choice. *Journal of consumer Psychology*, *9*, 189-200.

Dhar, R. & Simonson, I. (2003). The effect of forced choice on choice. *Journal of Marketing Research*, *40*, 146-60.

Drèze, X., Hoch, S. J., & Purk, M. E. (1994). Shelf management and space elasticity. *Journal of Retailing*, *70* (4), 301-326.

Gueguen, N. & Petr, C. (2006). Odors and consumer behavior in a restaurant. *International Journal of Hospitality Management*, *25* (2), 335-339.

Huber, J., Payne, J. W., & Puto, C. (1982). Adding asymmetrically dominated alternatives: Violations of regularity and similarity hypotheses. *Journal of Consumer Research*, *9*, 90-98.

Iyengar, S, S., & Lepper, M. R. (2000). When choice is demotivating: Can one desire too much of a good thing? *Journal of Personality and Social Psychology*, *79*, 995-1006.

小嶋外弘 (1986). 価格の心理――消費者は何を購入決定のモノサシにするのか　ダイヤモンド社

Milliman, R. E. (1982). Using background music to affect the behavior of supermarket shoppers. *Journal of Marketing*, *46*(3), 86–91.

守口　剛 (1989). シェルフ・ディスプレイ効果についての考察――シェルフ・ポジション効果の実証研究を中心として　田島義博・青木幸弘 (編著) 店頭研究と消費者行動分析――店舗内購買行動とその周辺　誠文堂新光社

大槻　博 (1986). 店頭マーケティング――メーカーの〈量販店〉演出法　中央経済社.

Point-of-Purchase Advertising Institute (1978). *POPAI/DuPont consumer buying habits study*. New York: Point-of-Purchase Advertising Institute.

Scheibehenne, B., Greifender, R., & Todd, P. M. (2010). Can there ever be too many options? A meta-analytic review of choice overload. *Journal of Consumer Research*, *37*, 409-425.

Simonson, I. (1989). Choice based on reasons: The case of attraction and compromise effects. *Journal of Consumer Research*, *16*, 158–174.

Smith, P. C. & Curnow, R. (1966). Arousal hypotheses and the effects of music on purchasing behavior. *Journal of Applied Psychology*, *50* (3), 255-256.

Spangenberg, E. R., Crowley, A. E., & Henderson, P. W. (1996). Improving the store environment: Do olfactory cues affect evaluations and behaviors? *Journal of Marketing*, *60*, 67–80.

Tversky, A. & Kahneman, D. (1974). Judgment under uncertainty: Heuristics and biases. *Science*, *185*, 1124-1131.

Wilson, T. D., & Nisbett, R. E. (1978). The accuracy of verbal reports about the effects of stimuli on evaluation and behavior. *Social Psychology*, *41*, 118-131.

# ■ 12章

Arndt, J. (1967). The role of product-related conversations in the diffusion of a new product. *Journal of Marketing Research*, *4*, 291-295.

Asch, S. E. (1955). Opinions and social pressure. *Scientific American*, *193*(5), 31-35.

Baumeister, R., Bratslavsky, E., Finkenauer, C., & Vohs, K. (2001). Bad is Stronger than Good. *Review of General Psychology*, *5* (4), 323–370.

Baumeister, R. F., & Leary, M. R. (1995). The need to belong: Desire for interpersonal attachments as a fundamental human motivation. *Psychological Bulletin*, *117*(3), 497–529.

Baumeister, R. F.（1998）. The self. In D.T., Gilbert, S.R., Fiske, G. Lindzey（eds.）*The Handbook of Social Psychology*,（pp. 680–740）. New York: McGraw-Hill.

Bearden, W. O., & Etzel, M. J.（1982）. Reference group influence on product and brand purchase decisions. *Journal of consumer research, 9*(2), 183-194.

Berger, J.（2014）. Word of mouth and interpersonal communication: A review and directions for future research. *Journal of consumer psychology, 24*(4), 586-607.

Blackwell, R. D., Miniard, P. W., & Engel, J. F.（2006）. *Consumer behavior*（10th ed.）Thomson south-western.

Brown, J. J. & Reingen, P. H.（1987）. Social ties and word-of-mouth referral behavior. *Journal of Consumer Research, 14*(3), 350-362.

Cantril, H.（1940）. *The invasion from Mars: A study in the psychology of panic.* Prinston University Press. ［斎藤耕二・菊池章夫（訳）(1985). 火星からの侵入——パニックの社会心理学　川島書店］

Castano, E., Yzerbyt, V., Paladino, M.-P., & Sacchi, S.（2002）. I belong, therefore; I exist: Ingroup identification, ingroup entitativity, and ingroup bias. *Personality and Social Psychology Bulletin, 28*, 135–143. http://dx.doi.org/10.1177/0146167202282001

Chattaraman, V., Lennon, S. J., & Rudd, N. A.（2010）. Social identity salience: Effects on identity based brand choices of Hispanic consumers. *Psychology & Marketing, 27*(3), 263-284.

Chen, Z., & Yuan, M.（2020）. Psychology of word of mouth marketing. *Current opinion in psychology, 31*, 7-10.

Chung, C. M., & Darke, P. R.（2006）. The consumer as advocate: Self-relevance, culture, and word-of-mouth. *Marketing Letters, 17*(4), 269-279.

Cialdini, R. B., & Goldstein, N. J.（2004）. Social influence: Compliance and conformity. *Annual review of psychology, 55*(1), 591-621.

Cialdini, R. B, Reno, R. R., & Kallgren, C. A.（1990）. A focus theory of normative conduct: Recycling the concept of norms to reduce littering in public places. *Journal of Personality and Social Psychology, 58*, 1015-1026.

De Bruyn, A., & Lilien, G. L.（2008）. A multi-stage model of word-of-mouth influence through viral marketing. *International journal of research in marketing, 25*(3), 151-163.

Defleur, M. L. & Ball-Rokeach, S. J.（1989）. *Theories of mass communication,*（5th ed.）. Longman. ［柳井道夫・谷藤悦史（訳）（1994）. マス・コミュニケーションの理論　敬文堂］

Deutsch, M., & Gerard, H. B.（1955）. A study of normative and informational social influences upon individual judgment. *The journal of abnormal and social psychology, 51*(3), 629.

Dodds, P. S., Muhamad, R. Watts, D. J.（2003）. An experimental study of search in global social networks. *Science, 301*, 827-829.

East, R., Hammond, K., & Lomax, W.（2008）. Measuring the impact of positive and negative word of mouth on brand purchase probability. *International journal of research in marketing, 25*(3), 215-224.

Ellemers, N., Spears, R., & Doosje, B.（2002）. Self and social identity. *Annual review of psychology, 53*(1), 161-186.

Evans, M., Jamal, A., & Foxall, G.（2009）. *Consumer Behavior*（2nd ed.）John Wiley & Sons.

Feick, L. F.,& Price L. L.（1987）. The market maven: A diffuser of marketplace information. *Journal of Marketing, 51*, 83–97.

引用・参考文献

Festinger, L.（1957）. *A theory of cognitive dissonance*. Stanford University Press.

Fritsche, I., Barth, M., Jugert, P., Masson, T., & Reese, G.（2018）. A Social Identity Model of Pro-Environmental Action (SIMPEA). *Psychological Review, 125*(2), 245–269.

Goldstein, N. J., Cialdini, R. B., & Griskevicius, V.（2008）. A room with a viewpoint: Using social norms to motivate environmental conservation in hotels. *Journal of consumer Research, 35*(3), 472-482.

Granovetter, M. S.（1973）. The strength of weak ties. *American Journal of Sociology, 78*, 1360-1380. ［野沢慎司（編・監訳）（2006）. リーディングス ネットワーク論——家族・コミュニティ・社会関係資本 勁草書房］

Hauser, J., Tellis, G. J., & Griffin, A.（2006）. Research on innovation: A review and agenda for marketing science. *Marketing science, 25*(6), 687-717.

Hennig-Thurau, T., Walsh, G., & Walsh, G.（2003）. Electronic word-of-mouth: Motives for and consequences of reading customer articulations on the Internet. *International journal of electronic commerce, 8*(2), 51-74.

Herr, P. M., Kardes, F. R., Kim, J.（1991）. Effects of word-of-mouth and product-attribute information on persuasion: An accessibility-diagnosticity perspective. *Journal of Consumer Research, 17*(4), 454-462.

Ho, J. Y., & Dempsey, M.（2010）. Viral marketing: Motivations to forward online content. *Journal of Business research, 63*(9-10), 1000-1006.

Hogg, M. A.（2010）. Human groups, social categories, and collective self: Social identity and the management of self-uncertainty. In R. M. Arkin, K. C. Oleson, & P. J. Carroll (Eds.), *Handbook of uncertain self* (pp. 401–420). San Antonio, TX: Psychology Press.

Hoyer, W. D. & Macinnis. D. J.（2010）. *Consumer behavior* (5th ed.). South-Western Cengage Learning.

池田謙一（編）（2010）. クチコミとネットワークの社会心理——消費と普及のサービスイノベーション研究 東京大学出版会

Kats, E. & Lazarsfeld, P. F.（1955）. *Personal Influence: The part played by people in the flow of mass communications*. Free Press. ［竹内郁郎（訳）（1965）. パーソナル・インフルエンス——オピニオン・リーダーと人々の意思決定 培風館］

Kim, E. E. K., Mattila, A. S., & Baloglu, S.（2011）. Effects of gender and expertise on consumers' motivation to read online hotel reviews. *Cornell Hospitality Quarterly, 52*(4), 399-406.

Laczniak, R. N., DeCarlo, T. E., & Ramaswami, S. N.（2001）. Consumers' responses to negative word-of-mouth communication: An attribution theory perspective. *Journal of Consumer Psychology, 11*(1), 57-73.

McCombs, M.E.& Shaw, D. L.（1972）. The Agenda-Setting Function of Mass Media. *Public Opinion Quarterly*, 36, 176-187.

Milgram, S.（1967）. The Small World Problem. *Psychology Today, 1*(1), 60-67. ［野沢慎司（編・監訳）（2006）. リーディングス ネットワーク論——家族・コミュニティ・社会関係資本 勁草書房］

Mizerski, R. W.（1982）. An attribution explanation of the disproportionate influence of unfavorable information. *Journal of Consumer Research, 9*(3), 301-310.

Rogers, E. M.（1962）. *Diffusion of Innovations*. Glencoe: Free Press. ［三藤利雄（訳）（2007）. イノベーションの普及 翔泳社］

Rozin, P.,& Royzman, E. B.（2001）. Negativity bias, negativity dominance, and contagion. *Personality and Social Psychology Review, 5*, 296–320.

消費者庁（2020）．『倫理的消費（エシカル消費）に関する消費者意識調査報告』　消費者庁．
https://www.caa.go.jp/policies/policy/consumer_education/public_awareness/ethical/investigation/as-sets/consumer_education_cms202_200805_02.pdf（2022 年 10 月 21 日アクセス）

Solomon, M. R. & Russel, C.A.（2024）．*Consumer Behavior: buying, having, and being* (14th ed). Pearson.

杉谷陽子（2016）．悪い口コミに負けないブランドをどう作るか？——消費者の感情および商品の使用経験の役割について　消費者行動研究，*22*, 1-26.

Sundaram, D. S. & Webster C.（1999）．The role of brand familiarity on the impact of word-of-mouth communication on brand evaluations. *Advances in Consumer Research, 26*, 664-670.

Tajfel, H.（Ed.）(1978)．*Differentiation Between Social Groups: Studies in the Social Psychology of Intergroup Relations.* London: Academic Press.

Tajfel, H., & Turner, J. C.（1979）．An integrative theory of intergroup conflict. In W. G. Austin & S. Worchel（Eds.），*The Social Psychology of Intergroup Relations* (pp. 33–47). Monterey, CA: Brooks/Cole.

田崎篤郎・児島和人（編）（1992）．マス・コミュニケーション効果研究の展開　北樹出版

Terry, D. J., & Hogg, M. A.（1996）．Group norms and the attitude–behavior relationship: A role for group identification. *Personality and Social Psychology Bulletin, 22*(8), 776–793.

Vrontis, D., Makrides, A., Christofi, M., & Thrassou, A.（2021）．Social media influencer marketing: A systematic review, integrative framework and future research agenda. *International Journal of Consumer Studies, 45*(4), 617-644.

Walsh, G, Gwinner, K. P., & Swanson, S. R.（2004）．What makes mavens tick? Exploring the motives of market mavens' initiation of information diffusion. *Journal of Consumer Marketing, 21*(2), 109-122.

Watts, D. J.& Dodds, P. S.（2007）．Influentials, networks, and public opinion formation. *Journal of Consumer Research, 34*(4), 441-458.

Wetzer, I. M., Zeelenberg, M. & Pieters, R.（2007）．Never eat in that restaurant, I did!: Exploring why people engage in negative word-of-mouth communication. *Psychology & Marketing*, 24 (8), 661-680.

Wilson, A. E., Giebelhausen, M. D., & Brady, M. K.（2017）．Negative word of mouth can be a positive for consumers connected to the brand. *Journal of the Academy of Marketing Science, 45*(4), 534-547.


# ■ 13章

Akaka, M. A., Schau, H. J., & Vargo, S. L.（2022）．Practice diffusion. *Journal of Consumer Research, 48*(6), 939-969.

Arnould, E. J. & Thompson, C. J.（2005）．Consumer culture theory (CCT): Twenty years of research. *Journal of Consumer Research, 31*(4), 868-882.

Arsel, Z., Crockett, D., & Scott, M. L.（2022）．Diversity, equity, and inclusion (DEI) in the *Journal of Consumer Research*: A curation and research agenda. *Journal of Consumer Research, 48*(5), 920-933.

Bartikowski, B. & Walsh, G.（2015）．Attitude toward cultural diversity: A test of identity-related antecedents and purchasing consequences, *Journal of Business Research, 68*, 526-533.

Bourdin, D., Halkias, G., & Makri, K.（2021）．The compensatory influences of country stereotypes and the global/local nature of brands: An extended framework. *Journal of Business Research, 137*, 28-38.

Chaney, D. & Goulding, C.（2016）．Dress, transformation, and conformity in the heavy rock subculture. *Journal of Business Research, 69*(1), 155-165.

Davvetas, V., Sichtmann, C., & Diamantopoulos, A.（2015）. The impact of perceived brand globalness on consumers' willingness to pay. *International Journal of Research in Marketing, 32*, 431-434.

Eisend, M., Muldrow, A. F., & Rosengren, S.（2023）. Diversity and inclusion in advertising research. *International Journal of Advertising, 42*(1), 52-59.

Fiske, S. T., Cuddy, A. J., Glick, P., & Xu, J.（2002）. A model of (often mixed) stereotype content: Competence and warmth respectively follow from perceived status and competition. *Journal of Personality and Social Psychology, 82*(6), 878-902.

Hassan, S. S. & Katsanis, L. P.（1991）. Identification of global consumer segments: A behavioral framework. *Journal of international Consumer Marketing, 3*(2), 11-28.

Hornikx, J., van Meurs, F., & de Boer, A.（2010）. English or a local language in advertising? The appreciation of easy and difficult English slogans in the Netherlands. *Journal of Business Communication, 47*(2), 169-188.

Khan, U. & Kalra, A.（2022）. It's good to be different: How diversity impacts judgments of moral behavior. *Journal of Consumer Research, 49*(2), 177-201.

牧野圭子（2023）. 異国情緒の感じ方——消費者美学の立場から　白桃書房

McCracken, G.（1986）. Culture and consumption: A theoretical account of the structure and movement of the cultural meaning of consumer goods. *Journal of Consumer Research, 13*(1), 71-84.

McCracken, G.（1988）. *Culture and consumption: New approaches to the symbolic character of consumer goods and activities.* Bloomington and Indianapolis, IN: Indiana University Press.［小池和子（訳）（1990）. 文化と消費とシンボルと　勁草書房］

McCracken, G.（1989）. "Homeyness": A cultural account of one constellation of consumer goods and meanings. In E. C. Hirschman(Ed.), *Interpretive consumer research.* Provo, UT: Association for Consumer Research. pp. 168-183.

三浦俊彦（2017）. グローバル化する企業活動とグローバル・マーケティング　三浦俊彦・丸谷雄一郎・犬飼知徳（著）グローバル・マーケティング戦略　有斐閣, 1-18.

Rößner, A., Kämmerer, M., & Eisend, M.（2017）. Effects of ethnic advertising on consumers of minority and majority groups: The moderating effect of humor. *International Journal of Advertising, 36*(1), 190-205.

Schouten, J. W. & McAlexander, J. H.（1995）. Subcultures of consumption: An ethnography of the new bikers. *Journal of Consumer Research, 22*(1), 43-61.

Solomon, M. R.（1988）. Building up and breaking down: The impact of cultural sorting on symbolic consumption. In E. Hirschman & J. N. Sheth (Eds.), *Research in consumer behavior,* Vol. 3. Greenwich, CT: JAI Press. pp. 325-351.

Solomon, M. R.（2010）. *Consumer behavior: Buying, having, and being* (10th ed.). London, UK: Pearson Education.［松井　剛（監訳）大竹光寿・北村真琴・鈴木智子・西川英彦・朴　宰佑・水越康介（訳）（2015）. ソロモン 消費者行動論［下］　丸善出版］

Steenkamp, J-B EM., Batra, R., Alden, D. L.（2003）. How perceived brand globalness creates brand value, *Journal of International Business Studies, 34*, 53-65.

Sugihartati, R.（2020）. Youth fans of global popular culture: Between prosumer and free digital labourer. *Journal of Consumer Culture, 20*(3), 305-323.

高田昭彦（1988a）. サブカルチャー　見田宗介・栗原　彬・田中義久（編）社会学事典　弘

文堂 , p. 337.

高田昭彦（1988b）．対抗文化　見田宗介・栗原　彬・田中義久（編）社会学事典　弘文堂 , pp. 574-575.

Triandis, H. C.（1995）．*Individualism and collectivism.* Boulder, CO: Westview Press.［神山貴弥・藤原武弘（編訳）（2002）．個人主義と集団主義―― 2 つのレンズを通して読み解く文化　北大路書房］

Ulsoy, E. & Firat, A. F.（2018）．Toward a theory of subcultural mosaic: Fragmentation *into* and *within* subcultures. *Journal of Consumer Culture, 18*(1), 21-42.

Wallendorf, M. & Arnould, E. J.（1991）．"We gather together": Consumption rituals of thanksgiving day. *Journal of Consumer Research, 18*(1), 13-31.

## ・読者用の参考文献

マクラッケン , G.（著）小池和子（訳）（1990）．文化と消費とシンボルと　勁草書房

三浦俊彦・丸谷雄一郎・犬飼知徳（2017）．グローバル・マーケティング戦略　有斐閣

ソロモン , M. R.（著）松井　剛（監訳）大竹光寿・北村真琴・鈴木智子・西川英彦・朴宰佑・水越康介（訳）（2015）．ソロモン 消費者行動論［下］　丸善出版

# 索 引

## ■英数字

4Ps　22-23, 25
5W1H　43
ABC モデル　138-139
AIDMA（アイドマ）モデル　63, 131
AIO アプローチ　209
Big Five 尺度　207
CIP（Consumer Involvement Profile）　174
EPPS　207
fMRI　42, 64, 83-84
HM 理論　183, 185
H 要因　185
ID-POS　213-214
M 要因　185
PII（Personal Involvement Inventory）　174
POS　42, 213
REC スケール　38, 212
SDGs　214
SD 法　186
SNS（ソーシャル・ネットワーキング・サービス）　25, 43, 56, 157, 162, 242-244
S-O-R 型消費者行動モデル　25
STP　20, 133, 213
VALS（Values and Lifestykes System）　210

## ■あ行

アイトラッキング　42
アンカリング　226-227
安全欲求　183-184
閾下刺激　90
一面提示　155
イノベーション　245-247
意味記憶　101, 118, 120-121, 126, 132
意味的関連性　95, 119, 132
意味ネットワークモデル　118
意味の移動モデル　255
色コンテクスト理論　94
インターナル・マーケティング　16

インターネット　12-15, 24, 39, 41, 46, 56, 58, 63, 92, 121, 203, 207, 233, 242-243, 245, 261
インターネット・ショッピング　13
インターネット調査　41
インパクト・バイアス　190-191
インフルエンサー　242-243
ウォンツ　183
エピソード・バッファ　112
エピソード記憶　101-102, 110, 112, 118, 120-121, 126, 132
オピニオンリーダー　239-242, 246
音韻ストア　112
音韻ループ　111-112

## ■か行

海馬　64, 110, 115, 125
外発的注意（非意図的注意）　88
快楽　75-76, 96-97, 139, 174-175, 197, 207
価格意識　222-223
革新者（Innovator）　246
カクテルパーティー効果　88
価値観　16, 21, 35, 39, 41, 144, 163, 166, 202-205, 208, 211, 238, 243, 245, 248, 254, 260, 263
価値表現機能　138
活性化拡散　120
葛藤　65, 195
過程分離手続き　104-105
感覚間転移　97
感覚記憶　101, 107-108, 113
感覚マーケティング　19, 30, 87, 92-93, 94-97, 221
観察可能性（observability）　246
観察法　41
感情価　96, 188-189, 194, 197
感情科学　182, 189
感情情報機能説　194, 196
感情制御消費　197

干渉説　115-116
感情の円環モデル　189
慣性（habit）　169
間接プライミング→プライミング
関連購買　216-219
関連陳列　232
奇異性効果　128
記憶の分散効果　116-117
記述　28, 41, 48, 84, 144, 203, 206, 212
記述的規範　248, 250
気分一致効果　124, 196
嗅覚　19, 93, 95, 121, 126, 221
恐怖喚起コミュニケーション　154
虚記憶　126
偶発学習　105, 114
偶発感情（無関連感情）　190, 194, 196－197
グループインタビュー　35, 41
グローバル・マーケティング　254, 263-264, 266-267
グローバルネス知覚　264-266
計画購買　215-217
計画的行動理論　146-147
経験感情　189
経済学　27, 31-34, 67, 83-84, 182
系列位置効果　106-107
ゲシュタルト心理学　90
決定関連感情　194-195
決定フレーミング　66-67
言語隠蔽効果　126
言語プロトコール法　84
顕在記憶　101-102, 105
顕在的態度　149
検索　48, 100-104, 110, 112, 116-117, 119, 121-122, 124, 162
限定的意思決定　169-170, 176
限定的問題解決　52-53, 67
後悔　179, 190, 195, 230, 235-236
後期多数採用者（Late Majority）　247
広告コミュニケーション　38, 62-63, 162-163, 165
構成概念妥当性　143
行動意図モデル　145-146

行動経済学　19, 33, 38, 66, 84
行動主義心理学　24, 34
購買関与（購買状況関与）　165
購買後行動　12
購買後評価　12, 54, 58, 63, 168
購買前行動　11-12
広範的問題解決　51-53

## ■さ行

再現性　43-44, 98-99, 122, 231
最終消費者　11
再生　102-104, 106-107, 116-117, 120, 128
再認　102-105, 120, 127
サッケード　89
作動記憶　53, 109, 111-113
サブカルチャー　254, 258-264, 267
自我関与　38, 156, 163
視覚　19, 22, 88, 92-94, 107-108, 112-113, 173, 180, 243, 262
自我防衛機能　137
視空間スケッチパッド　111-112
自己関連付け効果　114, 117
自己実現欲求　183-185
事後情報効果　126
市場細分化　20-21, 204, 209
市場の達人　241
辞書編集型　61
事前登録制度　44
視線のカスケード現象　91
持続可能性　252
自尊欲求　183-184
質問紙調査法　41
自伝的記憶　120-121, 132-133
自動的モード　148
シナプス間隙　111
自閉スペクトラム症　126
シミュレーション　79-82
社会規範　247-250
社会的アイデンティティ　251, 253
社会的責任マーケティング　16, 19
習慣的問題解決　52-53, 170
周辺的態度変化　158

索　引

周辺ルート　158-159, 172
熟慮モード　148
手段的接触　96
準拠集団　250-252
試用可能性（trialability）　245
状況即応的モデル　79
条件購買　216-217, 222
状態依存学習　116
焦点化　71, 191-192
衝動購買　216, 218, 222
消費行動　11-13, 19, 98, 138, 176, 180-182,
　189, 192, 197, 206, 221, 248, 253
消費者情報処理パラダイム　36, 38, 145
消費者文化理論（CCT）　255, 257
情報探索　39-40, 51-52, 54, 56-58, 63, 77, 164,
　166, 168, 170-171, 176, 234
初期採用者（Early Adopter）　246
所属と愛の欲求　183-184
触覚　19, 92-93, 95-97, 180
初頭効果　106-107
処理水準　114
処理流暢性　90, 155, 161
深層面接法　186-188
心的会計　66, 71, 74-75, 77
信念　138, 140-141, 143-144, 146-147,
　169-170, 210, 224, 230, 241, 254
信憑性（credibility）　153, 157, 234
心理生理学的測定法　42
心理的財布　38, 66, 71-75
心理的免疫システム　191
心理的リアクタンス　156
スキーマ　127-128
スキャナー・データ　42
スクリプト　127-128
ステレオタイプ　197, 265, 269
スリーパー効果　122
制御　28, 49, 81, 89, 98, 143, 181, 197,
　203-204, 235
制御妥当性　143
生産コンセプト　16
生態学的誘発理論　94
精緻化見込みモデル　157-160, 171-172

精緻化リハーサル　113, 117
製品関与　30, 36, 56, 164-166, 174-175, 212
製品関与尺度　175, 212
製品クラス　12, 14, 47-48, 60, 146, 166
製品コンセプト　16, 20, 22
製品差別化　22
生理の欲求　62, 183-184
セール表示　223-224, 226
説得的コミュニケーション　136, 150,
　152-153, 157-158, 160
前期多数採用者（Early Majority）　247
線形代償型　60, 62, 77-78
宣言的記憶　101-102, 118, 120, 122-123
潜在記憶　101-102, 104-105, 122, 124, 132
潜在的態度　149, 160
潜在的連合テスト（Implicit Association Test）
　150, 160
選択肢評価　39-40, 54, 57-58, 63, 81
選択的注意　101, 108-109, 111, 125, 132
選択アーキテクチャ　25-26
選択のオーバーロード現象　229-231
選択ヒューリスティクス　57, 59-60, 62-63,
　65-66, 77-79, 82-83, 145
想起購買　216-219
相対的優位性（reralive advantage）　245
ソースモニタリング　122
属性ベース型選択（CPA）　59

■た行
体制化　103-104, 119-120, 129, 138
態度参照型　60
態度変容　150, 156, 158, 172
ダイバーシティ　254, 263, 266-269
大量陳列　231
妥協効果　228-229
他者志向　206
多重貯蔵モデル　101
多属性態度モデル　36, 60, 139-140, 142-146,
　148
短期記憶　33, 53, 101, 106-111, 113, 114
単語完成課題　102, 104-105
単純接触効果　90, 125, 130, 155

索　引

知識　27-28, 30-32, 36, 39, 41, 43, 51, 57, 85,
　　101, 118, 120, 122-123, 126-127, 132, 138,
　　153, 163-164, 176, 197, 208, 234-235, 238,
　　243
チャンク　109-110
中心的態度変化　158
中心ルート　158-159, 172-173
聴覚　19, 92, 95, 107, 112, 180, 221
長期記憶　53, 56-57, 60, 101-104, 106-107,
　　111-113, 115, 117-118, 122, 127, 129
長期抑圧　123
貯蔵　51, 54, 56-57, 100-101, 104, 106-107,
　　110, 112-113, 116-119, 123, 125
陳列位置　171, 176-177, 218-219
ツァイガルニク効果　118
低関与学習理論　163
定義的特性モデル　128
手続き記憶　101, 122-123
デフォルト　25-26
デフォルトモードネットワーク　117
デプスインタビュー　35, 41, 261
デマンド　183
デモグラフィック特性　21, 204, 210, 213
伝統志向　206
展望的記憶　121
道具的機能　137
統合型マーケティング　16
統合感情（関連感情）　190, 192-194
同調　248-251
特性論　205, 207

■な行
内発的注意（意図的注意）　89, 91
内部志向　206
ナッジ　25-26
ニーズ　19-23, 30, 183, 204, 213, 245
二重課題　113
二重過程モデル　148
二重貯蔵モデル　101, 106-107, 111
ニューロマーケティング　19, 64-66, 83-84
認知科学　36, 83
認知心理学　30, 98-100

認知的斉合性理論　150, 153
認知的不協和理論　150-151, 237
ネガティビティ・バイアス　238
ノード　118-120

■は行
パーソナリティ　35, 39-40, 51, 94, 153,
　　202-203, 205-208, 212-213, 254
バーチカル（垂直）陳列　231
端数価格　225-226
バラエティ・シーキング　53, 170-171,
　　176-178
バランス理論　150-151
販売コンセプト　16
販売促進　20-21, 23-24, 62, 213, 231
範例モデル　129
ピーク・エンドの法則　192
非計画購買　171, 176, 215-220, 222
非宣言的記憶　101-102, 122
非代償型　61, 77-80
ビッグデータ　43
表象　87, 128, 266
複雑性（complexity）　245
腹話術効果　87
符号化　53, 100, 102, 104, 106, 113-114,
　　116-117, 120, 122, 124-125, 127
符号化特定性原理　116-117, 122
プライミング　122-124, 193
ブランド・エクイティ　18, 266
ブランド・パーソナリティ　94, 212-213
ブランド・マネジメント　38
ブランド・ロイヤルティ　18, 30, 38, 53, 58,
　　169-170
ブランド構築　18
ブランド選択　12, 28, 36, 51, 53-54, 56, 139,
　　144, 166, 168
ブランドベース型選択（CPB）　59
ブランド変更　216-217
フレーミング効果　66-69, 71, 73, 81
プロスペクト理論　19, 34, 68, 69-71, 76, 81
プロセス分析法　42
プロトタイプ　129-130

**299**

索　引

文化人類学　27, 31-32, 41
文化の生産プロセス　255-257
文脈効果　228
分離型　61, 77
返報性　235
妨害刺激嫌悪効果　91-92
ポジショニング　20, 22
ポストモダン・パラダイム　36
ホリスティック・マーケティング・コンセプト　16

### ■ま行

マーケット・セグメンテーション　20, 35, 204, 208, 259-260
マーケティング・コンセプト　16-17, 19
マーケティング・ミックス　22-24
マーケティング・リサーチ　28-29, 35, 38, 41
味覚　19, 92-93, 97, 126
右側選択バイアス　219
魅力（attractiveness）　22, 38, 73, 90, 92, 144, 153-154, 159, 163, 175, 185-186, 194-195, 228-229, 237, 243
魅力効果　228-229
命令的規範　248
メッセージ反応関与（広告関与）　164-165
面接法　41, 84, 186-188
目標階層構造　47-48, 58
モチベーション・リサーチ　35, 38, 186-188

### ■や行

ユーモア　156, 269
予期感情　189, 191
予測妥当性　143
欲求階層説　183
欲求認識　39-40, 54-55, 63, 168

### ■ら行

ライフスタイル　15, 21, 28, 30, 35, 39-41, 73, 138, 202, 208-209, 211-213, 238, 259-260, 263-264
ラガード（Lagard）　247
ラダリング法　188

リスク　35, 52, 56, 166-168, 174-175, 193, 197, 229, 234
利他行動　235
リハーサル　101, 106-107, 113-114, 117
流通　21, 23-24, 213, 217
両面提示　155
両立性（compatibility）　245
リレーションシップ・マーケティング　16, 18, 63
類型論　205-206
レトロマーケティング　131
レビンの図式　202-203
連結型　61-62, 77
連合学習　95

### ■わ行

ワーキングメモリ　111

**執筆者**（執筆順，＊は編者）

＊永野　光朗　大阪樟蔭女子大学学芸学部（1章・10章）

杉本　徹雄　大阪学院大学商学部（2章・3章・7章 25 26・編集協力）

竹村　和久　早稲田大学文学学術院（4章）

有賀　敦紀　中央大学文学部（5章 17 18）

元木　康介　東京大学大学院経済学研究科（5章 19 20）

松田　憲　北九州市立大学大学院マネジメント研究科（6章）

杉谷　陽子　上智大学経済学部（7章 27 28・12章）

前田　洋光　京都橘大学総合心理学部（8章・11章）

＊秋山　学　神戸女子大学心理学部（9章）

牧野　圭子　成城大学文芸学部（13章）

## 新・消費者理解のための心理学〔第2版〕

2025 年 3 月 20 日　初版第 1 刷発行

| | |
|---|---|
| 編著者 | 永野光朗・秋山　学 |
| 発行者 | 宮下基幸 |
| 発行所 | 福村出版株式会社 |

〒 104-0045　東京都中央区築地 4-12-2
電話　03-6278-8508　FAX　03-6278-8323
https://www.fukumura.co.jp

| | |
|---|---|
| 装　幀 | 花本浩一（麒麟三隻館） |
| 本文組版 | 朝日メディアインターナショナル株式会社 |
| 印　刷 | 株式会社文化カラー印刷 |
| 製　本 | 協栄製本株式会社 |

© 2025 Mitsurou Nagano, Manabu Akiyama
ISBN978-4-571-25066-8 Printed in Japan

定価はカバーに表示してあります。
落丁・乱丁本はお取り替えいたします。

# 福村出版◆好評図書

松井 豊・宮本聡介 編

## 新しい社会心理学のエッセンス
●心が解き明かす個人と社会・集団・家族のかかわり

◎2,800円　ISBN978-4-571-25055-2　C3011

社会心理学のオーソドックスな構成は崩さず，最新のトピックと公認心理師カリキュラムに必要な内容を網羅。

今井芳昭 著

## 影　響　力　の　解　剖
●パワーの心理学

◎2,300円　ISBN978-4-571-25054-5　C3011

依頼や説得など人が他者に影響を与える背景にはどんな要因があるのか。不当な影響を受けないための心理学。

大坊郁夫 著

## 人を結ぶコミュニケーション
●対人関係におけるウェル・ビーイングの心理学

◎2,800円　ISBN978-4-571-25058-3　C3011

著者の長年の研究である社会や集団を特徴づける対人コミュニケーションについて，社会心理学の観点から捉える。

C.ナス・C.イェン 著／細馬宏通 監訳／成田啓行 訳

## お世辞を言う機械はお好き?
●コンピューターから学ぶ対人関係の心理学

◎3,000円　ISBN978-4-571-25050-7　C3011

人はコンピューターを人のように扱うとの法則をもとに，コンピューターを用いた実験で対人関係を分析する。

松井 豊 編著／相羽美幸・古村健太郎・仲嶺 真・渡邊 寛 著

## 恋　の　悩　み　の　科　学
●データに基づく身近な心理の分析

◎1,800円　ISBN978-4-571-25061-3　C3011

多数のデータを基に恋の悩みを考えるヒントを紹介。身近な現象を実証的に検証する方法も学べる一冊。

山岡重行 編著

## サブカルチャーの心理学
●カウンターカルチャーから「オタク」「オタ」まで

◎2,500円　ISBN978-4-571-25056-9　C3011

様々な若者文化を分析し，これまで「遊び」と見なされていた行動から人間を見つめ直す新しい心理学の提案。

山岡重行 編／サブカルチャー心理学研究会 著

## サブカルチャーの心理学2
●「趣味」と「遊び」の心理学研究

◎2,700円　ISBN978-4-571-25063-7　C3011

陰謀論，アニメ・マンガオタク，百合，オーディオマニア，ギャル，女子力，鉄道などを心理学的に分析する。

◎価格は本体価格です。